乾隆皇帝
在海宁

倪玉平　刘文华　

中国文史出版社

图书在版编目（CIP）数据

乾隆皇帝在海宁／倪玉平，刘文华著. -- 北京：
中国文史出版社，2024.10

ISBN 978-7-5205-4680-5

Ⅰ. ①乾… Ⅱ. ①倪… ②刘… Ⅲ. ①乾隆帝（
1711-1799）-生平事迹②海宁-地方史-清代 Ⅳ.
①K827＝49②K295.54

中国国家版本馆 CIP 数据核字（2024）第 097227 号

责任编辑：卢祥秋

出版发行：**中国文史出版社**

社　　址：北京市海淀区西八里庄路 69 号院　邮编：100142

电　　话：010-81136606　81136602　81136603（发行部）

传　　真：010-81136655

印　　装：北京联兴盛业印刷股份有限公司

经　　销：全国新华书店

开　　本：720×1020　1/16

印　　张：18.5　　字数：284 千字

版　　次：2024 年 10 月第 1 版

印　　次：2024 年 10 月第 1 次印刷

定　　价：128.00 元

前　　言

　　历史文化名城海宁，和乾隆皇帝的名字是紧密联系在一起的。

　　海宁有着悠久的历史。秦灭六国，置海盐县，属会稽郡。西汉时，吴王刘濞煮海于武原乡，设盐官（管理盐务的官员，非地名）。东汉建安五年（200），割海盐而置海昌。建安八年，陆逊在此任海昌屯田都尉并领县事。三国吴黄武二年（223），析海盐、由拳，置盐官县，属吴郡。南朝陈永定二年（558），置海宁郡，寓"海洪宁静"之意，辖盐官、海盐、前京三县，郡治盐官。南朝陈祯明元年（587），盐官县改属钱唐郡。隋开皇九年（589），灭陈，废钱唐郡，盐官县改隶杭州。唐武德七年（624），盐官并入钱塘县，贞观四年（630），

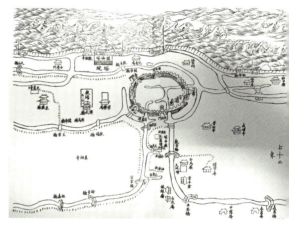

海宁城及海塘，录自《海宁州志稿》（钱君匋）

复置盐官县。北宋时期，盐官县相当发达，"钱塘属邑，盐官为最，在浙之朝阳，为吴之右臂"[1]。

　　元成宗元贞元年（1295），中书省奏准，县户籍五万至十万以上的，可升为中州。"盐官民俗淳古，钱氏至今，不知兵革，户口所以繁衍。"据载当时盐官户籍达五万八千九百余户，人口三十三万六千余，遂升为盐官州。天历二年（1329），潮患不再恣肆，元廷遂改"盐官州"为"海宁州"。

　　明洪武二年（1369），降海宁州为县。清代，海宁属杭州府管辖，本是一个普通的县，但由于境内海塘重要，乾隆年间，皇帝四次亲临视察，海宁的政治地位也有了显著提高。清代浙江钱塘江河口南北两岸海塘十分重要，原设置有海防兵备道一员，驻扎海宁县城，专司防护。但由于乾隆

1　《浙江通志》，卷二十二。

十二年（1747）后，钱塘江潮走中小门，钱塘江口两岸海波不惊。北岸海塘外沙涨不断，每日潮汐对海塘并无太大威胁，而南岸各海塘离潮溜更远，只有少数地方有潮汐冲击，但范围相当有限。因此，乾隆十九年，清廷裁撤海防兵备道，将北岸仁和、海宁、海盐和平湖四县海塘归并杭嘉湖道管理，南岸萧山、山阴和会稽三县海塘归并宁绍台道兼管。

　　到了乾隆二十三年十二月十七日，闽浙总督杨应琚奏称，浙江北岸海塘重于南岸，而北岸中又以海宁县海塘最为吃紧。虽然自从尖山石坝告成，中小门引河畅通以来，历年春伏秋汛均告安澜。但是，海汛无常，应提前预防。从前海防兵备道驻扎在海宁县，就近筹办防海事宜。后来改归杭嘉湖道管理，该道驻扎在嘉兴府，距离海宁县一百三十余里，虽然也经常赴塘工工所查勘，但相距已远，平时已经很难兼顾，如果遇有迫不及待的险要工程，更是不能马上带领相关人员修防抢护。杭嘉湖道分巡杭州、嘉兴、湖州三府地方，从海宁县至杭州府一百里，至嘉兴府一百三十五里，至湖州府一百九十五里，可见海宁是杭嘉湖道分巡三府的适中之地。而且各省份道员一般都驻扎在扼要地方，以便控制。海宁地处适中之地，又为全塘吃紧关键之处，不应舍弃海宁而远驻嘉兴，致使鞭长莫及。因而，杨应琚建议将分巡杭嘉湖海防道移驻海宁县。而且海宁县城内原来就有海防兵备道旧衙署，移驻很方便。"既无增设之繁，又无移建之费。平时既可就近亲身经理，临时又得迅合机宜。其于分巡地方更获居中调度，实于海防公务交有裨益。"[1]杨应琚的奏折奉乾隆皇帝朱批："该部议奏。"乾隆

<hr />

[1]　中国第一历史档案馆藏宫中朱批奏折，闽浙总督杨应琚奏为海防调度倍合机宜请将分巡杭嘉湖海防道仍移驻海宁县等事，乾隆二十三年十二月十七日，档号：04-01-03-0023-001。

二十四年二月初九日，吏部同意了杨应琚的建议，乾隆皇帝也允准了。

　　因潮走中小门，原设的海塘守护营伍也被裁汰。乾隆二十四年，闽浙总督杨应琚奏称，因水势仍旧北趋，海宁一带为全塘要区，抢修防护需人，建议复设千总一员、把总二员、外委三员、马兵二十名、步兵六十名、守兵一百零三名。在海宁分别设置二汛，每汛派拨把总、外委各一员管理，千总及外委各一员，则驻扎海宁城北岸。奉旨，依议速行。乾隆二十六年，浙江巡抚庄有恭奏称，现在江海大溜全由北大门出入，原设营伍不敷调遣，建议再调拨弁兵二百余名，分驻尖山、海宁城等处，也得到了清廷的允准。

　　乾隆三十八年七月初十日，浙江巡抚三宝上奏建议将海宁由县升为州。三宝奏称，海宁县辖人口五十余万，额征地丁银六万五千两有奇，每年征收漕米、南米等超过六万三千石。而且自从皇帝驾幸以后，"天涨沙塗，地益广阔，产盐愈多，闾阎丰阜，俨同大郡"。又查湖州府属之安吉州所辖民户只有八万四千有余，丁口额征地丁银仅一万六千余两，岁完漕南等米也只有八千五百余石，均较海宁不过五分之一，实在属于事务少的山僻小邑，请将海宁县升为海宁州，安吉州降为安吉县，这样才名实相符。

　　三宝又称，海宁县旧为盐官州，后改海宁州，明朝初年降为海宁县，现今县城为海疆要地，赋役较重，差徭繁多，还有修防塘工事务，确实属于疲、繁、难三项相兼的重要官缺，遇有县令空缺，原来规定在外省拣调。只是同样属于县令官缺，碍于繁缺不调繁缺的事例，只能从简缺知县中拣选。三宝以海宁县"生聚殷庶，事务繁剧"为由，建议升县为州，这样就能从繁缺知县中升用。如此，既可以奖励贤能官员，更可以选拔干练官员来治理海宁县。[1]

　　乾隆皇帝阅折之后，朱批："所奏是，该部议奏。"既然皇帝都对三宝的建议表示认可，那吏部议覆同意也就只是走走形式了。乾隆三十八年八月十一日，吏部议覆称："查设官分治，贵乎调剂得宜，如果繁简互异，

1　中国第一历史档案馆藏官中朱批奏折，浙江巡抚三宝奏为海宁县事繁安吉州事简名实不符请升改事，乾隆三十八年七月初十日，档号：04-01-13-0051-014。

自应随时酌改"，同意了三宝的奏请，乾隆皇帝也批示："依议。"¹知县既升为知州，海宁其他官员也一并升级，旧设海宁县丞改为海宁州州判，典史改为吏目，教谕改为学正。此外，海宁廪生额缺，也增为三十名，三年两贡。

乾隆三十九年，浙江巡抚三宝奏称，海宁城西北三十里的长安镇，街市绵长，人烟稠密，往西连接杭州省城，往东可达嘉兴、湖州，苏州商船络绎，是米谷、布匹货物往来的聚集地，而且又多私盐出没，向来有很多窃匪，治安压力不小。雍正六年时，曾设置绿营千总一员，专管巡缉私盐，因是武官，不能管民事。长安镇地方如果有事发生，只能诉诸知州，但该镇离州城较远，鞭长莫及。三宝认为必须有专员就近弹压巡缉，才比较方便。请将海宁州州判移驻。而海宁州州判经管分修塘工事务，但现在水汛安澜，塘工巩固，而且有专员管理，该州判与知州同驻一城，此外并无分管事务。如果移驻长安镇，就近稽查弹压，可称移简就繁，有助于地方治理。长安镇一切逃盗奸匪、赌博私宰、地棍不法等事务，均由州判初步处理，再移送知州，而酗酒、斗殴等轻罪事件则由州判就近管辖发落，另外，还应会同原设千总巡缉私盐。"庶要地驻有专员，得资弹压，商民益臻宁谧矣。"²这得到吏部议准，乾隆皇帝也同意了。

乾隆时期，海宁的经济也得到了快速发展。自乾隆三十八年升为州后，海宁的市镇经济随着政治地位的提高而迅速崛起，除州城外，境内有袁花、郭店、硖石、长安四个大镇，以及朱家桥、会龙桥、丁家畈等二十二个集市。市镇经济以丝市为盛，各地乡货骈集，市街繁盛。另外，海宁的闸塘湾还是粮食贸易中心。

乾隆皇帝六次南巡，曾经四次至海宁。乾隆南巡是乾隆时期的大事，南巡的重要目的之一就是查勘海塘。前两次南巡，乾隆皇帝都没有到海宁；后四次南巡，分别是乾隆二十七年、三十年、四十五年、四十九年，乾隆

1 中国第一历史档案馆藏内阁题本．大学士管理吏部事务刘统勋题为遵议浙抚三宝请准将海宁升县为州安吉降州为县事，乾隆三十八年八月十一日，档号：02-01-03-06727-011。
2 中国第一历史档案馆藏内阁题本，大学士管理吏部事务舒赫德题为遵议将浙江省海宁州州判移驻长安镇等事，乾隆三十九年五月二十八日，档号：02-01-03-06825-009。

皇帝均前往海宁阅视海塘。

乾隆皇帝六下江南，产生了诸多历史故事和演绎，其中与海宁陈阁老的关系，更是被文人绘声绘色的生花妙笔描绘得有板有眼，为后人所津津乐道，广为流传。历史的真相究竟是什么样的呢？乾隆皇帝六下江南、四至海宁，真的是为了寻找他的"生父"吗？

本书将围绕乾隆皇帝在海宁的所作所为，通过诸多史料尤其是第一手的档案史料，来揭示这位著名历史人物与这座历史文化名城之间的密切关系。

目录

上篇：乾隆皇帝到海宁 / 1

　　一、乾隆皇帝其人 / 3

　　二、头两次下江南，乾隆皇帝为何不到海宁？ / 10

　　三、乾隆皇帝一至海宁 / 21

　　四、乾隆皇帝二至海宁 / 42

　　五、乾隆皇帝三至海宁 / 59

　　六、乾隆皇帝四至海宁 / 80

中篇：乾隆皇帝在海宁 / 111

　　一、乾隆皇帝与海宁安澜园 / 113

　　　　（一）安澜园盛况 / 115

　　　　（二）仿建安澜园 / 120

　　　　（三）安澜园的衰败 / 126

　　二、乾隆皇帝与海宁寺庙 / 128

　　　　（一）安国寺 / 129

　　　　（二）海神庙 / 134

　　三、乾隆皇帝吃在海宁 / 145

下篇：乾隆皇帝为何到海宁 / 159

　　一、正史里的乾隆皇帝到海宁 / 161

　　　　（一）效法祖父下江南 / 161

（二）乾隆皇帝的海塘治理"执念" / 169

（三）乾隆皇帝对海宁的持续关注 / 173

二、扑朔迷离的海宁陈家 / 187

（一）海宁陈氏 / 187

（二）"狸猫换太子" / 190

附录一：《清高宗实录》里的海宁 / 199

附录二：（乾隆）《海宁州志》相关史料摘抄 / 247

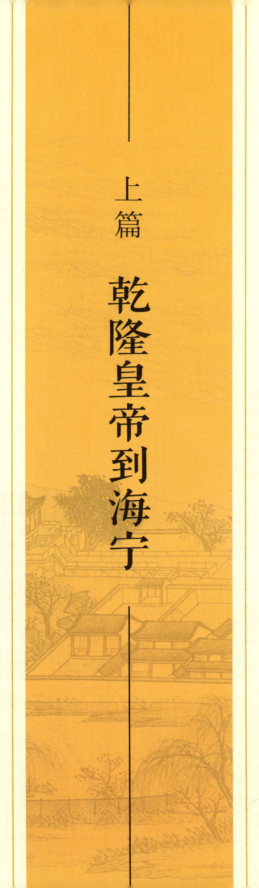

上篇

乾隆皇帝到海宁

青年乾隆画像

一、乾隆皇帝其人

　　乾隆皇帝爱新觉罗·弘历（1711—1799），清朝入关之后的第四位皇帝，于雍正十三年（1735）即位，时年二十五岁；在位六十年后，传位于嗣君嘉庆帝，自己退居太上皇，但仍亲掌朝政，嘉庆四年（1799）正月初三日去世。

　　乾隆时代，遂占据了18世纪中后期近七十年时间。他和祖父康熙皇帝、父亲雍正皇帝，执掌中国一百余年，共同开创了中国历史上非常著名的"康雍乾盛世"，清朝的国力达于鼎盛。

　　乾隆皇帝逝世后，嗣君嘉庆帝颙琰在嘉庆四年正月初三日谕令群臣敬上庙号时，对乃父的文治武功作了这样的赞颂：

　　　　综揽万几，朝乾夕惕，爱民勤政，恺泽覃敷，普免天下钱粮者五、漕粮者三、积欠者再，咨询旸雨，宵旰殷怀。偶遇水旱偏灾，蠲贷兼施，以及筑塘捍海，底绩河防，从不稍惜经费，为保卫生民之计，所发帑金不下亿万万。至于独运乾纲，整饬吏治，披览章奏，引对臣工，董戒激扬，共知廉法，礼勋旧而敦宗族，广登进而育人才。征讨不庭，则平定准部、回部，辟地二万余里，土尔扈特举部内附，征剿大小金川，擒渠献馘，地列职方。余若缅甸、安南、廓尔喀，僻在荒服，戈铤所指，献赆投诚。
其台湾等处偶作不靖，莫不立即歼除，此
十全纪绩，武功之极于无外也。而且圣哲
多能，聪明天纵，文阅六经之奥旨，诗开
百代之正宗，巨制鸿篇，以及几余游览，
莫不原本经训，系念民生，圣制诗文全集
之富，尤为度越百家。又开四库以网罗载籍，
刊石经以嘉惠士林，集石鼓之遗文，复辟
雍之古制，精研六律，纂辑群编，此圣学
渊深，文德之昭于千古也。[1]

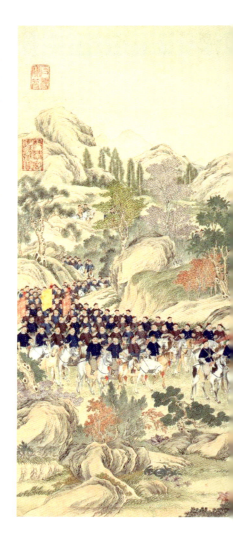

皇帝如此称颂备至，王公大臣也不遑多让。
礼亲王昭梿称："纯皇忧勤稼穑，体恤苍黎，每
岁分命大吏报其水旱，无不见于翰墨。地方偶
有偏灾，即命开启仓廪，蠲免租税，六十年如
一日。甘肃大吏以冒赈致罪，后甘省复灾，近
臣有以前事言者，上曰：朕宁可冒赈，不使子
民有所枵腹也。"[2]

总的来说，乾隆皇帝执政六十三年，多有
作为。他的施政特点，有以下四点值得注意。

第一，勤政爱民。乾隆皇帝即位以后，始
终"兢兢业业，无怠无荒"，专心治国。

第二，乾纲独断。乾隆皇帝政必躬亲，事
必自决，特别重视防范权柄下移，在任用将相、
进退大臣、裁处军国要事等方面，均系个人专断。他非常厌恶和忌讳大僚、
近臣、内侍、外戚揣摩君意，结党朋庇，专擅朝政，盗持政权，一有端倪，
立刻重惩，以儆效尤。

第三，勇于进取。执政生涯中，乾隆皇帝曾经遇到不少棘手的事，但

1 《清仁宗实录》，卷三十七。
2 昭梿：《啸亭杂录》卷十，《纯皇爱民》。

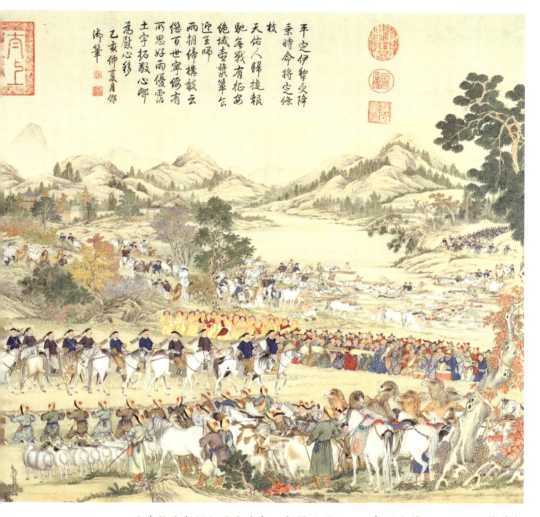

（清乾隆年间）平定准部回部得胜图之一，郎世宁等绘，丁观鹏等着色

他基本上都能做到临危不惧，受挫不慌，知难而进，再接再厉，最后顺利渡过难关，终成所愿。

第四，知人善任。乾隆皇帝在执政生涯中，虽然也看错过一些人，误用了一些人，但总体而言，他很注意用人之道，重视褒抑之法，力求做到赏罚分明。他发现和重用了一批勇于任事、精明练达、为官清廉、政绩卓著的能臣，如擢用刘统勋、黄廷桂、尹继善、陈宏谋、那苏图、王恕、徐士林、刘於义等任职督抚、朝臣，这些人均在任职期间做出了重大贡献，不少人还以"清节推海内"。乾隆皇帝特别注意擢用勇将名帅，对那些奋战疆场、冲锋陷阵、屡败敌军的将士，不吝重赏，破格晋升。如索伦马甲海兰察，因从征准噶尔、缅甸、金川、甘肃、台湾和廓尔喀，大小数百战，勇冠三军，屡建奇勋，被晋封至一等超勇公，三次绘图于紫光阁，任领侍卫内大臣，卒后入祀昭忠祠，为有清一代的名将。

由于乾隆皇帝勤于理政、善于治国，因此，在其皇祖、皇父奠定的基础上，乾隆皇帝把"康雍乾盛世"推到了新的高峰，促进形成了"大清国全盛之势"的"盛世"。他在文治武功两个方面都做出了重大的贡献，超越了其皇祖康熙帝取得的成就。

经过长期的努力，清朝统一了准噶尔部、回部，拓疆二万余里，使西北、北方彻底安定，西藏严格隶属中央，四川、青海宁谧，贵州改土归流得以坚持，云南南部民族地区牢固内附，从而最终奠定了近代中国的版图。

社会经济方面，较之以前又有大幅度的提升。康熙帝曾一次普免天下钱粮和一次普免漕粮，乾隆皇帝则五免天下钱粮、三免漕粮。康熙朝最盛时库存帑银有五千余万两，但由于用兵准部，末年只剩银八百万两；而乾隆朝的库存帑银长期保持在七千万两上下，最多时为八千余万两。财力之充裕，可谓空前。

文化上，乾隆皇帝主持编纂了巨型丛书——《四库全书》，达七万九千余卷。《四库全书》不仅对中国古代典籍进行系统整理，对传统文化作全面总结，而且还推动了清代考据学的发展，促进了各门专科学术的兴盛。《四库全书》的编纂成功，使我国大量有价值的图书得以较好地保存，并得到更好的传播，对研究中国传统文化具有极高价值。

此外，始建于明永乐年间的紫禁城，正是在乾隆朝经过大规模的改建，才形成了我们今天所见的规模。乾隆皇帝对北京的城市建设用力特大、兴作尤多、贡献甚巨，使北京城的面貌焕然一新。无论建筑规模、工程质量、技术水准、艺术水平方面，均达到了一个新的高度，使北京建设史跨入一个新的阶段。京城内外的许多名胜古迹、园林景观，不是在乾隆年间开建，就是在乾隆年间扩充修缮的。没有任何一位统治者，能像乾隆皇帝一样在北京几乎所有的著名建筑设施上都留下自己的印记。如果没有乾隆时期的营建，我们今天所熟知的许多北京城的景观都或将不存在，或是别样面貌。

　　总之，乾隆时期，国力强大，政局稳定，国库充盈，农业发展，百业兴旺，城市繁荣，文化发达，确系"盛世"。这当然与康熙、雍正二帝奠定的良好基础及一大批乾隆时代文武大臣的努力有关，但不能否认，乾隆皇帝的励精图治也起了极大的作用。总之，乾隆皇帝对增强国家统一，促进中华民族发展，最后奠定中国版图，做出了重大贡献，建立了宏伟业绩，是中国历史上影响极大、文治武功兼备的杰出君主。

　　乾隆皇帝喜欢游玩。除了六次南巡之外，乾隆皇帝还四处巡游。据统计，乾隆皇帝自即位后乾隆六年第一次驻跸避暑山庄、举行木兰秋狝，到乾隆六十年最后一次巡幸热河，外出巡幸达一百五十余次。除拜谒东西陵不计外，其他较长距离的巡幸如木兰秋狝、盛京谒陵、巡幸五台山、巡幸河南、巡幸山东、南巡江浙等，总计时间达六千七百五十一日，折合十八年半，也就是说乾隆皇帝执政六十余年，有将近三分之一的时间都在巡幸中度过，确实可以称得上是"马上朝廷"。

　　研究乾隆皇帝和海宁的关系，必须凭史料说话。现在研究乾隆南巡，主要是根据《起居注》和《清实录》，但《起居注》《清实录》往往只记载大略，不够详细，需要其他资料的补充。所以需要参考非常重要的《钦定南巡盛典》，以及各地地方志。即便如此，以上这些只能勾勒乾隆皇帝南巡行踪，而乾隆皇帝本人的所思所想，就得靠皇帝御制诗文了。

　　乾隆皇帝有诗癖，生平作诗极多，这是研究其本人生平行事及思想的绝好材料。乾隆皇帝在位六十年，前后共出版了《清高宗（乾隆）御制诗集》初、二、三、四、五集，共四百三十卷，

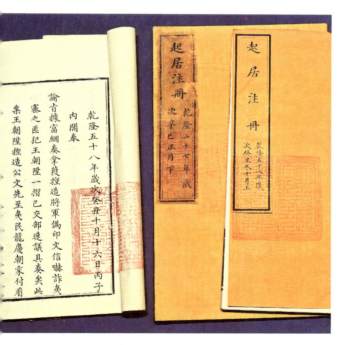

乾隆起居注

《御制诗初集》

合计收诗四万一千八百首，加上当皇子时创作的《乐善堂全集》中的一千零八十首，以及三年太上皇时期创作的《御制诗余集》所收七百五十首，总数高达四万三千六百三十首。数量之多，历史上无人能与其相提并论，是我国作诗最多的诗人。这个数字接近《全唐诗》所收的有唐一代三百年中两千二百多位诗人全部诗作的总和。

　　乾隆皇帝从康熙五十年出生，到嘉庆四年以八十九岁高龄辞世，在人生的路途上共度过了大约三万个日夜，即使从他呱呱坠地时的第一天起便开始作诗，那也要日复一日、年复一年地以每天两首诗的速度不停地写，直到临终为止，大概才能创作出这么多诗作。

　　乾隆皇帝作诗不尚辞藻，反对"竞尚浮华"，"徒以藻缋为工"，而要有所为而作。他曾下谕说："朕所作诗文，皆关政教，大而考镜得失，小而廑念民依，无不归于纪实。御制集具在，试随手披阅，有一连十数首内专属寻常流览吟弄风月浮泛之词，而于政治民生毫无关涉者乎？"[1]可见，乾隆皇帝注重诗歌的纪实价值，将其作为政务的记录。从诗词水平上来说，乾隆皇帝之诗，有不少是应时之作，水准不高。但是，其中很多是纪实之作，包含了相当丰富的内容和深刻的政治含义，或述某事某制，或言自己的政见，或臧否人物、评论史事，从政治、历史的角度看，是颇有价值的。

　　当然，很多学者认为乾隆御制诗不少是臣下代笔，这就使得这些诗的代表性成疑。不过最新的研究表明，"乾隆御稿"中的乾隆御制诗的创作流程如下：乾隆皇帝朱笔作草或自注，或用"注之"让文臣作注；文臣用

<hr>

1　《清高宗实录》，卷一千三百零一。

墨笔折纸楷书誊抄、依令作注；乾隆皇帝用朱笔批改；内监或文臣将诗片抄入诗本。大部分诗歌是以乾隆皇帝草拟为前提的，文臣的职责是誊抄、作注。乾隆皇帝虽然说过自己"虽有所著作，或出词臣之手，真赝各半"，但仔细考察上下文可知，这句话是乾隆皇帝针对各类诗文笼统而言的。对于御制诗，乾隆皇帝从未明确言及代笔之事；而御制文中的"寻常碑文序记"由文臣代为撰写的情况应不在少数，这也与历代帝王撰写序跋碑文等的情形相符。因此，御制诗中大部分应当是乾隆皇帝自己创作，文臣负责誊抄、作注、核查信息、增补诗序、编排题目等。[1]

本书将把乾隆皇帝在海宁时期的御制诗作为最重要最可靠的研究资料，加上清宫档案、各式典籍等，尽可能描摹乾隆与海宁的故事，以厘清历史的真相。

---

1 高策：《清高宗御制诗文创作流程及代笔问题探疑——以新见"乾隆御稿"为核心》，《文献》2023 年第 4 期。

二、头两次下江南，

乾隆皇帝为何不到海宁？

　　乾隆皇帝仿效祖父康熙皇帝六下江南，其中后四次到达海宁。那么，为何前两次乾隆皇帝没有到海宁呢？他是不想到海宁，不愿意到海宁，还是想去海宁没去成？

　　乾隆四十九年（1784）三月，第六次南巡返程途中，乾隆皇帝御制《南巡记》称："予临御五十年，凡举二大事。一曰西师，一曰南巡。"[1]看来，乾隆皇帝把南巡作为自己五十年执政生涯中除西北用兵之外的另一重大活动。

　　乾隆十四年十月，以江南督抚绅耆士庶合词奏请南巡，经大学士、九卿会议，意见相同，乾隆皇帝下旨俞允："朕轸切民依，省方问俗，郊圻近省不惮躬勤銮辂，江左地广人稠，素所廑念。其官方戎政，河务海防，与凡闾阎疾苦，

南巡盛典序

南迄盛典之作非朕志也两

江总督高晋辑书既成始以

入告念已成事不可止第南

巡所经非独江南也若他省

踵为之不益絫且赘乎遂下

军机大臣议则请令浙江山

（清）《南巡盛典》一百二十卷，高晋等纂，清乾隆三十六年序刊本

无非事者。第程途稍远，十余年来未遑举行，屡尝敬读圣祖实录，备载前后南巡恭侍皇太后銮舆，群黎扶老携幼夹道欢迎，交颂天家孝德，心甚慕焉。朕巡幸所至，悉奉圣母皇太后游赏，江南名胜甲天下，诚亲掖安舆，眺览

1　《清高宗实录》，卷一千二百零一。

山川之佳秀，民物之丰美，良足以娱畅慈怀。既询谋金同，应依议允从所请。"并要求南巡所经省份供办简约，不得过多耗费："向导人员，朕酌量先期简派前往清跸，所至简约，仪卫一切出自内府，无烦有司供亿。至行营宿顿，不过偶一经临，即暂停亦不逾旬日，前岁山左过求华丽，多耗物力，朕甚弗取，曾经降旨申饬。明岁晋豫等省以及江南俱不可仿效。至名山古迹，南省尤多，亦只扫除洁净足备临观而已，无事崇饰。倘有颓圮，随宜补葺，悉令动用官项，但当据实，不得任有司浮冒。其民间张灯结彩，圣祖尝以为戒，载在方册，宜共恪遵，其慎勿以华侈相尚。"[1]

同月，闽浙总督喀尔吉善、署理浙江巡抚永贵也上折吁请乾隆皇帝南巡。奏折中称："两浙群黎咸望皇上临幸浙省，阅视海塘，俾海若效灵，安流顺轨，两浙民生从此永享安澜之福。"乾隆皇帝对此很赞同，下谕称："江浙邻封接壤，均系圣祖屡经临幸之地，且海塘亦重务也。今既据该省士民感恩望幸，群情踊跃，合词代奏，宜允所请，于辛未春南巡，便道前至浙省临视塘工，慰群黎瞻依之意。"[2] 表示要顺道前往浙江阅视海塘。

乾隆十五年十二月，乾隆皇帝"意欲亲临阅视"，谕令时在江苏办案的尚书舒赫德于事毕后前往浙江，会同地方官员查勘海塘情形，为南巡阅视塘工做准备。内廷还寄给舒赫德一幅海塘图，令其将阅视海塘的路线粘签注明。

乾隆十六年正月十六日，舒赫德会同闽浙总督喀尔吉善、浙江巡抚永贵前往杭州海宁一带阅看海塘，还乘坐渡船至赫山察看中小门等处。康熙、雍正年间钱塘江潮由北大门行走，从杭州至海宁尖山一带海塘都身处险境。后来海塘外沙滩渐涨，江水主流渐渐向南边迁徙。乾隆十二年，江水归中小门，北岸沙涨，一望无垠，一般情况下江水潮汐对海塘不构成严重威胁，可称海塘安澜。

经舒赫德等考察，由杭州省城至海宁尖山阅视海塘，有一百十余里，可由海塘上行走，至海宁县城方可驻跸。海宁城至尖山往返九十里，均为濒海沙碛，并无空旷地方可以设立大营，仍须返回海宁县城驻跸。所经道路如果遇到天色晴朗，道土干硬，尚属可行，但如果遇到春雨淋漓，道土

1　《清高宗实录》，卷三百五十。
2　《清高宗实录》，卷三百五十一。

康熙南巡

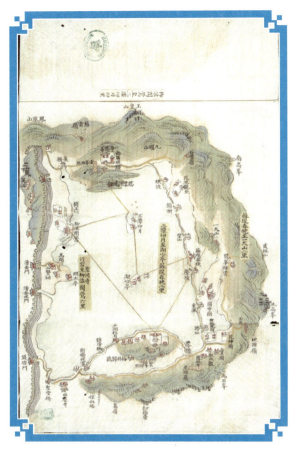

乾隆帝游览杭州西湖路线，出自（乾隆十六年）
《自杭州行宫游西湖道里图说》

胶黏，那就泥泞难行了。而且，登陟尖山的路径狭窄，即使登顶，想远眺江海形势，又被大尖山阻碍视线，而不能穷高极远。总之，自杭州前往尖山阅视海塘，路途较远，往返需三天，且沿途无法设立大营，极为不便。

舒赫德等认为，现在海塘工程稳固，江流畅行无阻，江海安澜，民众安居乐业，"揆之现在情形，海塘竟可无庸亲临阅视"。他们建议登临杭州候潮门外观潮楼即可，因此楼位居江海上游，潮汐往来、塘工捍御、沿江滨海情形，均可一览无余。[1]

其实，早在乾隆十四年七月十五日，大学士公傅恒等就奏称，经会同浙江巡抚永贵商议，从杭州翁家埠至尖山阅视海宁海塘，路程有一百五十里，只能从塘上之路行走，海塘之外均为涨沙洼地，海塘之内则是村舍桑园，难以寻找合适的驻跸处所。而中小门更在禅机、河庄两山之间，北岸沙嫩泥泞，南岸道路也狭窄纤曲。查从前康熙年间圣祖南巡时，均未巡幸海塘、引河，现在江海安澜，堤工巩固，引河水归故道，建议此次南巡不必亲临阅视。舒赫德的考察只是重复此前傅恒等的意见。另外，由傅恒的奏折还可以知道，乾隆南巡实际上并不是应乾隆十四

1 《兵部尚书舒赫德闽浙总督喀尔吉善署浙江巡抚永贵奏报两浙海塘情形折》，高晋：《钦定南巡盛典》，卷五十六。

年十月江浙督抚的吁请，否则也就不会在江浙督抚吁请之前就令御前重臣傅恒等商议具体的路线问题。

不管如何，舒赫德等奏折，得到乾隆皇帝的认可。因而，乾隆皇帝第一次南巡，并未亲临海宁阅视海塘。

乾隆皇帝六次南巡，在时间上很有规律，每次出发时间都在春节之后，大致在元宵节前后。大多在清明节之后，从杭州回銮，而到达京城则在四月底或五月初。这样，就在春暖花开时节到达江南，正好欣赏怡人美景，然后趁着暑热未来前离开，到达北京时，夏天还未到来，天气非常舒适。这也有助于乾隆皇帝视察徐淮一带河工及浙江海塘，尤其是要赶在南方梅雨时节来临之前，勘察徐州附近的堤防设施，这一带因黄河夺淮而常造成巨大水患。

乾隆十六年正月十三日，乾隆皇帝奉皇太后从北京启程，踏上了首次南巡的路程。正月二十七日，乾隆皇帝遣官分别致祭东岳泰山和曲阜孔庙。二月初四日，乾隆皇帝遣官前往祭祀前任河道总督靳辅、齐苏勒及嵇曾筠等祠庙。二月初八日，过黄河，至天妃闸，驻跸直隶厂。二月初十日，致祭清河神威显王庙，阅视高家堰水利工程。二月十五日，下旨要求河督高斌会同两江总督黄廷桂将淮安城附近土堤改建石工。二月十七日，游幸镇江焦山。二月二十一日，到达苏州府。二月二十四日，游览了苏州灵岩山。二月二十五日，在苏州阅兵讲武。二月二十八日，到达浙江省嘉兴府，阅兵，之后还游览了南湖。三月初一日，到达杭州府。三月初三日，驾幸敷文书院，游览观潮楼，阅兵。三月初四日，遣官致祭钱塘江神庙、南镇之神及明代大儒王守仁祠，赐王祠"名世真才"匾。三月初六日，渡钱塘江。三月初七日，到达绍兴府。三月初八日，乾隆皇帝亲自致祭禹陵，行三跪九叩礼。三月初九日，奉皇太后回返。五月初四日，返回北京，居畅春园。

乾隆十六年第一次南巡，乾隆皇帝虽然未去海宁亲临阅视海塘，但对塘工之事还是比较重视。三月初三日，乾隆皇帝临幸海滨观潮楼，初四日，派遣官员祭祀钱塘江神庙，并御书匾额"云依素练"。初六日，祭钱塘江。另外，还派副都御史胡宝瑛致祭海神。乾隆皇帝作《渡钱塘江》一诗表达其喜悦之情：

斛土千钱诡就塘，风恬日暖彩舟方。

一江吴越分疆界，三月烟花正艳阳。

航苇谁曾见神异，射潮未免话荒唐。

涨沙南徙民居奠（海潮向逼北岸，海宁、仁和二邑塘工颇以为患。近年来，北岸涨沙，潮汐南徙，遂庆安澜），永赖神庥敬倍常。[1]

"航苇"，应指佛教达摩祖师一苇渡江的故事。传说达摩渡过长江时，并不是坐船，而是在江岸折了一根（或称一束）芦苇，立在苇上过江。所谓"射潮"，是指五代吴越王钱镠射潮筑塘的故事。据传，钱镠目睹江潮之患，立志根除，下决心要大力兴修水利。他在杭州调集数十万军民，筑成了从六和塔一直到艮山门的捍海石塘。在盐官境内，钱镠高筑海塘，建造堰闸，疏浚河道。但每次眼看即将大功告成时，都受到汹涌澎湃的大潮冲击，功亏一篑。钱镠非常生气，遂在八月十八潮水最大日，令万名弓弩手候在江边。当潮水万马奔腾般涌来时，他带头张弓搭箭，周边百姓也纷纷前来助威，在万箭齐发、万民齐呼的强大威力下，原本气壮山河的潮水竟然后退消失了，海塘终于建成。

钱塘江口两岸海塘安稳的景象，使得乾隆皇帝自信满满，于是他在诗中嘲笑了钱王射潮的传说。乾隆皇帝把涨沙南徙、民众安居乐业的太平光景，归功于神灵的庇佑。

第一次南巡时，有一事与海宁陈家相关，值得一提。前任大学士陈世倌因拟旨错误，被下吏议夺职，乾隆皇帝斥其卑琐，令夺职返家闲住。乾隆十五年陈世倌入京祝嘏，乾隆皇帝命赏还原衔。乾隆十六年三月三十日，首次南巡回銮途中，乾隆皇帝降下谕旨，原任大学士陈士倌从前罢任，尚没有什么大的过错，上年已复予原衔，此番于行在屡经召见，虽年过七十，精力尚健，且系旧人，仍着其入阁办事。于是，陈世倌复任大学士。

第二次南巡，乾隆二十二年正月十一日从京师出发，同前次路程，渡黄河后至天妃闸阅木龙。乾隆皇帝抵达苏州后，奉皇太后临视织造机房。抵达杭州后，阅视水师操演。回銮时绕道江宁，祭明太祖陵。沿运河北上，阅视洪泽湖、徐家集、荆山桥、韩庄闸等处河工。然后经曲阜谒孔林，四

---

1 《御制诗二集》，卷二十五。

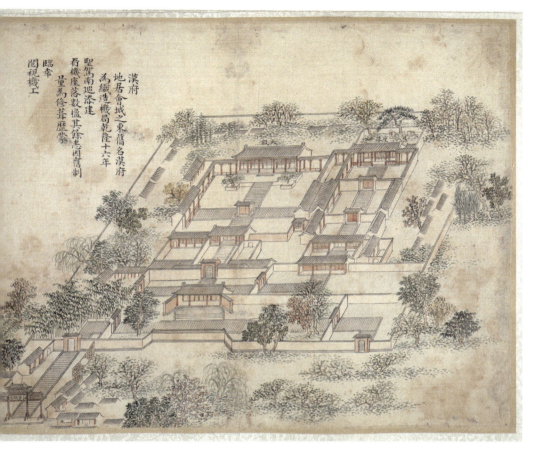

乾隆帝至江宁织房阅视

月二十六日还圆明园。

自乾隆十二年钱塘江潮走中小门后，江海形势巨变，南北两岸涨沙连绵。浙江海塘的重点在南岸绍兴府，工程规模最大者为山阴县宋家溇等处的四百丈鱼鳞石塘。直至乾隆皇帝第二次南巡时，江水海潮都安行中小门，两岸防潮压力大为减轻。总体而言，海波不扬，地方宁谧。所以第二次南巡，乾隆皇帝亦未至海宁。

不过，虽然第二次南巡也没有到海宁，但乾隆皇帝并未忘记海宁石塘，他派遣了散秩大臣昭毅伯永庆致祭海神。为了庆祝"迩年以来，海波不扬，塘工稳固"的大好局面，乾隆皇帝还下令在杭州观潮楼建海神庙，感谢"神明显佑"，"以昭崇德答佑至意"。[1]另外，乾隆皇帝还亲临八仙石等处海塘，并作《阅海塘作》诗以纪其事：

> 骑度钱塘阅海塘，间阎本计圣谟良（雍正年间海潮直逼北岸，
> 大为杭嘉郡县之患，皇考特命大臣鸠工筑塘以捍之，潮头遂渐徙
> 南岸，海宁一带沙涨数十里，迄今廿余年全塘永固，民安其业）。
> 长江已辑风兼浪，万户都安耕与桑。
> 南北由中赖神佑，生灵永奠为民庆。
> 涨沙百里诚无事，莫颂惟增敬不遑。[2]

显然，乾隆皇帝对两浙海塘还是很关注的，他很庆幸此时海氛安谧的状况，感谢神灵护佑。

但是，海潮瞬息万变，远超想象。乾隆二十四年四月，闽浙总督杨应琚奏称，钱塘江口中小门之下口门因雷山和蜀山涨沙相连，水势北趋。大溜由中门和北门各半分流，如果一年后中小门涨沙日趋高涨，水势仍归北大门，那么北岸海宁尖山一带又将成为江浙海塘的重点。九月，江海大溜全走北大门的趋势更加明显。乾隆二十五年正月至二月间，在海潮作用之下，北岸老沙遭到冲刷，坦基塘脚等也多暴露出来。

海潮大溜重归北大门，导致北岸海塘受到威胁，不得不到处兴工，这让乾隆皇帝感到有些忧心。不过，乾隆二十五年三月初，北岸重新出现涨沙。五月以后，涨沙更多，足以对海塘形成有效的保护。乾隆皇帝对此很满意，要求浙江大吏前往观海楼海神祠致祭，并绘图奏报。七月大汛，北岸一带涨沙日渐加增，形势更趋向好。但乾隆皇帝还是很想前往浙江查看具体情形，他决定第三次南巡时亲自至海宁阅视海塘。

在南巡途中，大概每隔四十里，设置二处尖营，供皇太后、皇帝和扈从官员人等休息，每隔八十里左右，便有一处行宫（或大营、水大营），供皇太后、皇帝等住宿。乾隆二十五年七月初一日，军机处奏称，有关浙江境内的（第三次）南巡路线，闽浙总督杨廷璋等与"部咨"（按照六部

分工，应是工部）意见不一致。军机处认为，杨廷璋等设计的路线，是由嘉兴府北教场大营至永福桥大营，共计一百十三里，然后由永福桥大营至杭州省城，共计九十二里。据工部的设计，改设吉庆寺、石门镇、塘栖三处营盘，吉庆寺大营至石门镇大营，共计九十七里，石门镇大营至塘栖大营，共计七十七里，然后由塘栖大营至杭州省城，共计五十七里。这样，由塘栖驾幸杭州城这一日行程仅五十七里，而按杨廷璋等的计划，由永福桥大营至杭州，这一日行程为九十余里。显然，工部的设计"较为近便，似于一切体制相宜"[1]。军机处建议按照工部的意见办理，得到了乾隆皇帝的同意。

　　七月初三日，军机处又上奏称，按照杨廷璋设计的阅视海宁海塘路线，是由嘉兴府北教场大营至石门县之何家桥，然后过长安坝换乘如意船至海宁县陈园，共计路程一百三十里。而据向导处的建议，是由吉庆寺至石门镇大营驻跸，如果皇帝决定阅视海塘，即由石门镇至何家桥，计路程二十五里，然后由何家桥至长安坝换船至海宁陈园，计路程三十五里，共计六十里，比杨廷璋等原定线路里数更少，更加方便。显然，当时乾隆皇帝还未决定是先至杭州再去海宁阅视海塘，还是先去海宁阅视海塘再去杭州。

庄有恭书法

　　乾隆皇帝自己对浙江方面的准备情况也很关注。七月十六日，浙江巡抚庄有恭奏报钱塘江口北岸海塘沙涨情形折至京。庄氏在奏折中提到自己遵奉谕旨前往海宁海神庙和天后宫致祭，乾隆皇帝在行间朱批："此处朕明岁应往叩谒，尔等预备否？"[2]

1　军机处上谕档，乾隆二十五年七月初一日。

2　中国第一历史档案馆藏宫中朱批奏折，浙江巡抚庄有恭奏为遵旨致祭海神庙及天后宫并现在查勘北塘一带沙涨情形事，乾隆二十五年七月初一日，档号：04-01-05-0219-016。

但乾隆二十五年八月，乾隆皇帝下旨称，今年夏天雨水稍多，河湖大涨，高邮、宝应、兴化、泰州一带低洼之处，被水淹没不少，因而传谕两江总督尹继善等查明被灾情况，预筹赈济，又担忧地方官员因承办南巡差务而不能尽心办理赈恤事宜，因而谕令尹继善等将实在情形核查具奏候旨。据报高邮、宝应等县水灾较重，于是，乾隆皇帝决定，应以赈务为重，"所有南巡应办差务，暂行停彻，改于壬午春恭奉慈辇，以慰舆情，仍可揽民风而昭盛典"[1]。

乾隆二十五年七月二十五日，浙江巡抚庄有恭奏报，自己带领布政使明山一同前往仁和塘栖（湖州府主动承办）、石门镇（嘉兴府承办）两处营盘查勘，指示地方官员敬谨预备。庄有恭称："两处营盘旧基原属平整，稍加修饰，易于为功。"又称："海宁一路圣驾驻跸尖盘等处，以及经由水陆道路桥梁，臣现委员分头次第妥办。臣仍不时督率稽查，务使闾阎无丝毫之扰，工程无虚糜之费，以上副我圣主问俗省方、爱民节用之至意。"奏折到京时，乾隆皇帝已决定推迟南巡，因而批令庄有恭"尽可从容料理"[2]。

为了回答乾隆皇帝"此处朕明岁应往叩谒，尔等预备否"的询问，庄有恭还专门上奏查勘海宁驻跸营盘道路一折称："臣与督臣于五月中旬查勘海宁驻跸行营往来道路，即已仰体圣心，饬令地方官敬谨修葺，恭备明春銮辂亲临，用展崇德报效之典。"不过，南巡改期谕旨已经颁布，乾隆皇帝朱批："已改期南巡，尔等从容料理可也。"[3]

总之，乾隆皇帝一下江南和二下江南，都曾经想过到海宁视察，因为条件不允许而未果，这反而促使乾隆皇帝决定在第三次南巡时一定要到海宁巡视并指导塘工水利。

1 《清高宗实录》，卷六百一十八。

2 中国第一历史档案馆藏宫中朱批奏折，浙江巡抚庄有恭奏为祗遵廷寄恭备驻跸营盘及办理海宁一路差务事，乾隆二十五年七月二十五日，档号：04-01-01-0239-050。

3 中国第一历史档案馆藏宫中朱批奏折，浙江巡抚庄有恭奏为奉朱批与督臣查勘海宁驻跸行营道路饬属修葺事，乾隆二十五年八月初六日，档号：04-01-14-0031-025。

三、乾隆皇帝一至海宁

乾隆二十六年十二月，乾隆皇帝下谕宣布明年南巡："朕前者载举南巡，问俗省方，无非民事，而河工、海塘，尤为捍卫民生之重计，是以淮徐一带，临视不惮再三。惟尖山塘工，跸路稍纡，未经亲勘。比年以来，中亹潮势渐次北移，殊萦宵旰，已拟于明春赴浙时，详阅情形，与地方大吏讲求规画。适览庄有恭奏，现在攒办工程，俟来年临阅请训一折，意似待朕巡浙，已届回銮，始于该处豫备者然，果尔则是朕于西湖左右游览既毕，乃旋旌及之，于勤民之义谓何。在该抚昕夕侍朕，断断不设是想，即江浙士庶，亦不皆好生议论者，然此既非朕心所能安，即非巡典所宜有。今定于初抵杭州行宫次日，朕即前往阅塘，圣母皇太后留憩省城，先可近览吴山，仰承慈豫，不越三昔，朕即回奉安舆，幸西湖行宫，则于典礼人情，均为允惬。而自杭城至海宁，水陆皆通行之路，较之原议由石门何家桥过坝取途周折尤为近便，著传谕庄有恭知之。"[1]

上谕称此前南巡，问俗省方，视察河工、海塘，尤其与民生息息相关。曾多次临视淮、徐一带，只是尖山塘工"跸路稍纡"，没能亲往阅视。近年来钱塘江潮势渐趋北移，很是牵挂，准备明年春天巡幸浙江时详细勘察，与地方督抚规划久远。乾隆皇帝还批评了浙江巡抚庄有恭请皇帝回銮之前去海宁阅视海塘的建议，决定抵达杭州省城的第二天马上就去海宁视察海塘。另外，原计划南巡路线是从石门走何家桥再过长安坝去海宁，但乾隆皇帝认为路程太周折，决定先去杭州，再从杭州去海宁。

乾隆二十七年正月十二日，第三次南巡开始。是日，乾隆皇帝从京师出发。渡黄河后阅视清口东坝木龙、惠济闸，登舟巡视河堤。在焦山阅水操，在苏州谒文庙行礼。按计划，乾隆皇帝会在抵达杭州的次日至海宁县阅视海塘。

1　《清高宗实录》，卷六百五十一。

尚未进入浙江时，乾隆皇帝就有意将老盐仓一带改筑鱼鳞石塘，令大学士刘统勋、河道总督高晋、浙江巡抚庄有恭先到老盐仓一带试验。刘统勋等试验表明，此时条件尚不成熟，不应改建石塘。他们先在贴近塘后的地方开槽二处，签桩试验，但这里活土浮沙，偏东一槽沙性异常艰涩，一副桩架一天内只能签桩三根，钉桩丈余后一经摇动即不稳固。偏西的地方则是青沙，签桩同样艰涩，难以施工。如果在柴塘之后、土备塘之前中间的位置开槽钉桩，则还算比较容易，桩架一副一天内可钉桩二十四五根，工程量减小了很多。不过，这些地方民田、庐舍交错分布，改建石塘就需要迁走不少民居。刘统勋等认为："我皇上念切民生亲临阅视，若石塘可以改建，即多费帑项断所不惜；然因地制宜保护柴塘，使永远不致矬蛰，即为捍卫民生长计。"[1]

三月初一日，乾隆皇帝一行抵达杭州。三月初二日，乾隆皇帝从杭州出发，经老盐仓至海宁，去海塘视察，到镇海塔院（即镇海寺）、海神庙瞻拜，住在陈家"遂初园"（即陈园，也称隅园）。

阅视海塘时，乾隆皇帝作诗一首，即《观海塘志事示总督杨廷璋巡抚庄有恭》：

明发出庆春，驾言指海宁。
海宁往何为，要欲观塘形。
浙海沙无常，南北屡变更。
北坍危海宁，南坍危绍兴。
惟趋中小亹，北南两获平。
然苦中亹窄，其势难必恒。
绍兴故有山，为害犹差轻。
海宁陆且低，所恃塘为屏。
先是常趋南，涨沙率可耕。
两度曾未临，额手谢神灵。
庚辰忽转北，海近石塘行。

1　中国第一历史档案馆藏军机处录副奏折，刘统勋奏为遵旨查勘海宁相度塘基签试桩木情形事，乾隆二十七年二月二十七日，档号：03-1120-030。

镇海塔院

接石为柴塘，易石自久经。
费帑所弗惜，无非为民生。
或云下活沙，石堤艰致擎。
或云量移内，接筑庶可能。
切忌道旁论，不如目击凭。

活沙说信然，尺寸不可争（塘边试下木桩，始苦沙涩，用二百余斤之硪一筑，率不及寸许，待桩下既深，又苦沙散，不能啮木桩，摇摇无着也）。

移内似可为，闾阎栉比并（柴塘向内数十丈，其土似宜桩，可以即工，然所在皆田庐，此处为塘，必致毁弃田庐，患未至而先殃民，心复有所不忍）。

其无室庐处，又复多池坑。
固云举大事，弗顾小害应。
然以卫民心，忍先使民惊。
且如内石建，宁听外柴倾。
是将两堤间，生灵躅沧瀛。
如仍护外当（去声），奚必劳内营。
以此吾意决，致力柴塘成。
坦水篓石置，可固堤根撑。
柴艰酌加价，毋俾司农程（命行在户部及该督抚详议加柴价）。
补苴示大端，推行宜殚诚。[1]

柴塘是用柴、土相间压实而成的一种海塘。清代参照黄河埽工的做法，用树枝、柴草和土石分层铺匀，捆成圆柱形。筑塘先用埽捆铺底，再用柴草、土料逐层铺筑，并钉入木桩，形成整体。其优点是适应软弱地基，抗冲刷能力强，用于抢险效果好。缺点是不耐久，一二年即需重修。坦水是海塘附属工程，位于海塘迎水面，防止海塘基础被冲刷。在潮流强劲地段，用多层坦水保护塘身，分别称为头坦、二坦、三坦等。“亹”则指峡中两岸对峙如门的地方。

1 《御制诗三集》，卷二十一。

杨廷璋，汉军镶黄旗人，笔帖式出身，外任广西桂林知府，累官至湖南布政使。乾隆二十一年任浙江巡抚，乾隆二十四年升闽浙总督。这次南巡，乾隆皇帝还赐诗称："西粤昔开府，南闽今建牙。兼知亦旧制，胜任得卿嘉。政有群黎感，身无大纛嗟。老成方倚赖，调摄意须加。"[1]显然，乾隆皇帝对杨廷璋很是器重。

庄有恭，广东番禺人，乾隆四年己未科状元，授修撰，历任侍讲学士、光禄寺卿、兵部右侍郎、户部右侍郎等职。乾隆十六年，任江苏巡抚。乾隆二十四年，因浙江塘工趋紧，乾隆皇帝将其调任浙江巡抚，这可能主要是由于乾隆十八年，庄有恭在

孟森先生像

江苏巡抚任内支持修建了太仓、镇洋的海塘工程。乾隆二十七年，庄有恭移任江苏巡抚；二十九年擢刑部尚书，留巡抚任；三十年正月授协办大学士，仍暂留巡抚任；八月奉旨入京师。庄有恭久任封疆大臣，"以清廉自励"，政绩卓著。乾隆三十一年，庄有恭因包庇属员苏州同知殷成功纵容家人书役诈扰累民之案，被革职交刑部严审，以"罪该处死巧言谏免暗邀人心律"，被拟斩监候。不过，庄有恭很快被赦免，授任福建巡抚，病故于任上。

对于此诗，民国时清史大家孟森先生评论称："乾隆御制诗最劣。此首以中皆实际擘画，只觉笔力健举，并诗亦可观矣，此非从臣所能代笔。"[2]

该诗主要谈及改建石塘的顾虑。本来改建石塘是经久之策，但是，新建石塘位置难以确定。如果在柴塘边上就地改建石塘，但木桩难下，即使钉入活沙中，也不牢固。如果在柴塘之内几十米处建造海塘，但此处均是民众的耕地及房屋，都要毁弃，也于心不忍。于是，乾隆皇帝决定只维修加固柴塘，不仓促改建石塘，以免扰乱民生。

拜谒海神庙时，乾隆皇帝写了《谒海神庙瞻礼有作》一诗：

盐官驻马先虔谒，庙貌枚枚皇考修。

捍患御灾宜祀典，恬风静浪赖神庥。

即今南涨方坍北，尚此春逢况值秋。

黍稷非馨在明德，是吾所愧敢忘愁。[1]

诗称自己驻跸海宁，第一件事就是去虔诚谒拜海神庙。海神庙是皇考雍正皇帝敕令修建的，很是庄严。现在正值春天，海塘南涨北坍，到了秋天，可能更加危险。

忙完当日公务后，乾隆皇帝终于能够安顿下来，驻跸在陈家"遂初园"，改其名为"安澜园"，并作《驻陈氏安澜园即事杂咏六首》[2]：

一

名园陈氏业，题额曰安澜。

至止缘观海，居停暂解鞍。

金堤筑筹固，沙渚涨希宽。

总庶万民戚，非寻一己欢。

在诗中，乾隆皇帝明白宣示，自己到海宁，就是为了阅视海塘（"至止缘观海"），而不是寻求个人享乐（"非寻一己欢"）。希望海塘固若金汤，涨沙遍地。

二

两世凤池边，高楼睿藻悬（楼中恭悬皇考"林泉耆硕"御书，是编修陈邦直之父原大学士陈元龙予告时赐额也）。

渥恩赍耆硕，适性惬林泉。

是日亭台景，春风角徵弦。

观澜遂返驾，供帐漫求妍。

---

1 《御制诗三集》，卷二十一。

2 《御制诗三集》，卷二十一。

凤池即凤凰池，唐以前指中书省，唐以后指宰相职位，此诗中应指内阁。"两世凤池"是追述海宁陈氏陈元龙、陈世倌两代人出任内阁大学士的盛况。诗中回顾朝廷对陈氏的深厚恩典。乾隆皇帝还表示，阅视海潮后马上就返驾杭州，并不要求地方供给有多么豪华。

三

隅园旧有名（以是园为暂憩之所，因赐今额，隅园其旧名也），
岩壑窈而清。

> 城市山林趣，春游花鸟情。
> 溪堂擅东海，古树识前明。
> 世守犹陈氏，休因拟奉诚。

诗中称赞了陈氏隅园的美好景色，称其虽在城市之中，却有山林之趣，有春风拂柳、花鸟掩映的胜景。

四

> 别业百年古，乔松径路寻。
> 梅香闻不厌，竹静望偏深。
> 瑞鹤舞清影，时禽歌好音。
> 最佳泉石处，抚帖玩悬针。

"悬针"是一种笔法。作竖画时，自上而下运笔，终端出锋不回，形若针尖，呈悬针状。本诗描摹了陈氏隅园内美景，并感叹在美景之中，抚弄名帖，鉴赏笔法，最是美好。

五

> 元臣娱老地，内翰肯堂年。
> 赌墅棋声罢，木天砖影捐。
> 竹堂致潇洒，月阁揖清娟（竹堂、月阁皆园内名胜）。
> 信宿当回跸，池边坐少延。

"元臣"指陈元龙,因为此园是陈元龙所修,用来颐养天年,所以称"元臣娱老地"。诗中仍描摹隅园景色。最后说两晚之后就要回杭州,只好在池塘边坐坐,稍稍拖延时间,流露出不舍之情。

六

天朗惠风柔,临溪禊可修(是日上巳)。

趣真如谷口,姓不让冈头。

意以延清水,步因觅韵留。

安澜祝同郡,宁为畅巡游。

由于诗中提到上巳,即三月初三日,可知《驻陈氏安澜园即事杂咏六首》不是在三月初二日一天内写完的,而是在海宁的这几天内创作的。诗中最主要是表达对阖郡安澜的期盼,又再一次表达自己来海宁不是为了巡游享乐的心迹。

当晚半夜时分,乾隆皇帝可能是被奔涌的潮声吵醒了,遂作《睡醒》诗:

睡醒恰三更,喧闻万马声。

潮来势如此,海宴念徒萦。

微禹乏良策,伤文多愧情。

明当陟尖峤,广益竭吾诚。[1]

凌晨时分,乾隆皇帝听到怒吼的潮声,联想到潮势汹涌,不由得为海宁乃至整个北岸的民生安全担忧。又想到没有什么好的办法,不免有些自愧。他打算明天去登临尖山,好好地向海神乞求庇佑。

三月初三日,乾隆皇帝先去安国寺瞻礼,然后前往尖山,观潮阅堤,并拜谒了潮神庙(在尖山山麓)、观音庙。在潮神庙,乾隆皇帝亲笔题写匾额"恬波孚信",还题写了柱联:"池爱潮汐安江裔,川障东南护海门。"

去尖山的路程,按照《钦定南巡盛典》的记载是:

自安澜园起跸,一里经海神庙出春熙门,至镇海塔院,四里

---

1 《御制诗三集》,卷二十一。

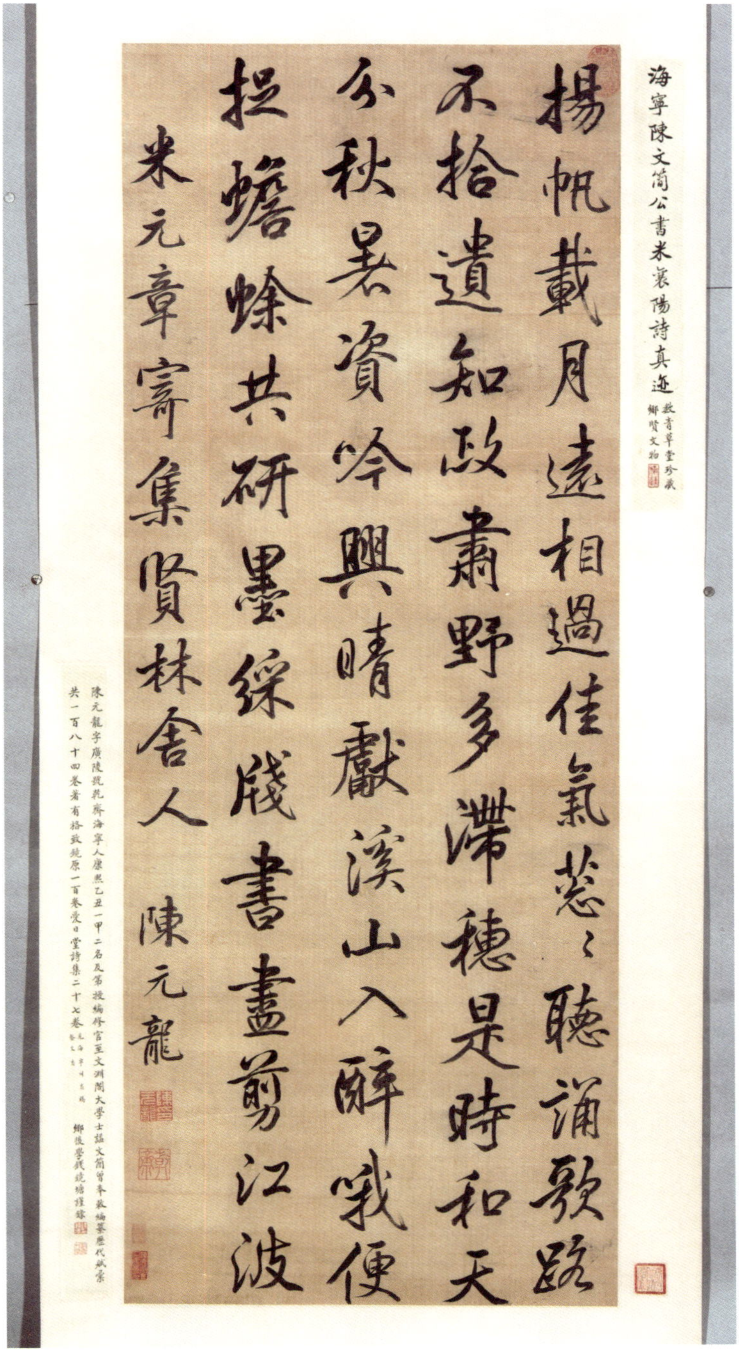

海宁陈文简公书米襄阳诗真迹　救青草堂珍藏　乡贤文物

扬帆载月远相过佳气蓊蓊听诵歌路

不拾遗知政肃野多滞穗是时和天

公秋暑资吟兴晴献溪山入醉戗便

挹蟾蜍共研墨绽残书画剪江波

米元章寓集贤林舍人　陈元龙

陈元龙字广陵现乳齐海宁人康熙乙丑一甲二名及第授编修官至文渊阁大学士谥文简曾参预编纂历代赋汇

共一百八十四卷著有格致镜原一百卷爱日堂诗集二十七卷……乡贤遗民统馆经锥

陈元龙书法（海宁市博物馆藏）

四里桥，三里七里庙，三里十里亭，五里陈文港，八里念里亭尖营，
五里新仓，九里殳家庙，三里大盘头，三里尖山下福宁宫，一里
尖山顶观音殿尖营，计程四十五里。[1]

在去尖山的路上，看到海塘之内的土备塘，乾隆皇帝作了《题土备塘》
一诗：

> 土备塘云海望修，意存未雨早绸缪。
> 石柴诚赖斯重障，是谓忘唇守齿谋。[2]

土备塘是雍正年间大臣海望主持修建的。诗中强调土备塘作为海塘内
护的重要性，可以防止海潮漫过头道海塘而使内地民田庐舍受灾。不论是
石塘还是柴塘，都依赖土备塘作为保障，可谓唇齿之依。

去尖山，御辇走的是海塘大道，乾隆皇帝作了《塘上四首》[3]：

一

> 西塘尚有沙涂护，既至东塘沙总无。
> 石不能为柴欲朽，防秋要计可徐图。

诗中乾隆皇帝交代了东、西塘涨沙变化的情况，西塘（靠近杭州的海塘）
还有涨沙守护，而东塘（海宁海塘）则缺少涨沙，并对不能易柴塘为石塘
表示遗憾。但乾隆皇帝也表示防御海潮的办法要慢慢筹划。

二

> 盐官从不晓迎銮，古朴民风致可观。
> 却胜杭嘉多饰礼，彩棚鼓乐满河干。

---

1 高晋：《钦定南巡盛典》，卷八十。
2 《御制诗三集》，卷二十一。
3 《御制诗三集》，卷二十一。

因为海宁民众不清晨迎驾，乾隆皇帝反而赞赏其古朴民风，认为这比杭州、嘉兴彩棚鼓乐布满运河两岸来迎驾好多了。

三

> 苇庐灶户日煎盐，辛苦蝇头觅润沾。
> 嘘燄胼胝耐燥湿，厚资原是富商兼。

沿海灶户辛辛苦苦煮海煎盐，只为寻求蝇头小利，而主要的利润都被大盐商攫取了。看来，乾隆皇帝很同情穷苦的灶户，而对垄断盐利的大盐商不满。不过，其实乾隆宫廷才是盐政的最大获利者。

四

> 堤柳青青畦菜黄，村梅遮坞远闻香。
> 徐行咨度周防计，懒惰无心问景光。

诗中描写了海塘上的景色，堤柳青青，菜畦遍布，村舍相接，炊烟袅袅，但是乾隆皇帝心系海塘之事，无心欣赏这美妙的景光。

乾隆皇帝登临尖山，遂作《登尖山观海》：

> 舆图早已识尖山，地设天开障海关。
> 东北冈峦捍犹易，西南柴石御为艰。
> 虔心所祝资坍涨，蒿目无方计剔鬘。
> 大吏载咨补偏策，尽吾诚耳敢云闲。[1]

诗中称"舆图早已识尖山"，所谓"舆图"，应是"海塘图"，可见乾隆皇帝长期关注江浙海塘修筑，对钱塘江口北岸的海塘重地尖山，已是了如指掌。

尖山以东为"铁板沙"（此后乾隆皇帝南巡诗中多次提到这一点），不惧海潮冲刷，所以诗中说"东北冈峦捍犹易"，尖山以西，则是海塘防

1　《御制诗三集》，卷二十一。

护重点。

乾隆皇帝很重视尖山一带海塘，早在南巡之前就表示要前往视察，诗中声称要向地方大吏广加咨询，尽心筹备，不敢闲逸。

据地方志记载，乾隆皇帝观海是在尖山观海阁。观海阁在观音庙之东，可凭栏远眺，"海内群山历历可数，而大洋浩瀚一望无际，海宁州之大观无以逾此"[1]。

尖山山顶观音庙，乾隆皇帝也去拜谒了一番，作《尖山礼大士》诗：

> 秋水精神满月相，峰巅妙演海潮音。
> 普陀天竺何遥近，无碍随缘应感心。[2]

大士即观世音菩萨。尖山上观音庙始建于雍正廿二年，乾隆元年建成。

尖山、塔山相邻，均为海宁防海重地，下了尖山后，乾隆皇帝又去塔山察看，遂作《视塔山志事》诗：

> 尖山实捍海，塔山舒右翼。
> 翟村当兜湾，赖此雄潮遏。
> 条石未可筑，块石先救急。
> 其下布石篓，射溜图根立。
> 策马视篓痕，云沙涨数尺（浙抚臣言竹篓贮石下护坝基，数
> 日来沙涨掩篓四尺许，遂命立标以验增涨尺寸）。
> 是为转旋机，其然谈何易（叶）。
> 讵当恃天佑，而弗尽予责。
> 叮咛示方伯，吾意知应悉。
> 斯时工难施，沙远当易石。
> 鱼鳞一例接，方为经久策。[3]

1 （乾隆）《杭州府志》，卷二十七。
2 《御制诗三集》，卷二十一。
3 《御制诗三集》，卷二十一。

鱼鳞大石塘（海宁文保所）

塔山是"尖山余气"，在尖山之西，相距仅数百米，与尖山在水下有根址相连。

诗中所谓"方伯"，在清代常常做布政使的代称。不过，这里取其古意，应指浙江督抚。

尖山、塔山之间石坝是乾隆五年修筑完工的，乾隆皇帝对此很关注，还专门写了《塔山坝工告竣碑文》。这次乾隆皇帝查勘尖山石坝时，地方报告石坝外涨沙情形，此后几天涨沙又增加了，乾隆皇帝下令都统努三、额驸福隆安在尖山石坝石篓上设标记三处，以检验涨沙尺寸，还命浙江巡抚按月绘图专折奏报，形成了正式的沙水奏报制度。《视塔山志事》就是对这一事件的说明。

沙水奏报原定五日一报，但太过频繁，工作量太大，而且也没那么大必要（浙江巡抚上奏的频率也没有五日一次），在当年年底改为十日一报，第二年五月改为清单每月奏报一次，舆图两个月上报一张。乾隆皇帝还认为现在施工难度太大，等到涨沙遍布时，就改建条石坝工，这才是经久之策。

阅视海塘后，乾隆作了《阅海塘叠旧作韵》诗：

今日海塘殊昔塘（丁丑南巡时，海塘大溜尚走中亹，己卯以来潮势复趋北亹，现饬大吏相度修缮，以为民卫），补偏而已策无良。

北坍南涨嗟烧草，水占田区竟变桑。

父老常谈宁可谡（土人以三亹海潮之行，不南即北，此因任之论，与河徙天数语同，非治水者所宜出也），明神显佑讵孤庆（雍正七年海宁敕建海神庙，近复命钱塘崇饰祠宇以昭灵贶）。

尖山跋马非探胜，万井安全虑不遑。[1]

　　之所以称"叠旧作韵"，是因为乾隆二十二年时，乾隆皇帝阅视过八仙石海塘，并作阅海塘诗。乾隆皇帝回忆以前海塘安稳的情况，感叹现今海塘却面临着海潮的侵袭，而钱塘江口的浮沙仍然北坍南涨。虽说当地民众说海潮不走南即走北，都是天命，但乾隆皇帝认为治水者不能诿诸天命，而是要尽人事。诗的最后，乾隆皇帝表示自己跋涉前赴尖山并不是为了游山玩水，而是为了指导塘工水利。

　　当日是三月初三上巳节，于是乾隆皇帝作《上巳》诗：

尖塔（二山名）揽全形，陈园跸暂停。
佳时逢上巳，随地可稽亭。
绿水澄而照，春梅静以馨。
讬波杯不泛，恶旨有芳型。[2]

　　诗中回顾了这一天的行程，先去尖山、塔山阅视海塘，然后返回陈园暂时驻跸。诗中还描述了驻跸陈园所看到的景色：绿水澄澄、春梅馨香。

　　观潮后，乾隆皇帝颇有感慨，遂作《观海潮作歌》一诗：

辛未观潮潮已奇，杭人犹称其力微。
丁丑观潮潮未至，作歌高楼聊纪事。
似神而非者曰三，逮兹三度潮真酣。
却非江楼观约略，创得乃在柴塘尖。
我阅柴塘筹御海，讵图快览惊涛骇。
因缘大汛三月三，洪澜有若将予待。
跋马指东向盐官，一条银线天际看。
卷江倒海须臾至，迎来厎藉江山船（江山船迎潮见前诗）。
色犹未睹先闻声，礌硠磅礚輷訇訇。
徐行按辔揽其状，大哉观矣谁与京。

1　《御制诗三集》，卷二十一。
2　《御制诗三集》，卷二十一。

胥毋弭节倏奔泻，并驱素车而白马。

淋淋汨汨浩汤汤，逾趾配藜白鹭下。

一空前此初遇奇，既欣渐复生愁思。

长苃厚石弗预固，秋来转瞬奚当之。[1]

　　辛未是指乾隆十六年，第一次南巡观潮后，乾隆皇帝颇为震撼，但当地人却说这次海潮还比较小。丁丑是指乾隆二十二年，第二次南巡观潮时，海潮却未来。这是第三次观潮，潮势正盛，浩浩荡荡。乾隆皇帝一开始看到如此壮美景观还不由得称奇，但是，欣然之后又心感忧愁，因为他想到了很快就要到来的秋天大潮要如何抵御呢？旧有的塘工有没有危险？

　　当日，阅视海塘后，乾隆皇帝还下发一道强调岁修柴塘的谕旨：

　　朕稽典时巡，念海塘为越中第一保障。比岁潮势渐趋北大亹，实关海宁、钱塘诸邑利害。计于老盐仓一带柴塘，改建石工，即多费帑金，为民间永永御灾捍患，良所弗惜。而议者率以施工难易，彼此所见纷歧。昨于行在，先命大学士刘统勋、河道总督高晋、巡抚庄有恭，前往工所，签试桩木。朕抵浙次日，简从临勘，则柴塘沙性涩汕，一桩甫下，始多扦格，辛复动摇，石工断难措手。若旧塘迤内数十丈许，土即宜桩，而地皆田庐聚落，将移规石工，毁斥必多，欲卫民而先殃民，其病甚于医创剐肉矣，朕心不忍。且并外塘弃之乎，抑两存而赘疣可乎？以兹蒿目熟筹，所可为吾民善后者，惟有力缮柴塘，得补偏救弊之一策耳。地方大吏，其明体朕意，悉心经理，定岁修以固塘根，增坦水石篓以资拥护，庶几尽人事而荷神庥，是朕所宵旰廑怀不能刻置者。至缮工欲固，购料不得不周，现在采办柴薪，非河工秸苇之比，向为额定官价所限，未免拮据，应酌量议加，俾民乐运售，而官易集事。其令行在户部会同该督抚，详悉定议以闻。朕为浙省往复咨度之苦心，其详具见志事一诗，督抚等可并将此旨，于工次勒石一通，永志遵守。毋忽！[2]

1　《御制诗三集》，卷二十一。

2　《清高宗实录》，卷六百五十六。

乾隆皇帝此谕，表达了将老盐仓一带改建石塘的迫切心情，但是受客观因素影响，暂时只能维修柴塘，乾隆皇帝很是遗憾。上谕中还谈到了海塘柴薪采运与河工的区别，令增加柴薪采运经费。此前海宁柴塘工程，每百斤柴薪部定则例准销六分。乾隆七年，刘统勋等奏请加银三分，每百斤柴薪准销九分。奉谕旨后，刘统勋等合议奏请再加一分，每百斤柴薪统以一钱报销。

三月初四日，乾隆皇帝从海宁起程，返回杭州。据《钦定南巡盛典》记载具体路线为：

> 自安澜园起跸，一由镇海门至万年清晏牌楼上大石塘，一由安戍门经淡塘桥上大石塘，二十里老盐仓尖营，十八里翁家埠杭州府仁和县界，四里潮神庙座落，十九里李家埠尖营，十四里八仙石，二里杭州府庆春门，三里众安桥，三里太平坊行宫，计程八十三里。[1]

看来自海宁出发有两条前往海塘大道的路程，不过"上大石塘"后，路程就完全一样，都是直接前往杭州了。

刚到杭州，乾隆皇帝即去母亲行宫问安，遂作《回跸杭州诣皇太后行宫问安即事有作》：

> 回銮百里日方中（自杭至海宁程百里，然实止八十里而已，清晓策马堤上，时亦乘舆，日中即至省城），迎送黔黎拥六骢。
> 灯市盐桥临古郡，问安视膳谒慈宫。
> 西湖佳矣明将到，东海艰哉虑不穷。
> 捍御尽心粗擘画，此行或可未云空。[2]

从诗中可知这一天乾隆皇帝从海宁至杭州的情形：这一段路程行程图

---

1 高晋：《钦定南巡盛典》，卷八十。

2 《御制诗三集》，卷二十一。

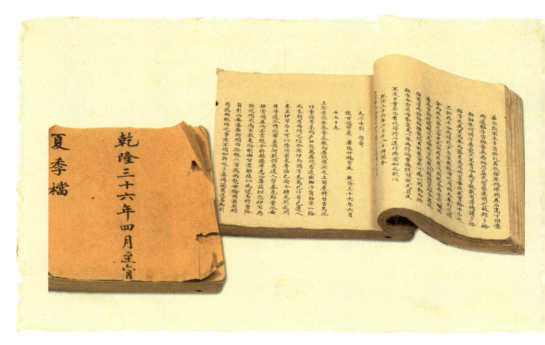

乾隆帝谕旨（《夏季档》）

上说达到一百里，但其实只有八十里，乾隆皇帝清晨即从海宁出发，沿着海塘一路向西，一开始是骑马，有时也改坐轿，到了中午即到达杭州省城了。乾隆皇帝还表示这次去海宁对于海塘有一些初步的筹划，或许可称得上不虚此行。

当天，乾隆皇帝又对尖山石坝的维修下了谕旨："尖山、塔山之间旧有石坝，朕今亲临阅视，见其横截海中，直逼大溜，犹河工之挑水大坝，实海塘扼要关键。波海冲激，保护匪易，但就目下形势而论，或多用竹篓加镶，或改用水柜排砌，固宜随时经理，加意防修。将来涨沙渐远，宜即改筑条石坝工，俾屹然成砥柱之势，庶于北岸海塘永资保障。该督抚等其善体朕谕，于可兴工时一面奏请，一面动帑攒办，并勒石塔山，以志永久。"[1]

上谕强调尖山、塔山之间的石坝是北岸海塘的关键之处，应该多用竹篓加固，或改用水柜，将来条件成熟时，应改筑条石大坝。

---

1 《清高宗实录》，卷六百五十六。

驻跸杭州期间，乾隆皇帝撰写了《阅海塘记》，文曰：

　　隆古以来，治水者必应以神禹为准。神禹乘四载随山浚川，其大者导河导江胥入于海。禹之迹至于会稽，会稽者即今浙海之区，所谓南北互为坍涨迁徙靡常地。神禹亲历其间，何以未治，岂古今异势，尔时可以不治治之乎？抑海之为物最巨不可与江河同，人力有所难施乎？河之患既以堤防，海之患亦以塘坝。然既有之，莫能已之。已之而其患更烈，仁人君子所弗忍为也。故每补偏救弊，亦云尽人事而已。施堤防于河已难，而况措塘坝于海乎。海之有塘坝，李唐以前不可考，可考者盖自太宗贞观间始，历宋元明屡修而屡坏。南岸绍兴有山为之御，故其患常轻，北岸海宁无山为之御，故其患常重。乾隆乙丑以后丁丑以前，海趋中亹，浙人所谓最吉而最难获者。辛未、丁丑两度临观，为之庆幸而不敢必其久如是也。无何而戊寅之秋雷山北首有涨沙痕，己卯之春遂全趋北大亹，而北岸护沙以渐被刷，是柴塘、石塘之保护于斯时为刻不可缓者。易柴以石，费虽巨而经久，去害为民者所弗惜也。然有云柴塘之下皆活沙不能易石者，有云移内数十丈则可施工者，督抚以斯事体大，不敢定议。夫朕之巡方问俗非为展义制宜，措斯民于衽席之安乎？数郡民生休戚之关，孰有大于此者。可以沮洳海滨地险辞而不为之悉心相度，以期乂安吾赤子乎？故于至杭之翼日，即减从趱程，策马堤上，一一履视测度，然后深悉夫柴塘之下不可施工，以其实系活沙，桩楔弗牢，讫不可以掣石也。柴塘之内可施工而仓促不可为，以其拆人庐墓，桑麻填坑堑，未受害而先惊吾民也。即曰成大利者不顾小害，然使石塘成而废柴塘，是弃石塘以外之人矣。如仍保柴塘，则徒费帑项，为此无益而有害之举，滋弗当也。于是定议修柴塘增坦水加柴价，一经指示，而海塘大端已具，守土之臣有所遵循，即随时入告，亦以成竹素具，便于进止也。议者或曰所损者少而全者众，柴固不如石坚，何为是姑息之论？然吾闻古人云：井田善政，行于乱之后是求治，行于治之时是求乱。吾将以是为折中，而不肯冒昧以举者，此也。踏勘尖山之日，守塘者以涨沙闻，后数日沙涨又增，命御前大臣志石篓以验之，果然（自初三日亲临阅塘后，即命都统努三、额驸福隆安立标于石篓之上，以验增长，今复遣往视，回奏云，十日以来沙涨至五尺余，土人以为神佑）！斯诚海神之佑耶。但丁丑以前已趋中亹者尚不可保，而况今数尺之涨沙乎。然此诚转旋之机，是吾所以默识灵贶，益励敬天勤民之心也。是吾所以望神禹而怵然以惧，惭无奠定之良策也。至海宁日即虔谒海神庙，皇考御制文在焉。因书此记于碑阴，以识吾阅塘咨度者如是。固不敢以己见为必当也。[1]

乾隆《阅海塘记》

在记文中，乾隆皇帝回顾了建设海塘历史以及阅视海塘的经过，通过实地勘察，知晓柴塘改建石塘的客观限制及实际困难，改建与否实在很难抉择。最终决定采取维护柴塘、增建坦水、增加柴价等措施。乾隆皇帝还表示这不是"姑息之论"而是折中的办法。但其实乾隆皇帝还是非常希望把柴塘改建为石塘，但目前只能维持现状，以维护柴塘为主。

乾隆皇帝第一次至海宁，下榻陈园行宫，当时主持迎驾的陈园主人是陈邦直。乾隆皇帝对陈邦直较为欣赏，"一时恩赉稠叠，未易悉数。复蒙垂问家世年齿甚详"。看来，陈邦直得到了乾隆皇帝的召见。陈邦直曾任

1　《御制文初集》，卷七。

翰林院编修，编修虽然级别不高，却是清贵之官，得到乾隆皇帝的召见还是有可能的。

民国时海宁人冯柳堂，曾撰写《乾隆与海宁陈阁老》一书，力图为乾隆系海宁陈氏之子嗣寻找证据。对于乾隆皇帝召见陈邦直的情形，他评论说："真奇谈了，陈氏非草莽新进，自康熙以至乾隆，陈氏任大员的正不知多少，耳熟能详，乾隆难道不知他的家世之理，还值得垂问，而且问家世不够，还要问'年齿'，'问'又不够，还要问得'甚详'，是否心有怀疑，并真个要序兄弟之行，所以如此详细询问吗？"又说："而且撰陈邦直的传这位先生，又何必特地把问家世、年齿这些寻常事，大书特书，吾非神经过敏，这可是值得注意之一点。"[1]

其实，这是冯柳堂不了解清代召见制度的附会之谈。清代皇帝召见大小官员，往往是从问年龄、家世入手，聊聊家常，显得亲切，以拉近双方之间关系，方便进一步问询。而且乾隆作为皇帝，政务繁忙，不清楚一位前翰林院编修的家世，是再正常不过的事情。至于为陈邦直作传的人，"特地把问家世、年齿这些寻常事，大书特书"，是因为不在于问的是什么，而在于这是皇帝的亲自询问，因为皇帝的召见是特别恩典，尤其对于陈邦直这样一位中下级官员来说更是如此。事实上，在同时代的其他官员的年谱自传中，只要受到皇帝的召见，很多都会不厌其详地记载召见时蒙垂问年龄、家世、履历的情形。

据地方志记载，在海宁时，乾隆皇帝还特遣侍郎介福前往前任大学士陈元龙、陈世倌墓拈香奠酒。祭品包括：鹿脯一、兔脯一、果品五、帛一、白色描金龙烛一对、长七寸径五分圆柱降香一炷、降香丁一两五钱、酒三爵。使者拈香奠酒毕行一跪三叩首礼。

对此，冯柳堂评论说："再则皇帝出外巡幸，所在地有大臣的坟墓，致祭或有之，但也不一定。然而不在所过地方境内而赐祭是很少有的。可是陈元龙的墓，葬在海盐禄步墩，虽系邻封，实已隔境，然而乾隆每到海宁一次，必命膳房颁祭，遣大臣祭墓一次，虽说是驻跸陈园之故，亦可说是异数了（陈世倌同葬一处，亦同样赐祭）。"虽未明说，冯柳堂暗指乾隆皇帝与陈元龙有着特殊的关系，所以才会特意令人致祭其墓。

1 冯柳堂：《乾隆与海宁陈阁老》，上海书店 1988 年影印版。

其实，这也是冯氏的附会之词。乾隆皇帝南巡，一路上经常拜祭行礼。他几次亲祭明太祖陵，既是尊重前朝开国皇帝，也是以继明之统自居。途中多次祭孔祭孟，表示朝廷对理学的宣扬，对儒家文化的尊崇。与此同时，所过名山大川都致祭如礼。经泰山祭岱庙，过黄河祭河神，过长江则祭江神，临海塘则祭海神。此外，御道三十里以内的历代先贤名臣忠烈祠墓，都要致祭。如唐臣陆贽、钱镠，宋臣宗泽、范仲淹、韩世忠、岳飞，明臣徐达、常遇春、方孝孺、于谦等人，都由行在翰林院撰拟祭文，行在礼部进呈扈从王公大臣名单，由乾隆皇帝钦点官员致祭，以示隆重。本朝大臣祠墓在三十里以内的也遣官致祭，如大学士史贻直、南河总督高斌等。陈元龙墓在海盐县禄步墩，陈世倌墓在海盐县澉浦王家桥，距海宁城六七十里，确实不在御道三十里内。但陈元龙、陈世倌在雍正、乾隆年间分别担任过内阁大学士，而且乾隆皇帝毕竟驻跸在陈氏安澜园，所以也就一并祭祀。正是由于这并不符合惯例，地方上才将乾隆皇帝赐奠陈元龙、陈世倌视为殊恩旷典。

四、乾隆皇帝二至海宁

乾隆二十八年（1763）十二月十七日，乾隆皇帝颁下上谕，根据两江总督尹继善等合词奏请，准备在乾隆三十年再次南巡。谕旨称："朕惟江浙地广民殷，一切吏治农功均关要计，且襟江带河、滨湖边海之区筹划泽国田庐，无一不重紫宵旰。前以壬午岁恭奉安舆时巡周览，凡淮河水志节宣闸坝启闭，以及杭属塘工勘建柴石料段诸事宜，曾与封疆大吏目击手画，以期利济群生，年来叠经督抚等疏报下河郡邑汛水恬流，并无漫溢"，"惟是浙中海潮涨沙虽有起机，大溜尚未趋赴中亹，是深所廑念，而新修柴石诸塘亦当亲阅其工，以便随时指示。又近日特遣大臣督修水利如濉河荆山桥等处，亦为数省灌输吃紧关键，所以验前功而程后效，正惟其时。矧东南岁事频告丰登，洪惟圣母皇太后福履康宁，弥臻纯嘏，于是承欢行庆，答士民望幸之忱，稽典实为允协，著照所请，准于乙酉之春诹吉南巡。其河工海塘应亲临省视者，即行先期豫备"。[1]

谕旨中说浙江钱塘江两岸虽然已有了些涨沙，但海潮大溜未走中门通道，很是挂念，而且新修的柴塘、石塘工程均应亲自阅看，随时加以指示，因此，要南巡前往浙江，并要求拟前往阅视的海塘工程，地方大吏须先期准备好。

第四次南巡，乾隆三十年正月十六日从京师出发。二月初八日，入江苏境，由清口徐家渡渡黄河，阅视清口东坝木龙、惠济闸。乘船沿运河行驶，渡过长江。二月二十五日，抵达苏州，谒文庙，并至各处游览。闰二月初三日，从苏州出发，沿运河前行，进入浙江省境。

与第三次南巡不同，这次乾隆皇帝进入杭州的第一站就是前往海宁阅视海塘。早在乾隆二十九年四月，闽浙总督杨廷璋就上奏建议乾隆皇帝由石门水路先抵海宁巡查塘工，再赴杭州。其路线为，由浙江石门大营水路

---

1 《清高宗实录》，卷七百零一。

航行二十四里至何家桥，从何家桥又航行十六里至长安坝，在此换如意舟，航行十九里，就到了海宁县城。然后再前往尖山阅视石坝，这样"殊为捷便"，而且可以"省却一番由杭往返之劳"。杨廷璋称："臣现饬将何家桥及长安坝一带河道桥梁挑挖深通，修筑平正，仍于长安坝上搭天桥一座，坝南备如意舟一只，祗候圣驾阅视塘坝后，再由石塘陆路直抵省垣行宫。"奉朱批："知道了。"[1]

于是，乾隆皇帝从苏州循运河南下，至石门镇转棹至长安坝，由此上塘河至海宁北门登陆，路程共十八里，然后入城。具体路线是：

> 自石门镇大营起，一里石门县，九里羔羊桥汛，九里北三里桥，二里甘露庵，一里石门县平在北门，二里迎薰馆，二里何家桥，三里海宁州界，三里庄婆堰桥，七里长安新坝，十里石井亭，五里双涧桥港，三里平安桥起跸，二里入海宁州拱辰门，至安澜园驻跸，计程五十九里。[2]

闰二月初五日，乾隆皇帝抵达海宁县，视察海宁绕城石塘，到海神庙、镇海寺拈香，晚上驻跸安澜园。

当日，乾隆皇帝至石门县后，骑马穿越县城，然后换乘轻舟，抵达海宁，驻跸安澜园，为此，乾隆皇帝作《自石门县跋马度城易轻舟至陈氏安澜园即景杂咏》一诗：

> 舣舟跋马度由拳，心喜观民缓着鞭。
> 更有阅塘予正务，遂循溪路易轻船。
> 夹溪万姓喜迎銮，桑柘盈郊入画看。
> 廿四桨过风帆（去声）驶，片时新坝到长安（即坝名）。
> 坝隔高低换彩舟，彩舟致重橹声柔。
> 仍图迅利策予马，蓄眼韶光面面酬。

1　中国第一历史档案馆藏军机处录副奏折，闽浙总督杨廷璋奏请圣驾由石门水路抵海宁巡查塘工事，乾隆二十九年四月十九日，档号：03-1003-047。
2　高晋：《钦定南巡盛典》，卷八十。

盐官三载重经临，两字安澜实厪心。

驻跸春风弃清暇，果然城市有山林。[1]

诗中，乾隆皇帝声称"阅塘"是自己的"正务"，又自问自答，为何三年两次幸临海宁？那是因为关注海塘事宜，希望海氛安澜。

乾隆皇帝很喜欢沿途百姓观瞻的场景。早在乾隆十五年十月，闽浙总督喀尔吉善奏报称，明春南巡，浙江省杭州、嘉兴两府均为水乡，湖荡港汉，纵横交错，自江苏、浙江交界至杭州，陆路只有运河纤道，宽仅七八

1　《御制诗三集》，卷四十七。

拱辰门

尺，凡应用什物暨执事人等，有须先送前站预备的，如果开辟陆路，必然会挖废很多民间田园，现在勘定副河一道，什物及执事人等，均由副河前进。御道两旁，本来都应安排士兵站围，但浙江省运河河道狭小，有的地方实在没有可以站立之处。拟酌定于运河两岸内，凡支河汊口各安设卡兵二三名，临时禁遏人员舟船，如果没有路径之处，不再安排士兵站围。河道两岸有村镇居民处，可以允许男妇老幼跪伏瞻仰。乾隆皇帝朱批："甚是，妥当之极。好。不必严为拦阻。"显然，乾隆皇帝很享受这种万民拥戴的感觉。

乾隆皇帝住在安澜园，于是作《驻陈氏安澜园叠旧作即事杂咏六首韵》[1]：

1　《御制诗三集》，卷四十七。

一

如杭第一要，筹奠海塘澜。

水路便方舸（前巡抵杭城，由陆路赴海宁阅塘，今年舟次石

门即从别港水道前进，先驻是园，取便程急先务也），江城此税鞍。

汐潮仍似旧，宵旰那能宽。

增我因心惧，惭其载道欢。

　　乾隆皇帝表示，来到杭州的第一要事，就是筹办海塘，祭奠海神。这次不再由杭州转道，而是直接来到海宁，是为了路程便利，也是为了先办最重要的事情。来到海宁后，乾隆皇帝发现北岸海潮冲刷如旧，心情难以宽慰。又想到沿途士民欢呼迎驾，更增加了内心的惭愧之情。

二

隔园城角边，新额与重悬。

意在安江海，心非耽石泉。

乔柯皆入画，好鸟自调弦。

有暇诗言志，雕虫不尚妍。

　　乾隆皇帝以诗言志，表明自己来到海宁是为了阅视海塘工程，而不是心耽泉石之乐。又说自己有暇之时就作诗，不尚雕琢，不追求诗句工整妍丽，只是为了言志而已。乾隆皇帝喜欢作诗，自称"伊余有结习，对时耽属咏"[1]，"笑予结习未忘诗"[2]，"若三日不吟，辄恍恍如有所失"[3]。不过，他向来认为吟诗只是雕虫小技，唯恐玩物丧志，故而作诗自警云"赋诗何必多？杜老言诚正。况乎居九五，所贵行实政"[4]。

1　《御制诗二集》，卷十九。

2　《御制诗五集》，卷七十。

3　《御制诗初集》，卷四十四。

4　《御制诗二集》，卷十九。

三

盐官谁最名，陈氏世传清。

讵以簪缨吓，惟敦孝友情。

春朝寻胜重（去声），圣藻赐褒明（原任大学士陈元龙请老时，

皇考书赐"林泉耆硕"额以宠其行，今恭奉园楼正中）。

来日尖山诣，祈庥尽我诚。

诗中，乾隆皇帝自问自答，海宁城中谁最有名，那当然是陈家。还赞赏陈氏不是以世代簪缨压人，而是敦行孝友，引人景仰。又提到当年皇父雍正皇帝赐给致仕大学士陈元龙"林泉耆硕"匾额的事。诗中最后一句，乾隆皇帝想起明天要去尖山祭拜，表示要诚心诚意乞求神灵庇佑。

四

书堂桥那畔，熟路宛知寻。

既曲越延趣，惟幽不碍深。

风翻花动影，泉出峡留音。

古栝无荣谢，森森青玉针。

由于是第二次来安澜园，且距离上次也只有三年，乾隆皇帝对园子比较清楚，轻车熟路，所以说"熟路宛知寻"。

五

园以梅称绝，盘根数百年。

古风度迥别，时世态都捐。

春入香惟净，月来影亦娟。

闲吟将对写，消得意为延。

四、五两首诗描摹了安澜园美景。园子幽深，以历时悠久的梅花而闻名。

六

溪泛橹声柔，溪涯有竹修。

獭时看伏翼（是园水中有獭），鱼并育槎头。

似此真佳处，无过信宿留。

观塘吾本意，讵可恣遨游。

乾隆皇帝在安澜园中乘舟泛溪游览，园中有修竹、有水獭。不过，虽有如此美景，也只能留宿两夜。因为自己来海宁的本意是阅视海塘，怎么能恣意遨游呢。

这一天，乾隆皇帝还去海神庙瞻礼，遂作《谒海神庙瞻礼叠旧作韵》：

庚辰之岁潮趋北，柴石塘工重（去声）事修。

亟吁施仁斯益切，不更（平声）为患即贻麻。

涨沙虽纵闻增渚，汛水无过幸晏秋。

庙貌钦崇缅皇考，中霉未复只怀愁。[1]

"庚辰之岁"指乾隆二十五年，这一年海潮趋北，使得海宁海塘的修护变得更加重要。因海神庙是奉雍正帝特旨修建且由宫中拨发内帑建造的，乾隆皇帝瞻仰之时，很是缅怀皇父。不过，想到海潮大溜未趋复中门，乾隆皇帝又很忧愁。

皇帝驾临浙江，地方大吏当然均迎驾扈从，其中就包括浙江学政钱维城。钱维城长期在南书房任职，乾隆皇帝与他比较相熟，就赐诗一首：

赐浙江学政钱维城

化民惟在学，取士要通经。

讵在工文采，还当屏滥形。

须悬虚鉴朗，莫负旧毡青。

扈跸常赓韵，何殊侍内廷。[2]

1 《御制诗三集》，卷四十七。

2 《御制诗三集》，卷四十七。

钱维城是乾隆时期的著名文人，江苏常州武进人。钱维城生于官宦之家，从小受到很好的教育，是乾隆十年乙丑科状元，授翰林院修撰，后官至礼部、工部、刑部等部侍郎。钱维城在书法、绘画方面长期耕耘，成为当时闻名遐迩的著名书画文人。

　　乾隆二十七年，钱维城奉旨担任浙江学政。乾隆皇帝至海宁时，钱维城也随驾前去了，因而得到乾隆皇帝赐诗。在诗中，乾隆皇帝告诫钱维城要以学化民，要以"通经"（通晓儒家经典）为标准考取士子，而不能只青睐工于文辞之人。因钱维城在京时长期担任文学侍从之臣，乾隆皇帝还特意宽慰他随扈之时也能日常与皇帝诗文往还，这其实与在京时随侍内廷并没有区别。

　　当日，乾隆皇帝视察海宁绕城石塘后，谕令添建坦水：

　　　　海宁石塘工程，民生攸系，深廑朕怀，连年潮汛安澜，各工俱属稳固。兹入疆伊始，即日就近亲临相度，先行阅视。绕城石塘五百三十余丈，实为全城保障。而塘下坦水，尤所以捍卫石塘，但向来止建两层，今潮势似觉顶冲，外沙渐有汕刷，三层之外，应须豫筹保护。该抚等上年所奏，加建三层坦水六十余丈，止就尤险要处而言，于全城形势，尚未通盘筹划，若一律普筑三层石坦，则于护城保塘，尤资裨益。著将应建之四百六十余丈，均即一例添建，其二层旧坦内有桩残石缺者，亦著查明补换。该督抚等其董率所属，悉心筹办，动帑兴修，务期工坚料足，无滥无浮，以收实济，副朕为民先事豫筹之至意。[1]

　　绕城石塘是海宁全城保障，而塘下坦水，则用以捍卫绕城石塘。此前，塘下的坦水只建有两层，乾隆二十九年时只在最危险的六十余丈绕城石塘加建了第三层坦水，乾隆皇帝令将剩余的四百六十余丈绕城石塘一律添建三层坦水。原来的二层坦水内有残缺的，也一并更换。

　　为此，乾隆皇帝又作诗以资纪念：

1　《清高宗实录》，卷七百三十。

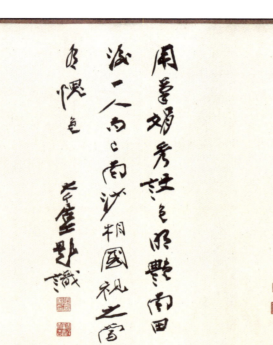

万有同春图卷（卷末跋），钱维城绘，美国波士顿美术馆藏

万有同春图卷（局部），钱维城绘，美国波士顿美术馆藏

命添建海宁县城石塘前坦水石诗以志事

柴石两塘工，前巡大端定（前巡阅视海塘时，有以老盐仓一带柴塘恐难经久请易柴为石者，及亲临度试则塘内沙活不可下桩，再移内数十丈，虽工作可施，势必毁弃旧庐，未弭患而先殃民，又岂保卫之道。因决意修筑柴塘，敕部议增薪值，俾采购裕足，并命添置坦水篓石捍护堤根）。

兹来重相视，事无不用敬。

念兹古县城，万民所托命。

城南即石塘，鱼鳞固绵亘。

但潮今北趋，已近塘根迎。

坦水纵两层，潮来惟一剩。

设使久荡激，塘根将致病。

去岁虽添建，六十丈而竟。

尚欠久安策，俾增一律称（去岁抚臣请建坦水六十余丈，止就险要而言，于全塘形势尚未筹及，因命增建四百六十余丈，并视二层旧坦之桩残石缺者令补易缮完，使护塘根，永资巩固）。

杀（去声）势护石工，费帑吾宁听。

何当复中亹，额手斯诚庆。[1]

诗中回顾了添建海宁绕城坦水的原因。乾隆皇帝更希望的是恢复潮走中小门的理想状态。

当日，乾隆皇帝还赐食浙江地方督抚大吏及各级官员，于是又作了《赐浙江督抚及其属吏食诗以言志》一诗：

入疆虽曰庆，土地岂其宜（尝谓孟子此言或可行于其时，实难行于千古，然夺彼与此，即当时亦觉难行，且若皆宜庆者，将以何地与之）。

聊以肆筵惠，酬斯执役疲。

---

1 《御制诗三集》，卷四十七。

所嘉民弗课，实慰我深思。

休养富而教，勖哉贤有司。

《孟子·告子》称："天子适诸侯曰巡狩，诸侯朝于天子曰述职。春省耕而补不足，秋省敛而助不给。入其疆，土地辟，田野治，养老尊贤，俊杰在位，则有庆，庆以地；入其疆，土地荒芜，遗老失贤，掊克在官，则有让。"上古天子巡狩，如果看到政通人和，则以土地赏赐地方官。但乾隆皇帝认为此事或许可以实行于上古，现在则根本无法通行。于是，也就只能赐地方官吏宴，聊表酬谢之意。更使乾隆皇帝欣慰的是，巡幸之举，没有增加民众负担。最后，所谓"仓廪实而知礼节"，乾隆皇帝勉励浙江地方官员休养生息，富民而讲教化。

据御膳档记载，这次赐宴范围为"王子大人总督提督官员人等"，宴席食单如下：

> 用一等饭菜二十桌，每桌八碗（青瓷碗），蒸食一盘，炉食一盘，攒盘肉一盘，膳房饭，外膳房肉丝汤。
>
> 每桌猪肉六斤，羊肉四斤，牲口一只。
>
> 次等饭菜十桌，每桌六碗（青瓷碗），蒸食一盘，内管领炉食一盘，攒盘肉一盘，外膳房肉丝汤饭。
>
> 每桌猪肉四斤，羊肉四斤。²

以一桌坐两人计，则赴宴的共六十人，以官职爵位大小分两等，分享一等饭菜、次等饭菜。一等有八碗菜，吃"膳房饭"，食材有牲口，而次等则是六碗菜，吃外膳房饭，食材中没有牲口。

当日，乾隆皇帝还令大学士傅恒传宣谕旨，翰林院编修陈邦直着赏给翰林院侍读。陈邦直是安澜园的主人，乾隆皇帝升了他的官，应是为了表达谢意。

闰二月初六日，乾隆皇帝视察海塘，去尖山观音庙、镇海寺拈香，观潮。

1　《御制诗三集》，卷四十七。

2　《清宫御膳》第一册，华宝斋书社 2001 年版，第 188 页。

早膳是辰初三刻（早上七点四十五分）在念里亭吃的，晚膳是未正（下午两点）在镇海寺吃的。晚宿安澜园。

去尖山，仍然走的是海塘大道，乾隆皇帝作《塘上三首》[1]：

一

尖山将往阅潮淤，塘上清晨发步舆。
一带堤根皆啮水，抚斯安得暂心纾。

闰二月初六日清晨，乾隆皇帝乘坐步辇由海塘大道前往尖山视潮观海。一路上看到海塘大堤的根部都被海潮冲刷，乾隆皇帝很是心焦。

二

鱼鳞诚赖此重堤，堤里人家屋脊齐。
土备却称守重障（土备塘，海望所修，欲以为重关保障。夫石塘外如果可为重障尚可，今为之塘内，且置人家于外，岂有土更坚于石之理。譬之防盗者舍墙门而扃屋扉，甚无足取也），一行遥见柳烟低。

大学士傅恒画像

海塘大堤之内，居民众多，屋脊往往与海堤平齐。而民屋之内，又有一重土备塘，将居民置于塘外，这是保护谁呢？所以乾隆皇帝认为土备塘"甚无足取"。

三

灶户资生釜海存，刮沙煎卤事牢盆。
茅棚苹窦何妨览，欲悉吾民衣食源。

1　《御制诗三集》，卷四十七。

所谓"牢盆"，是指煮盐的器具，当时浙江沿海盐场灶民通过煎煮海卤水来获得食盐。乾隆皇帝表示百姓的茅屋草棚都不妨亲自去考察一番，这是为了弄清楚自己的子民如何谋生资生。

乾隆皇帝再次登临尖山，遂作《登尖山观海》：

> 岧峣净土普门凭，观海因之栈道登。
> 愧我敢云希绩底，奠兹惟是赖仁能。
> 台临上下空无际，舟织往来波不兴。
> 俯视塔山资射浪，谩言沙涨有明征。[1]

乾隆皇帝令向导大臣努三在塔山石坝周围设置更多的竹篓作为标记，以便更及时地了解沙水涨坍的情况。

据地方志记载，乾隆皇帝观海之处还是在尖山观海阁。乾隆皇帝御题阁额"海阔天空"，还御笔题写诗中"台临上下空无际，舟织往来波不兴"一句，作为柱联悬挂阁中。

登尖山后，乾隆皇帝又登临塔山，并作诗《视塔山志事叠旧作韵并示地方督抚及司事者》：

> 壬午视塘后，沙涨伸如翼。
> 不久复致坍，溜仍塘根逼。
> 自兹月据报（坝基下有护根石篓，前巡临阅时沙涨掩篓痕四尺许，因命标志其处，验增涨尺寸，浙抚每月奏报），时缓亦时急。
> 即今石篓下，又见涨沙立。
> 较之昔立标，乃更增五尺（沙涨时有赢缩，兹亲临勘验，较旧志复增五尺，大吏皆谓江海效灵，然坍涨靡常，实不敢即以为慰也）。
> 效灵谩致颂，安保无更易。
> 夫惟君与臣，均有安民责。
> 为民筹保障，可弗此心悉。

1　《御制诗三集》，卷四十七。

何时沙坂坚，鱼鳞易条石。

惟俟天默佑，斯实乏良策。[1]

诗中称，堤岸外沙坍涨无常，不能倚恃，言外之意，还是要以维修柴塘和加强坦水等护岸工程增加防护为主，但明确表示希望将来有机会大规模改建鱼鳞石塘。乾隆皇帝告诫地方官员，君臣均有保境安民的责任，一定要尽心筹划。他还感叹此时缺乏良策，只能乞求上天庇佑。

此番阅视海塘，乾隆皇帝心生感慨，遂又作《阅海塘再叠旧作韵》：

依旧潮头近逼塘，贻谟昔日计深良（自乾隆戊寅后潮势复渐趋北叠，恃鱼鳞大石塘及坦水竹络坝为巩护，益仰皇考定制，实为万世永赖）。

成规敬守修柴石（先是，建议者拟易柴塘为石工，壬午亲临相度，塘下活沙既汕涩不受桩，而内徙又妨田庐，因命专修柴塘，且增料值，其条石各工随宜加甃，俾资捍御），古语诚符变海桑（南坍北涨，北坍南涨，惟浙省为然，盖无有百年不易之事）。

思复中亹亦过（平声）望，便由故道敢私庆。

尽人事俟神麻耳，蒿目一劳念未遑。[2]

诗中乾隆皇帝声明现在仍然只能依靠原有柴塘，表示会尽人事而听天命，另外，乾隆皇帝重申了海潮大溜重走中小门的期望。

亲临海塘，观看汹涌的钱塘江大潮，乾隆皇帝不由得思绪万千，于是作了《观潮四首》：

一

镇海塔傍白石台，观潮那可负斯来。

塔山潮信须臾至，罗刹江流为（去声）倒迴。

1 《御制诗三集》，卷四十七。

2 《御制诗三集》，卷四十七。

二

橐籥堪舆呼吸随，混茫太古合如斯。

伍胥文种诚司是，之二人前更属谁。

三

候来底藉鸣鸡伺，朔望六时定不差。

斫阵万军驰快马，飞空无辙转雷车。

四

当前也觉有奇讶，闹后本来无事仍。

我甫广陵辨方域（枚乘《七发》观涛广陵之曲江，注未详其所，在后世乃指浙江为曲江，以浙江涛、广陵涛溷而为一，盖未深考《汉书·地理志》，余杭属会稽而不属广陵，相习传讹耳。且如篇内伍子之山胥母之场，并在吴境，于扬于杭皆风马牛不相及，尤难强为比附，因作《广陵涛疆域辨》以正之），漫重七发述枚乘。[1]

"伍胥"，指伍子胥，春秋时楚国人，因父亲兄长被楚平王冤杀，逃到吴国，获得吴王阖闾重用，后带吴军攻入楚都，报父兄之仇，并协助吴国称霸。文种，春秋时越国人，协助越王勾践称霸。伍子胥和文种后来都被民间尊为潮神。据传说，伍子胥被赐死，裹上牛皮，投尸江中，漂流入海后，吴人敬其忠烈，尊为潮神。后来，文种也被赐死埋葬，不久，潮神伍子胥由海而来，邀文种同去，游于江海，观察人世。举世闻名的钱塘江涌潮，就是伍子胥和文种两个巨人同时显灵。前潮是伍子胥，后潮是文种。所以乾隆皇帝诗中有"伍胥文种诚司是"句，即伍子胥、文种掌管海潮之事。

枚乘是西汉著名辞赋家，所著《七发》是汉赋的代表作。《七发》中假设楚太子有病，吴客前去探望，通过互相问答，构成七段篇章。其中提道："客曰：'将以八月之望，与诸侯远方交游兄弟，并往观涛乎广陵之曲江。至则未见涛之形也，徒观水力之所到，则恤然足以骇矣。'"对于枚乘《七发》中提到的广陵涛，乾隆皇帝认为后来的学者解释有误，于是专门作《广陵涛疆域辨》以作考证。

关于"镇海塔"，据《钦定南巡盛典》载："在海宁州春熙门外，下临

1　《御制诗三集》，卷四十七。

海塘，建自明季，旧名占鳌塔，高
一百五十尺，广周九十六尺。"[1] 整
个镇海塔院，亦称镇海寺。

占鳌塔

据地方志记载，乾隆皇帝观
潮是在观潮台。诗中"镇海塔傍"
的"白石台"应即观潮台，在海
宁城春熙门之外，镇海塔院以东。
"负郭面海，拾级而登，沧溟杳渺，
神山金阙若在目前，每当潮汐之
候，洪涛高浪排山而至，近台畔
辄弭节，回翔就其故道。"[2]

闰二月初七日，乾隆皇帝从
海宁启程,前往杭州。早膳是卯正(早上六点)在安国寺吃的。抵达杭州后,
他仍然先前往母亲处问安，遂有诗作：

至杭州诣皇太后行宫问安有作

盐官先往为筹塘，旧路安舟奉寿康。

百里邮程至卓午，两朝食履庆增常。

抚兹廛市诚殷富，益为（去声）黔黎计久长。

咫尺西湖清且丽，承欢雅足答韶光。[3]

诗中称，自己先前往海宁是为筹划海塘事宜，而皇太后则先行前往杭
州安顿下来。亲身感受到这殷富繁华的都市，乾隆皇帝觉得为民众谋求长
远之计是非常必要的。

另外，这次来海宁，乾隆皇帝又派遣了工部侍郎范时纪诣陈元龙、陈
世倌墓赐奠，以示追念。

---

1 高晋：《钦定南巡盛典》，卷八十六。

2 （乾隆）《杭州府志》，卷二十七。

3 《御制诗三集》，卷四十八。

五、乾隆皇帝三至海宁

乾隆三十年（1765）第四次南巡结束后，乾隆皇帝的外出步伐放缓。

乾隆三十三年开始用兵缅甸，乾隆三十六年至四十一年，则用兵大小金川，军务倥偬，乾隆皇帝没有时间长期出巡。一次南巡来回路程大约六千多里，以当时的交通条件，虽然是皇家出巡，但仍然遥远而艰辛。第四次南巡，皇太后虽然身体仍很健实，但毕竟已是七十四岁高龄，因此，当回銮渡过黄河时，乾隆皇帝暗自决定今后不再奉母南巡。过了十六年，乾隆皇帝才第五次南巡，且在皇太后去世之后。

乾隆四十三年十月初三日，皇帝下谕决定四十五年正月巡幸江浙："大学士兼两江总督高晋、浙闽总督杨景素等合词陈奏，以江浙臣民望幸甚殷，

《平定两金川方略》

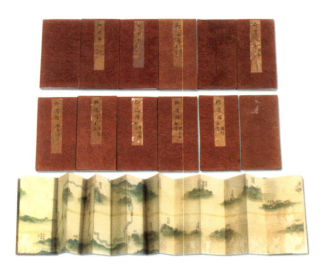

乾隆帝出行路线——御道图

且河工、海塘皆冀亲临指示，恳请庚子春再举南巡盛典，以惬舆情一折。朕于乙酉南巡回銮时，因耆孺攀恋情殷，曾许以翠华再莅，然敬念圣母皇太后春秋已高，难以再奉安舆长途远涉，遂谕江浙大吏不必复以南巡为请。而江乡士庶爱戴依恋之情状，未尝不往来于

怀，距今已十有四年，其颙望惬忱自益肫切。且自前巡阅定五坝水志以为展拓清口之准，下河从此遂免水灾。嗣闻黄河倒漾，所系甚重，因酌定挑浚陶庄引河，面谕萨载筹办。河成而清黄交汇处移远，清口不复有倒灌之患，但下游尚有停淤，亦不可不除其流弊，而一切善后事宜若非临莅阅视，究不能悉其实在情形。至浙省海塘近来潮势渐趋北岸，深为廑念，亦不可不亲为相度机宜。今高晋等既有此奏，著照所请，于乾隆四十五年正月诹吉启銮，巡幸江浙，便道亲阅河工、海塘。所有各处行宫坐落俱就旧有规模，略加葺治，毋得踵事增华，致滋繁费。"[1] 因乾隆四十五年适逢乾隆皇帝七旬万寿，高晋等还奏请在南巡时就近举行庆典，遭到了乾隆皇帝的拒绝。

此次南巡同样是强调要勘察黄河、运河河工以及两浙海塘事宜，尤其声明对近年潮势渐趋北岸的浙江海塘深为挂念。前四次南巡，乾隆皇帝都带了皇太后、皇后和后宫妃嫔多人，但皇太后已于乾隆四十二年去世了，这次南巡主要就是乾隆皇帝自己。

乾隆四十四年初，闽浙总督杨景素等奏报次年第五次南巡的"程站图"，即行程及驻跸休息路程图，乾隆皇帝阅看后，提出异议，尤其是从海宁至杭州一路，令军机处查报。三月初一日，军机处经核查奏称，乾隆二十七年、

1 《清高宗实录》，卷一千零六十八。

乾隆三十年南巡浙江时，从海宁安澜园至杭州府城共八十三里，是在西新仓、李家堡两处安设尖营，现在杨景素等所奏的程站图内是设置尖营三处，应遵照旨意仍然依照前两次南巡时成法改设尖营两处。这个建议得到乾隆皇帝同意。

乾隆四十五年正月十二日，乾隆皇帝从京师出发，渡黄河后，阅视清口东坝堤工，沿运河南下，渡江，入苏州城，几天后，进入浙江境内。

三月初二日，乾隆皇帝先至桐乡石门，后即赴海宁，到海神庙拈香，并观潮。仍然驻跸安澜园。

乾隆皇帝到海宁的第一件公务是去海神庙拈香，完毕后，作《谒海神庙瞻礼再叠旧作韵》一诗：

> 阅十六年重巡狩，虔瞻庙貌洁禋修。
> 况逢坍北方南涨，益切竭诚仰吁麻。
> 遍地耕桑艰让水，御潮堤堰愿安秋。
> 御碑拱读增钦慕，一例勤民不解愁。[1]

上次南巡是在乾隆三十年，已是十六年前，所以诗中首先说"阅十六年重巡狩"。乾隆皇帝到海宁后，马上去海神庙瞻礼。因为适逢钱塘江口两岸南涨北坍，乾隆皇帝只能更加虔诚地乞求神灵保佑。在海神庙里，乾隆皇帝读到皇父御制海神庙碑，更增加了钦慕之情。

当天乾隆皇帝驻跸安澜园，同样作《驻跸安澜园再叠前韵六首》[2]：

> 一
>
> 观海较前异，石塘贴近澜。
> 州临因系舫，城入更乘鞍。
> 熟路原相识，名园颇觉宽。
> 就瞻任民便，雷动夹涂欢。

---

1 《御制诗四集》，卷七十。

2 《御制诗四集》，卷七十。

这已是乾隆皇帝第三次驻跸安澜园，所以他说"熟路原相识"。诗中还提到自己乘马入城，任由士民随便观瞻，沿途欢声雷动。

二

沙坍远北边，数岁为心悬（塘外涨沙南北坍涨靡常，北涨则塘工巩固，壬午阅视篓志情形，命抚臣每月勘验，具图奏报。自壬辰春以来，沙痕渐觉北坍，实为廑念不置）。

到此蒿增目，惭其言涌泉。

急筹塘与堰，懒听管和弦。

对景惟惕息，摛词那复妍。

想起北岸海塘之外的涨沙坍塌了不少，乾隆皇帝很是挂念。来到海宁是为了筹划海塘，因此无心欣赏丝竹乐章。

三

安澜易旧名（旧名隅园），重驻跸之清。

御苑近传迹（圆明园曾仿此为之，即以安澜名之，并有记），
海疆遥系情。

来观自亲切，指示惭（去声）分明。

行水缅神禹，惟云尽我诚。

诗中，乾隆皇帝提到将隅园改名安澜园的往事，并说在圆明园中也仿建了安澜园，第三次来安澜园驻跸，乾隆皇帝感觉很亲切。只不过此行目的是治水，乾隆皇帝想起了上古大禹治水的传说，暗暗发誓一定要尽心尽力地筹建好海塘。

四

石径虽诘曲，步来那用寻。

无花不具野，有竹与之深。

洞户开生面，泉绅振旧音。

御书楼好在，垂露护韦针。

乾隆皇帝对安澜园很熟悉，所以虽然园里石铺小径弯弯曲曲的，信步行走，也不会迷路。

五

溪上三间阁，栖迟似昔年。
非图燕寝适，颇觉犀尘捐。
老栝诗中画，古梅静里娟。
别来十六载，可不意为延。

由"非图燕寝适"一句，可知乾隆皇帝在安澜园里居住生活得很适意，休息得也很好。

六

拂岸柳丝柔，出檐竹个修。
重来亦惬耳，昔事忆从头。
南北涨坍屡（自乾隆戊寅后，潮势渐趋北疊，恃鱼鳞大石塘
及坦水竹络坝为之巩护，丁丑南巡时值南坍北涨，大溜已向南，
己卯以后潮复趋北，壬午、乙酉两经亲阅，溜势或南或北，迁改
不常，随时指示大吏添用坦水竹篾防护，并有诗纪事），愁欣诗
句留（北涨则为之欣，坍则为之愁，亦经屡矣）。
即今值愁际，那得惬情游。

钱塘江北岸塘外之沙时涨时坍，涨时乾隆皇帝就心喜，坍则心忧。想起现在北岸塘外涨沙坍塌，乾隆皇帝表示无心游览。

这一天，乾隆皇帝还观看了大潮，于是作《观潮四首（叠乙酉韵）》[1]：

---

1 《御制诗四集》，卷七十。

海宁陈氏安澜园全图

海宁陈园图

安澜园（局部）

一

穹塔依然峙迴台，十余年别此重来。

海潮欲问似神者，几度东西兹往回。

"穹塔"指镇海塔（占鳌塔）。乾隆皇帝第五次南巡，距离第四次已经十六年了，所以诗中称，镇海塔依然高高耸立，却一别十余年了，此番又再次重来，很是感慨。

二

雷鼓云车声应随，自宜神物式凭斯。

设非之二人司是（乙酉诗云"伍胥文种诚司是，之二人前更属谁"，见虽高而语似慢，其后北坍南涨，至今潮势乃逼近石塘，意甚悔之，故反前句意），如是雄威更合谁。

乾隆三十年南巡时，乾隆皇帝所写《观潮》诗有对潮神伍子胥、文种的轻慢之语，当他见识到海潮的威力后，后悔此前的孟浪，于是就感叹如果不是伍子胥、文种作为潮神，这样的海潮雄威谁又能驾驭得了呢？

三

石塘上略肩舆驻，报道未时潮不差（是日潮以未时至）。
枚客赋成拟阁笔，周郎宿寄唤推车。

"枚客"指枚乘，擅长写大赋。"周郎宿寄"典出《搜神记》："义兴人周永和出行，因日暮，路旁小屋中有女子留宿。一更后，有唤：'阿香！'女应诺。'官唤汝推雷车。'女遂辞周云：'有官事须去。'俄而大雷。"诗中的"车"指"雷车"。

从诗中可知，乾隆皇帝在海塘大道上，曾经停轿一段时间，目的应是为了近距离观看海潮。

四

流光瞥眼诚云速，潮信兹来试揽仍。
审至奇中至静在，一时得句兴堪乘。

诗中描述了观看海潮的情形。

此前浙江督抚三宝、王亶望等所开浙省名胜折，将安澜园计入督抚承办之列。乾隆皇帝看了后，不免有些疑惑，安澜园不是海宁陈家所建吗，怎么又成为督抚承办的呢？就让军机大臣查明具奏。

于是，军机大臣当着三宝、王亶望之面，将陈邦直之子候选通判陈善庆传到，询问安澜园不是海宁陈家自行建造修葺的吗，为什么浙江督抚将其混入承办名胜单子里？陈善庆称，安澜园确实是陈氏产业，恭逢皇帝圣驾亲临驻跸，因而才略加修葺，"荷蒙皇上垂问，俾陈氏子孙世守家业，勿令归官作为行宫，体恤优渥，感激难名"，并"伏地叩头，祇谢天恩"。[1]
三宝、王亶望也当即认错称，安澜园确实系陈氏自行修葺，此前所开名胜
折内竟然未详晰查明，一并混行列入督抚承办之列，实属错误，并叩头认
罪，奏请交部议处。军机大臣将情况奏报后，乾隆皇帝下旨，三宝、王亶
望免其交部，但要求他们重新核实浙省名胜单，详晰注明各名胜由何人承
办。当日，三宝、王亶望就另外缮写详细清单，新增了景亭六处，将承办
之人核实注明，并特别声明，再没有像安澜园一样率行开列的。第二天，
乾隆皇帝又令军机大臣等询问三宝等葛岭、玛瑙寺两处是何人承办的。三
宝等回奏称均系商人承办。为何乾隆皇帝特意询问葛岭、玛瑙寺两处名胜？
乾隆四十九年第六次南巡，乾隆皇帝《赐浙江巡抚福崧》诗中自注："前
庚子南巡时，王亶望任用王燧，惟务奢费增饰。葛岭、玛瑙寺等处座落所
费者盐商之资，而伊二人尚于其中作威福以牟利，彼时即知其必败。"[2]由此
可知，当时，乾隆皇帝可能已怀疑王亶望在承办南巡工程中谋取钱财。

　　当天前往海宁途中路过长安坝时，乾隆皇帝还对坝产生了兴趣，就令
军机大臣查清楚长安坝的设立缘由。军机大臣将闽浙总督三宝等叫来加以
询问。三宝等回答称，长安坝就是陆游《入蜀记》中提及的长河堰，分上、
下两塘，承受西湖诸水。从坝西至石门县何家桥为下塘，河水流入运河或
散入泖河，从坝东至海宁为上塘，海塘内田亩都受河水灌溉。宋代时此处

1　军机处上谕档，乾隆四十五年三月初二日。
2　《御制诗五集》，卷五。

海神庙

建有三闸，元代改为坝。这里地形内高外低，大概高一二尺至四五尺不等，因而借势修建堤坝，蓄水灌溉农田。至于民间往来小舟均是从坝上拽过（"因泥水之性用辘轳绞关"），谓之拖坝，不需要换船，很是便利。军机大臣将询问情形写奏片向乾隆皇帝奏明，奉旨："知道了。"[1]

　　乾隆皇帝在海神庙拈香时，还出现了一点小纰漏，大概是随行太监没有及时给乾隆皇帝递香，耽搁了一会儿，引起乾隆皇帝不满。乾隆皇帝下旨令军机大臣查明具奏。很快，军机大臣查奏称，因为昨晚奏事太监等奉旨后，未及时传令敬事房专派首领太监前往海神庙递香，导致临期贻误，因而奏请将奏事太监高升、丁受福各罚钱粮两个月，以示惩儆。

　　这一天军机处还拟了预备赏赐安澜园接驾人员物品的清单，准备第二天赏给，清单如下：

> 原任翰林院编修陈淦、
> 原任国子监学录陈玙（系湖南布政使陈用敷之本生父），
> 以上二员拟各赏小卷缎二匹。
> 候选光禄寺典簿陈于蕃、
> 原任顺天府宛平县知县陈基、
> 浙江石门县教谕陈存矩、
> 原发两广批验所大使陈文模、
> 候选从九品陈文骏、
> 候选从九品陈文枫、
> 副榜贡生陈承曾、
> 监生陈式曾、
> 监生陈震、
> 生员陈传敬、
> 生员陈事敬，
> 以上十一员名，拟赏小卷缎一匹。[2]

1　军机处上谕档，乾隆四十五年三月初二日。

2　军机处上谕档，乾隆四十五年三月初二日。

三月初三日，乾隆皇帝去尖山观音庙、镇海寺拈香，阅视海塘。早膳是卯正（早上六点）在海神庙吃的，晚膳是未初（下午一点）在镇海寺吃的，随后（下午一点半）在安澜园赐随驾王公大臣及浙江官员等饭食，晚上仍驻跸安澜园。

乾隆皇帝登上了尖山，又作《登尖山观海》诗：

> 尖山更在塔山北，潮所弗到势犹远。
> 以之观海斯则近，铁板沙护东成堰（尖山北至乍浦一带，向无塘堰，因其地系铁板沙，不畏潮势冲啮，无庸防护）。
> 山顶旧有大士宫，竭诚瞻礼登云栈。
> 所祝安澜佑万民，宁图玩景供游眼。
> 亭台点缀夫何为，憪然为之意不满。[1]

乾隆皇帝表示登临尖山观海，并拜谒观音大士庙，是为了海波安澜，庇佑万民，而不是为了游览赏玩。乾隆皇帝还对沿途亭台的过度修饰表示不满。

尖山附近的塔山，乾隆皇帝也去了，又作诗：

视塔山志事再叠旧韵

> 塔山塘入江，竹篓以为翼。
> 壬午视之次，沙涨略弗逼。
> 乙酉诗志幸，其后势渐急。
> 兹阅三层篓，一层已露立（壬午阅视塔山坝工，有竹篓贮石下护坝基，其时沙涨掩篓四尺许，遂命立标以验增涨尺寸，谕抚臣按月绘图奏报。乙酉临阅，沙涨增至五尺，众皆欣颂，但坍涨靡常，实不敢即以为慰。并有诗纪事。兹复亲临相视，不但所增之五尺涨沙尽坍，且三层竹篓之上层已经显露，因竹篓年久朽敝，抚藩诸臣另筹换砌，于保护虽属有益，然切望涨沙之渐增长耳）。
> 其何御三秋，不啻减五尺。

1　《御制诗四集》，卷七十。

前巡所庆幸，兹番顿变易。

扼腕民之艰，抚膺吾之责。

于无可如何，敢不筹详悉。

欲图安垫居，遑吝增巩石。

补偏救弊耳，愧无永逸策。[1]

诗中回顾了塔山石坝下涨沙的变迁。乾隆二十七年，石坝之下涨沙有四尺；乾隆三十年，石坝下涨沙更增加至五尺。但这次阅视，不仅原先的五尺涨沙已归乌有，甚至连护堤的第三层石篓也已经显露了。现在只能采取些临时措施，以补偏救弊。

阅视海塘后，乾隆皇帝同样作阅海塘诗：

阅海塘三叠旧作韵

乙酉潮头才逼塘，退潮沙尚护塘良（乙酉临阅时潮头虽渐有趋北之势，而潮退后塘外涨沙较壬午所阅标志颇觉增长，然亦未敢以为慰也）。

即今坍尽一江水，切已愁厓万井桑。

何日中亹复故道，尔时合郡祝同庆。

神祠咫尺申瞻拜，祈佑不遑惭不遑。[2]

乾隆皇帝回忆起乙酉年（乾隆三十年）南巡阅视海塘时，潮头还只是逼近堤岸，但是退潮后还有涨沙护岸，但现在涨沙已经坍塌净尽。什么时候海潮能够重归中门入海故道，想必那时阖郡上下均会欢欣庆祝。现在只能向海神虔诚瞻拜，乞求护佑了。

尖山观海完毕回城后，乾隆皇帝在安澜园赐宴随行大臣及浙江大小官员，亦作诗：

1 《御制诗四集》，卷七十。

2 《御制诗四集》，卷七十。

赐随营诸臣及浙省大小吏食即席得句

观海尖山返，良辰上巳（是日三月初三）临。

列茵聊食赐，曲水异觞斟。

韶景不孤节，轻阴欲作霖。

能诗者庚韵，讵必袭华林。[1]

"华林"指华林园，乃魏晋时洛阳宫苑，本东汉芳林园，魏正始初年因避齐王曹芳名讳改为华林园，有瑶华宫、景阳山、天渊池诸胜。魏晋诸帝常游幸于此，与群臣宴集。干宝《晋纪》记载："（西晋）泰始四年二月，上幸芳林园，与群臣宴，赋诗观志。"当日天气阴凉，似乎要下雨。乾隆皇帝即席作诗之后，马上就遍示群臣，要求能作诗的庚韵续诗。

据御膳档记载，赐宴食单如下：

一等饭菜十二桌，每桌八碗（青瓷碗），每桌蒸食一盘，炉食一盘，攒盘肉一盘，膳房饭，外膳房肉丝汤。

每桌猪肉六斤，羊肉四斤，牲口一只，螺蛳盒小菜二个，乌木筷子二双。

次等饭菜十桌，每桌碗六个（青瓷碗），每桌蒸食一盘，内管领炉食一盘，攒盘肉一盘，外膳房肉丝汤饭。

每桌猪肉四斤，羊肉四斤，螺蛳盒小菜二个，乌木筷子二双。[2]

按照每桌二人计，这次被赐宴的一共四十四人。

回到安澜园后，陈邦直之子陈善庆进呈了宋代著名书法家蔡襄的《茶录》真迹，乾隆皇帝赏玩一番后，遂作《题蔡襄茶录真迹》：

君谟茶录重书定（襄自纪皇佑中奏事，仁宗问建安贡茶并试茶状，因造《茶录》二篇上进，后治平中复加正定，书之于石云云。

---

1 《御制诗四集》，卷七十。

2 《御制文二集》，卷六。

至谓草木之微，处之得地，则能尽其材，即小见大，庶几颂不忘
规之意），呈览因之仍赐回。

　　颂不忘规应着眼，处之得地尽其材（即叙中语）。

　　驻陈氏安澜园，陈善庆以此卷进，念为陈氏世传墨宝，因还
之，并题句，以识一时佳话。[1]

千叟宴图

君谟是蔡襄的字，"君
谟茶录"即指蔡襄《茶录》。
乾隆皇帝认为这是陈氏家
传墨宝，题句之后，仍旧
将书赐回。乾隆皇帝由蔡
襄《茶录》，想到了即使
如草木之微，如果放在合
适的地方，也能尽其材，
然后又推衍到即小见大，
颂不忘规之意。

"颂不忘规"一词可
能是乾隆皇帝的独创。乾
隆四十五年，皇帝七旬万
寿，举办了隆重庆典，大开"千叟宴"。俗语称"人生七十古来稀"，乾隆
皇帝选了一块上好的和田玉镌成"古稀天子之宝"。内阁学士江苏学政彭
元瑞进呈《古稀颂》九章，得到乾隆皇帝的认可和赏赐。乾隆皇帝还亲自
作《古稀说》来回应他。文中说："古人有言：'颂不忘规。'兹元瑞之《九颂》，
徒见其颂而未见其规，在元瑞为得半而失半，然使予观其颂，洋洋自满，
遂以为诚若此，则不但失半，且失全，予何肯如是！夫由斯不自满，歉然
若有所不足之意充之，以是为敬天之本，必益凛且明，无敢或渝也；以是
为法祖之规，必思继前烈，而慎聪听也；以是勤民，庶无始终之变耳；以
是典学为实学；以是奋武非黩武；以是筹边非凿空；以是制作非虚饰。若
夫用人行政，旰食宵衣，孰不以是为慎修思永之枢机乎？如是而观元瑞之

1　《御制诗四集》，卷七十。

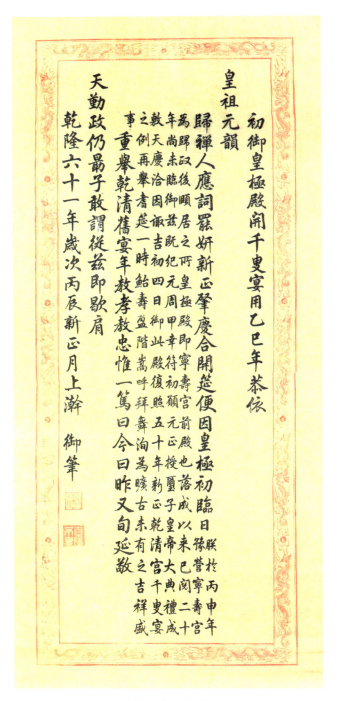

初御皇極殿開千叟宴用乙巳年恭依
皇祖元韻

歸禪人應詞罷妍新正肇慶合開筵便因皇極初臨日朕於丙申年
為歸政後頤居之兩皇極殿即寧壽宮前殿也落成以來已閱二十
年尚未臨御茲既紀元周甲辛待初正授璽子皇帝大典禮成
之數天慶洽因諏吉初四日御此殿復照五十年新正乾清宮千叟宴
例再舉書筵一時鮐壽盈階嵩呼拜舞洵為曠古未有之吉祥盛
事重舉乾清舊宴年教孝教忠惟一篤今日昨又旬延敬
天勤政仍晶子敢謂從茲即歇肩
乾隆六十一年歲次丙辰新正月上澣　御筆

乾隆千叟宴诗

《九颂》，方且益深予临深履薄之戒，则其颂也，即规也。"[1] "颂不忘规"即指臣子歌颂中蕴含着规劝、劝谏之意，而帝王则应"以颂为规"，虽然大臣是在歌颂，但自己应反思、反省、自勉。

三月初三日，乾隆皇帝还颁布了一道重要谕旨，将海宁柴塘改建石塘：

> 海宁州石塘工程，所以保卫沿海城郭田庐，民生攸系。从前四次亲临，指授机宜，筑塘保护，连年潮汛安澜，各工俱为稳固。今朕巡幸浙江，入疆伊始，即亲往阅视。石塘工程，尚多完好，惟绕海宁城之鱼鳞石塘，内有工二十余丈，外系条石作墙，内填块石，历年久远，为潮汐冲刷，底桩霉朽，兼有裂缝蹲挫之处。又城东八里之将字号，至陈文港密字号，止有石塘工七段，约共长一百五六十丈，地当险要，塘身单薄，亦微有裂缝。此塘为全城保障，塘下坦水，所以捍护塘工，皆不可不豫为筹办，著将两处塘工，均改建鱼鳞石工，俾一律坚稳，并添建坦水，以垂永久。该督抚即派妥员，确勘估计具奏。又石塘迤上，前经筑有柴塘四千二百余丈，现尚完整，究不如石塘之巩固，虽老盐仓有不可下桩为石塘之处，经朕亲见，然不可下桩处，未必四千余丈皆然。朕于民瘼所系，从不惜帑省工，俾资保护，著该督抚，即将该工内柴塘，可以改建石塘之处，一并派委诚妥大员，据实逐段勘估，奏闻办理。如计今岁秋前可以办竣，即拨帑赶紧兴修，若秋间不能完竣，则竟俟秋后办理。该督抚其董率所属，悉心经画，以期工坚料实，无滥无浮，务期濒海群黎，永享安恬之福，以副朕先事豫筹至意。[2]

从上谕可知，乾隆皇帝此时主要关注的是继续完善海宁的鱼鳞石塘。绕城石塘作为全城保障，但因为当年是从条块石塘中逐渐改建的，遂谕令将其中条石作墙、内填石块的二十余丈，以及地处险要的陈文港附近塘身单薄且微有裂缝的七段石塘共一百五六十丈，改建为鱼鳞石塘并添建坦

1 《清宫御膳》第三册，华宝斋书社 2001 年版，第 497 页。

2 《清高宗实录》，卷一千一百零二。

水。另外，乾隆皇帝对柴塘也念念不忘，现在柴塘比较完整，但肯定不如石塘坚固，即使老盐仓一带柴塘不可改建，乾隆皇帝亦命浙江督抚勘估四千二百多丈柴塘内是否有可以改建石塘之处。如果有且计划在秋天之前办理完竣，那就赶紧拨帑兴工，如果秋天之前不能完竣，那就待秋后办理。

像往常一样，在做出重要决定之后，乾隆皇帝同样作诗以纪之：

命老盐仓上下相地仍建石塘诗以志事

壬午视涑塘，长言曾志事。

尔时虽北坍，塘外尚沙地。

未若此时甚，水竟塘根至。

老盐仓一带，惟赖柴塘峙。

向亦经亲临，下桩目所视。

沙散弗啮桩，条石艰鳞砌（海宁待塘工为屏蔽，嗣因潮近石塘，复接石为柴塘，然柴不如石之完固，壬午亲临老盐仓一带，拟易以石，试下木桩，苦沙活不能啮桩，难于砌石，其柴塘向内数十丈似可下桩，又皆民田弗忍毁弃，因罢石塘之议）。

移内又弗可，遂罢石塘议。

兹来细周阅，未可前言必（叶）。

柴塘四千丈，岂尽活沙寄。

不无受桩处，石塘终可恃（石塘迤上柴塘四千二百余丈，未必概系活沙难以受桩，因复饬该督抚派委诚妥大员据实逐段勘估，凡柴塘可以改建石塘之处，悉令易石，毋惜工费，俾滨海群黎永享安恬之福），

申命重相（去声）勘，莫虑国帑费。

庶几永安澜，为民吁天庇。[1]

诗中乾隆皇帝回忆起乾隆二十七年阅视海塘时，虽然海潮冲刷北岸塘堤很厉害，但毕竟塘外仍有涨沙。而现在情况非常严重，潮水已直接冲刷堤岸。乾隆皇帝强调柴塘改建石塘的必要性。他认为老盐仓一带柴塘四千

---

1 《御制诗四集》，卷七十。

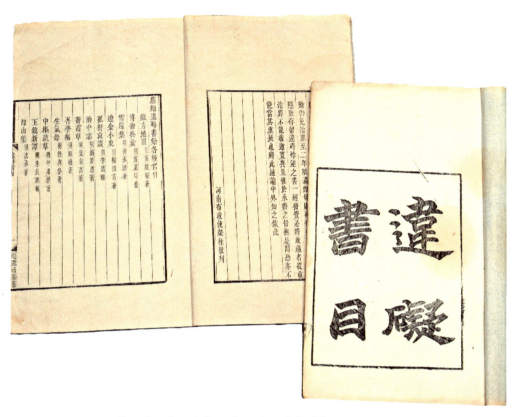

纂修《四库全书》时地方进呈的违碍书目

丈，怎么可能处处都是活沙，如果有打桩牢固的地方，就应改建石塘。因而令地方官员逐段勘估，凡是可以改建石塘之处，一律修建鱼鳞大石塘。强调不要顾惜经费，而是要寻找到一劳永逸的办法。

除了赏赐接驾的海宁陈氏家族其他人员外，对于承办这次接驾事宜的陈善庆，乾隆皇帝准备给予特殊恩典，令军机大臣查找此前事例。军机大臣等查奏称，乾隆二十七年圣驾南巡驻跸安澜园，恩赏御书"安澜园"及"水竹延清"匾额二面，又赏大缎二匹，克食四盘。乾隆三十年驻跸安澜园，恩赏编修陈邦直翰林院侍读职衔，又赏御书苏轼尺牍一卷。这次对于陈善庆，拟赏御书月令七十二候诗怀旧诗墨刻全分，大卷缎二匹，另外，还应如何加赏职衔，不敢擅自拟定，"伏候钦定"。于是，乾隆皇帝下旨："陈善庆著加恩赏给同知职衔。钦此。"随后，陈善庆马上呈请军机大臣代奏恭谢天恩（陈善庆只是同知衔，并没有资格上奏折），还呈请称："情愿自备资斧，在四库馆效力。"军机大臣将陈善庆的呈文进呈御览，"可否准其在馆效力之处，伏候训示"，奉乾隆皇帝旨："不必。钦此。"[1]

另外，原任翰林院编修陈淦呈请恭进其父原任编修陈世侃所辑《赋汇题注》一函，军机处随将书函及呈文一并代奏了。

三月初四日，乾隆皇帝到安国寺（并在安国寺用早膳）、海神庙拈香，然后启程前往杭州。

前四次南巡，乾隆皇帝都是奉崇庆皇太后一同游览。但崇庆皇太后于乾隆四十二年高龄去世，第五次南巡，乾隆皇帝就只能自己"单独"前往了。乾隆皇帝事母至孝，抵达杭州后，他回忆起此前两次阅视海宁石塘返回后，就马上前往母亲身边问安的往事，感慨不已，作《至杭州即事成什》一诗：

> 夜雨优沾晓犹密，轻舆发驾指杭城。
>
> 石塘且不十分泞，巳刻渐看四宇晴。
>
> 连垅青葱二麦润，夹途欢喜万民迎。
>
> 行宫到绝问安事（向每南巡至石门，即奉圣母安舟先至杭州，乙酉自海宁勘海塘至杭问安，尚有"盐官先往为筹塘，旧路安舟奉寿康"之句，今韶光如昔而承欢不再，抚景弥觉怅然），俯首无言自怅情。[2]

淫雨霏霏，下了一夜，到了三月初四早上，仍然下得很密。乾隆皇帝轻车简从，出发前往杭州。石塘大道上并不泥泞，到了大概上午十点，天气渐趋晴朗。沿途万民夹道欢迎，让乾隆皇帝很开心。但抵达杭州后，已经无处向皇太后问安，低头无言很是惆怅。

与康熙帝一样，乾隆皇帝也在历次南巡时竭力笼络汉族官僚、缙绅富商、文人士子。乾隆皇帝表现出优礼学人、尊重读书的姿态，多次到曲阜祭孔，到文庙行礼，又临视书院，并命增加江苏、安徽、浙江三省岁试文童府学录取的名额。

1　军机处上谕档，乾隆四十五年三月初三日。

2　《御制诗四集》，卷七十。

南巡途中，往往有士子呈递诗赋，歌功颂德，乾隆皇帝对他们进行考试，从中选拔人才，授以功名。考取一等的，进士授为内阁中书，举人授为内阁中书学习行走，考取的候补人员挨次补用，考取二等的赏赐荷包、缎匹。如后来担任四库全书馆总校官、副总裁官的陆费墀，内阁学士、四库全书馆总阅谢墉，曾任四川、湖北学政，在上书房行走的吴省钦等，都是历次南巡时考选出来的词臣。

为了表示优礼高年，眷顾旧臣，乾隆皇帝每到一地，对前来接驾的致仕归田老臣都劳问优渥，赐座，赏饭，赐人参、貂皮等，晋封官衔，赐子孙功名出身。乾隆二十七年南巡，"东南二老"沈德潜、钱陈群到常州接驾，乾隆皇帝赐诗慰勉，每接驾一次必加一官，直加到太子太傅衔，在籍食一品俸。左都御史梅珏成系康熙朝旧臣，在官多年，擅长天文算学，康熙帝曾召入内廷编御制天文、乐律、算法等书，以年老原品休致在籍。乾隆二十七年南巡时，梅珏成在清江浦接驾，乾隆皇帝念其家计清贫，几个儿子亦无功名，命将其长子赐举人出身，还赐诗以示优礼。

对现任封疆大吏、文武官员和罢职废员，乾隆皇帝也充分使用了拉拢、怀柔的手腕。每次出入省境，对地方上下文武大小官员都有赏赐。每届南巡，凡山东、江苏、浙江等省承办差务的文武官弁，有罚俸、住俸、降级之案的，都准予开复；没有此等参罚案件的官员各加一级。对原有"居官不职，放废归田"的废员，根据其罢斥情罪酌情分别，有的弃瑕录用，有的官复原品，有的赏赐新衔。

海宁陈家作为"东道"，乾隆皇帝当然也多加赏赐（如前述），以示感谢。乾隆四十五年三月二十九日，当时海宁陈氏中唯一现任高级官员湖南布政使陈用敷上奏感谢皇帝驻跸并赏赐族人，折称："本年三月二十七日，臣接阅家信，敬悉圣驾于三月初二日至海宁州驻跸安澜园行宫。臣叔候选通判臣陈善庆蒙恩赐御制诗二种，又赐题蔡襄《茶录》，锡以天章俾钦世守，并恩赏同知职衔，上用缎二匹。臣父原任国子监学录臣陈玙、臣伯原任翰林院编修陈淦各赏缎二匹。臣弟副贡生臣陈承曾、臣子监生臣陈震、臣侄附生臣陈传敬等十一人各赏缎一匹，臣叔曾祖原任大学士臣陈元龙、臣叔祖原任大学士臣陈世倌坟墓均蒙遣官拈香奠酒。恭悉之下，感激难名。钦惟我皇上翠华南幸，江乡臣庶固已共沐殊恩，海寓神人罔不同邀旷典，而

松風鎮日需龍吼陸螯

泉噴珠玉走松喷落屋

曲流枕而漱之香滿口花

題王摧雲倣梅道人陸

磬松風圖

歸愚沈德潛

沈德潜书法

泽及臣家，更叨异数。鸿章特锡上超韶濩之音，御墨留题聿焕娜嬛之色，传子孙而世守宝贵珠玑，谨什袭而珍藏辉生蓬壁。乃复给五品之职衔，颁一门之彩缎，褒逾衮衮，美灿新章。阖室欢腾，举家顶戴。更荷眷念旧臣，光昭祀典，遣使臣而奠酒，恩膏下逮重泉，宣扈从以拈香，渥泽更颁黄壤。先臣何幸得邀圣主之遐思，九原有知，应戴皇仁而泥首，存殁均沾，衔恩感何。臣惟有勉竭驽骀，稍尽职守，以冀仰酬高厚鸿慈于万一。"奉朱批："览。"[1] 由陈用敷折可知，这一次乾隆皇帝同样也派遣官员去陈元龙、陈世倌墓祭奠。

乾隆四十五年三月十四日，回銮途中，乾隆还颁下谕旨说："现在陶庄及海塘各工，经朕亲临指示，所有应行修理工程，特命颁发帑金，交该督抚等，悉心妥办，将来工程完竣后，朕自当再亲莅阅视。"[2] 明确表示海塘工程完毕后，还要再"亲莅阅视"，即还有下一次南巡。四月初七日，乾隆皇帝又下谕要求保护老盐仓一带柴塘，又声称"将来石工告竣，迟之数年朕或亲临阅视"[3]，预示将要再次南巡。

1　中国第一历史档案馆藏宫中朱批奏折，湖南布政使陈用敷奏为圣驾临幸海宁州驻跸安澜园行宫恩赐父叔等御制诗文并遣奠祖墓等谢恩事，乾隆四十五年三月二十九日，档号：04-01-12-0187-117。

2　《清高宗实录》，卷一千一百零二。

3　《清高宗实录》，卷一千一百零四。

六、乾隆皇帝四至海宁

乾隆四十八年（1783）正月十五日，皇帝颁布上谕称准备明年正月南巡：

> 两江总督萨载、闽浙总督富勒浑等合词陈奏，以江浙两省臣民望幸情殷，且河工、海塘以次告竣，一切善后事宜尤冀亲临指示，恳请于乾隆四十九年春六举南巡盛典，以惬舆情一折。朕自庚子南巡时巡阅高家堰石塘及徐州城外石堤巨工，俱逐一亲临指示，兹据奏以次告成，所有一切善后事宜自应临莅阅视，指授机宜，俾河流永庆安澜。至浙省海塘，前经降旨将柴塘四千二百余丈一体改建鱼鳞石塘，为滨海群黎永资捍卫，今要工将竣，亦不可不亲为相度。且自四十一年告功阙里之后，阅时已久，应行展谒孔林，以申景仰。今据该督抚等合词陈奏，江浙两省耆庶望幸悃忱尤为肫切，著照所请，于乾隆四十九年正月诹吉启銮，祗谒孔林，巡幸江浙，顺道亲阅河工、海塘。所有各处行宫坐落俱就旧有规模略加葺治，毋得踵事增华，致滋烦费。该督抚等其善体朕意，妥协办理，副朕省方问俗、观民孚惠至意。[1]

谕旨称此前降旨将浙江海宁柴塘改建为鱼鳞石塘，工程即将完成，必须亲临相度机宜。

第六次南巡，乾隆四十九年正月二十一日由京师启程，经山东时至岱庙行礼，谒少昊陵，奠酒，临孔庙瞻礼，至孔林酹酒，祭元圣周公庙。渡黄河后沿运河抵达江苏，然后至浙江石门县，乘马度城，轻舟至海宁阅视海塘，至尖山观潮。

---

1 《清高宗实录》，卷一千一百七十二。

这一次南巡，乾隆皇帝还带了十一阿哥永瑆、十五阿哥永琰（后改名颙琰，即后来的嘉庆帝）、十七阿哥永璘随行。对此，冯柳堂评论说："及第四次到海宁，还要带了他三位皇子（其中一位又是未来的皇帝）来认识陈氏家园，这更妙了。"似颇认为乾隆皇帝携带三位皇子来海宁是为了认祖归宗。其实，这只是缺乏根据的猜测。乾隆皇帝的目的，

乾隆帝谕旨（《寄信档》）

是想借此增广三位皇子的见闻，增加他们的经验，作为一种政治见习与历练。另外，还要让三位皇子见证自己如何无欲，随行大臣官员杂役如何守法，当地的大小官员如何奉公，百姓如何爱戴作为当今圣天子的自己。

三月十三日，乾隆皇帝驻跸嘉兴石门镇大营，第二天即将按计划前往海宁。

此前乾隆四十八年六月，大学士阿桂上奏范公塘一带改建石塘应否沿老土塘建筑一折，奉旨，等到明年春天亲临阅视海塘时提奏。乾隆四十九年正月，闽浙总督富勒浑上奏范公塘改建石工估需银两一折，也奉旨，等抵达浙江时提奏。于是，三月十三日，乾隆皇帝进入浙江地界，军机大臣等就将阿桂、富勒浑两件奏折进呈御览。

乾隆皇帝阅折之后，要求军机大臣等与浙江督抚富勒浑、福崧当面会商范公塘改建石工之事。富勒浑等声称："该处前因潮溜顶冲，时有坍卸，自应筹建石塘，以资捍卫。嗣蒙我皇上指示筑建石坝以来，回溜借以挑开，屡经伏秋大汛，尚属平稳。若再加工修理，自足抵御。且查添建石塘，亦全借此项坝工以为外护。若坝工稍有冲刷，则形势日益兜湾，不独塘内田

庐无以保障，而水势入袖无处流泄，即新塘亦大有关系。以此时情形而论，石塘自可缓筑，似应将范公塘一带柴工仿照老盐仓多堆竹篓，保护塘根，仍酌量情形添柴筑埧，以归实济。即因一线柴塘不足深恃，或于抢塘工尾从老土塘插入，斜向西南酌量建筑，以为重关保障之处，恭候皇上亲临阅视，指示机宜，钦遵办理。"军机大臣等奏称富勒浑等的建议，"是否合宜，实非臣等管见所及"，奏请"统候圣驾阅视训示，再行办理"。[1]浙江督抚富勒浑等认为范公塘石塘可以缓筑，而军机大臣们应已知晓乾隆皇帝将范公塘改建石塘的愿望，所以不敢支持富勒浑等意见，表示听候圣训。

自石门至海宁要经过长安坝，乾隆皇帝再次对长安坝产生兴趣，要求军机大臣查清长安坝高度、属于什么水系及发源地。军机大臣等询问地方官员，据称，查阅《海宁志》，杭州西湖有涌金水门引湖水入城，周流曲折，最后进入海宁地界，出杭州艮山门的湖水流入上塘河，经由临平到达海宁，经过长安坝，最后下游至石门汇入运河。

这一天，乾隆皇帝还下旨派遣官员致祭海宁海神庙及唐朝大臣张巡、许远祠。张巡、许远均为唐代名臣，在安史之乱中，张巡与许远在内无粮草、外无援兵的情况下死守交通要地睢阳，前后与敌交战数百次，使叛军遭到惨重损失。最终因粮草耗尽、士卒无存而被俘遇害。但是，张巡、许远坚守睢阳阻遏了叛军南犯之势，保全了东南江淮地区的安全。韩愈曾予以高度评价说："守一城，捍天下，以千百就尽之卒，战百万日滋之师，蔽遮江淮，沮遏其势，天下之不亡，其谁之功也！"唐代宗敕建双庙令以时祭祀。许远是盐官人，家乡民众也建有双忠庙，岁时奉祀。张巡、许远既是唐代著名尽节忠臣，且又在海宁有祠庙，所以乾隆皇帝就遣人前去致祭。

另外，乾隆皇帝又令人致祭大学士陈元龙墓和陈世倌墓。接到圣旨后，陈元龙之孙同知职衔陈善庆、陈世倌之孙监生陈式曾都赶紧具呈军机大臣请求代奏恭谢圣恩，陈庆善还进呈物件。

三月十四日，乾隆皇帝从石门镇大营出发，当天抵达海宁州，至镇海寺、海神庙拈香，住安澜园。

乾隆皇帝第四次来到海神庙拈香，牵挂的仍然是海塘事宜，遂作《谒海神庙瞻礼三叠旧作韵》诗：

1 军机处上谕档，乾隆四十九年三月十三日。

庚子重来廑晏奠，石工一律命坚修（庚子南巡，亲临阅视海塘，饬该督抚于老盐仓一带旧有柴塘后一律改建鱼鳞石塘，毋惜工费，仍留旧有柴塘为重门保障。嗣据该督抚等于辛丑、壬寅等年陆续采办石料，派委诚妥大员勘估建筑，至癸卯年八月内据富勒浑、福崧奏将原办、续办鱼鳞石塘共三千九百四十丈督率司道实力稽查，于七月二十四日面石均已砌竣，通工一律全完。该督抚前往详勘，均属如法，砌筑整齐坚实，可以永庆安澜矣）。

勤劬虽曰不遗力，护佑仍惟赖赐庥。

神庙载瞻申九叩，御碑钦仰示千秋。

敢云塘固民安枕，未翕中亹未解愁。[1]

在诗中，乾隆皇帝简要回顾了柴塘改建石塘的过程，终于使得海塘巩固，又声称自己虽然维护海塘不遗余力，但还是要仰赖神灵护佑，还对中小门引河没有恢复表示忧愁。

这是乾隆皇帝第四次驻跸安澜园，仍然作诗六首：

驻跸安澜园三叠前韵六首[2]

一

北坍今次永，塘尚近洪澜（海塘沙北涨南坍，则塘工巩固。今自壬辰春以来沙痕渐觉北坍，至庚子前巡亲阅，则北岸涨沙尽坍，海潮直逼塘根，今尚如此，实为廑念）。

春月来观海，古稀仍据鞍（每于城邑或乘马，便民瞻就也）。

鱼鳞期越固（庚子命于柴塘后为石工，饬该督抚等自老盐仓一带添筑鱼鳞石塘，凡三千九百四十丈，仍留柴塘为重门保障，于癸卯七月全功告竣矣），蚕市较苏宽（苏州街市颇窄，兹海宁街市较宽）。

乡语分疆异，民心一例欢。

1　《御制诗五集》，卷五。

2　《御制诗五集》，卷五。

乾隆皇帝虽已是古稀之年，但是入海宁城时还是骑马，以便士民观瞻。乾隆皇帝还发现海宁的街市比苏州的宽不少，百姓方言虽不相同，但神情均是一样欢喜。

乾隆戎装骑马图像

二

塔山近海边，踏勘慰心悬。

竹篓喜增涨（塔山坝工当潮汐顶冲，藉竹篓贮碎石三层拥护坝根，昨秋据富勒浑等奏护坝竹篓上中两层现俱露出，今自二月后涨沙增长，全掩三层竹篓，为之稍慰），蚁坯惕漏泉。

隅园且停憩，比户有歌弦。

自是文章邑，然当戒藻妍。

虽然身处安澜园行宫，乾隆皇帝还是心系海塘之事，想起富勒浑等奏称塔山坝外涨沙渐增，预示着北岸海塘将会安稳，乾隆皇帝为之稍感欣慰。行宫之外，有歌舞之声，乾隆皇帝表示这里虽是文化发达地方，但还是要注意俭省。

三

旧家原有述，熟路不须寻。

世业传来久，国恩受已深。

翰林兹挂籍，书圃勉绳音（海宁陈氏向多为翰林者，今乃寥寥。庚子临此，陈善庆以家藏蔡襄《茶录》真迹呈进，念为陈氏家传墨宝，因还之，并为题句，俾得世守，勉绍前声也）。

重展蔡襄迹，依然悬古针（蔡襄《茶录》笔意秀劲，有晋唐悬针遗法，其自记云草木之微处之得地，则能尽其材，颇能即小见大。故庚子题诗有"颂不忘规应着眼，处之得地尽其材"之句，即襄自叙意也）。

乾隆皇帝提到"海宁陈氏向多为翰林者，今乃寥寥"，透露出对海宁陈氏人才凋零、家族衰落的惋惜。确实，康熙至乾隆中前期，"海宁陈氏科第官阀之盛，为海内第一"。如康熙朝时，海宁陈氏同时在朝为官者多人，甚至兄弟叔侄均在朝任职。但是乾隆中期大学士陈世倌致仕后，陈氏家族势弱已经开始显现苗头。如陈邦直，虽然中举任翰林院编修，但在雍正朝即被斥，后侍其父陈元龙归老，不再出仕。自此以后，陈氏子孙少有出任高官要员者，人才式微，后继乏力。所以乾隆皇帝才有这样的感叹。

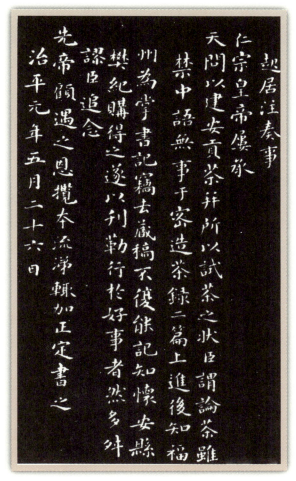

蔡襄《茶录》

在安澜园中，乾隆皇帝又一次观赏了蔡襄《茶录》真迹。

四

> 安澜讵祗名，永祝晏而清。
> 明日观形势，一宵廑虑情。
> 前吟巡壁旧，圣藻额檐明。
> 载语世臣者，承家在敬诚。

乾隆皇帝表示"安澜园"不仅仅是一个名字而已，实际上是自己对海波安澜的美好期许。乾隆皇帝想起明日要视察海塘，不免有些担忧。又看到了行宫墙壁上挂的此前旧诗及皇祖所题匾额，不禁告诫海内世代官宦之家，要敬诚传家。

五

> 是园有紫竹，不计岁和年。
> 画格应为创，吟情讵可捐。
> 松非自称直，梅亦舍其娟。
> 三益于斯盉，都因静以延。

诗中描述了安澜园美景，看来园中种了不少竹、松、梅等植物，乾隆皇帝对园子的幽静很满意。

六

> 一溪春水柔，溪阁向曾修。
> 月镜悬檐角，古芸披案头。
> 去来三日驻，新旧五言留。
> 六度南巡止，他年梦寐游。

诗中称"六度南巡止"，看来乾隆皇帝已决定今后不再南巡。皇祖康熙皇帝六次南巡，乾隆皇帝不仅在在位时间上不想超过皇祖，在南巡次数上也同样不想超过皇祖。由"他年梦寐游"一句，可知乾隆皇帝对安澜园美景还是很留恋的。

当日，还有一件事情值得一记，就是乾隆皇帝下旨将杨景素赔缴的六万两商捐银交浙江海塘公用。杨景素是江苏甘泉人，捐纳县丞出身。乾隆三年，补直隶蠡县县丞，累迁保定府知府，授福建汀彰龙道，后迁按察使、布政使。乾隆三十九年，擢山东巡抚。后升任两广总督，先后调任闽浙总督、直隶总督。乾隆四十四年去世。乾隆四十五年，杨景素被劾奏操守不谨，福康安又揭发他在广东时娄索商捐六万余两，奉旨令其家属限期缴还。这就是乾隆皇帝令交浙江海塘使用的六万两商捐银。

三月十五日，乾隆皇帝沿海塘前往尖山，阅视塘工，并在尖山观音庙拈香。早膳是卯正二刻（早上六点半）在海神庙吃的，晚膳是在中午一点多在安澜园吃的，同时还赐随驾王公大臣及浙江官员等饭食。仍住安澜园。

乾隆皇帝抵达尖山，作了《登尖山观海》一诗：

> 尖山迤北弗资塘，铁板沙比石犹固。
> 尖山迤西乃赖塘，间阊必藉石为护。
> 天时地利自古然，人事弗和斯致误。
> 所谓和亦匪云同，尽心筹民保障故。
> 我登兹山亦已屡，不为观澜畅神遇。
> 涨沙靡定不可恃，每因蒿目乏良虑。[1]

乾隆皇帝表示，自己已经多次登临尖山了，不是为了临观海波，而是为了勘察海潮情况。海宁海塘前面的涨沙时而出现时而坍塌，没有规律，难以倚恃，面对海潮冲刷堤岸的难题也没什么好的办法。

尖山旁边的塔山，乾隆皇帝同样登顶，并作诗：

视塔山志事三叠旧作韵

> 两山（尖山、塔山）接石坝，恃竹篓外翼。
> 条石未可筑，潮汐日夜逼。
> 乙酉沙护篓（尖山塔山之间，向有坝工，正当潮汐顶冲，条

---

1 《御制诗五集》，卷五。

石难施，惟藉竹篓贮碎石三层护根。壬午阅视时，沙涨掩篓四尺，因命该督抚标记尺寸，按月奏报。至乙酉岁亲莅勘验，护篓沙涨较旧志增至五尺。时咸为坝工称幸，然坍涨无定，未可恃也），庚子坍渐急。

今幸护以全，并无篓露立（庚子前巡阅视塔山塘工，不惟乙酉所见掩篓之涨沙五尺尽坍，并三层竹篓已露上一层，至癸卯八月上中两层俱露，今甲辰二月以来，涨沙增长，上中下竹篓三层复全行掩护）。

北涨期难望，遑此论寸尺。

乙酉即有言，安保无更易（乙酉塔山沙涨增长尺寸，大吏皆谓江海效灵，然海沙变易无常，岂可深恃，是以乙酉视塔山诗即有"效灵谩致颂，安保无更易"之句）。

吁佑未蒙麻，诚弗假予责（每阅海塘，必诣祠虔吁神佑，今沙涨已渐见增长，而向称难以施工老盐仓之活沙两年间接筑鱼鳞石塘，筹办江苏及绍兴等处所运石料均能及时应用，亦赖天佑神助，惟有益勉诚敬耳）。

接筑鱼鳞塘，工料筹详悉。

兹更有后议（欲拟将范公堤一带土塘接至省城者都易以石，庶乎可恃，费帑非所惜也），欲接筑坚石（此次南巡阅视议自抢塘柴工尾斜向西南接至范公塘，而于柴塘后添筑石塘，既留柴塘为重门保障，更添建挑水坝两道，以资保护）。

帑项非所靳，然斯亦下策。[1]

诗中叙述了塔山石坝涨沙的变更情况，乾隆三十年还有涨沙卫护塘根竹篓，但到了乾隆四十五年则坍塌得很厉害了，现在又见到涨沙渐增，遮盖住塘根竹篓，乾隆皇帝心情还是颇为快慰的。不过，乾隆皇帝又强调海沙变易无常，难以倚恃，重要的还是尽力人事。

到了海边，当然也免不了观潮，于是，乾隆皇帝作《观潮四首再叠乙

---

1 《御制诗五集》，卷五。

酉韵》[1]：

一

镇海寺傍临海台，行春观处正潮来。
逮今三度诗十二，不拟石塘重（去声）往回。

　　镇海寺旁边的"临海台"，应即观潮台，乾隆皇帝依然在此观潮。乾隆三十年及乾隆四十五年南巡，加上这次乾隆四十九年南巡，乾隆皇帝均作了观潮四首，加起来就有十二首观潮诗了，乾隆皇帝颇有些感慨。

二

咏事酉年信笔随，悔愆子岁亦于斯（乙酉观潮诗有"伍胥文种诚司是，之二人前更属谁"之句，其后北坍南涨，潮势渐逼石塘，因悔前诗之见虽高，而语似慢，故庚子诗反其意云"设非之二人司是，如是雄威更合谁"）。
谓当鉴我涨沙矣，仍看北坍更吁谁。

　　乾隆皇帝回忆起乾隆三十年至海宁时随手信笔而写的观潮诗，诗中有"伍胥文种诚司是，之二人前更属谁"之句，后来颇有些后悔是句有轻慢前人之意，所以在四十五年至海宁作观潮诗时就改了过来。

三

李嵩妙迹携行笈，相证雄观信弗差。
诗读张（仁近）杨（基）刺南宋，风霜二帝忘行车（《石渠宝笈》藏李嵩《钱塘观潮图》真迹，有张仁近题云"雕栏玉槛照东海，贪看秋潮忌黍离"，又杨基题云"潮水信可定，日夕来朝宗。人心独不如，而不思两宫。两宫未雪耻，屡下班师旨"云云。盖深讥宋高宗之耽晏安而忘国耻也）。

1　《御制诗五集》，卷五。

李嵩，南宋著名画家，钱塘人。少年时曾为木工，后为画院画家李从训养子，得其亲授，擅长人物、道释，尤精于界画，任宫廷画院待诏。他的界画如《夜湖图》《水殿招凉图》，山水画如《观潮图》《西湖图》《仙山瑶涛图》，人物画如《骷髅幻戏图》《观灯图》及花鸟画《柳塘聚禽图》《花篮图》等，都显示出卓越的绘画技巧。李嵩所画的《钱塘观潮图》，没有描绘当时宫中人物观潮的盛况，而是以含蓄的手法，描绘了"空垣虚榭，烟树凄迷"的景色。

《钱塘观潮图》原为明代收藏家项元汴天籁阁藏品，明末清初时归梁清标收藏，之后辗转入

李嵩《钱塘观潮图》上乾隆帝题跋

清宫。观潮时，乾隆皇帝想起了所携带的《钱塘观潮图》，将其与现实中的海潮比较，确实丝毫不爽。他又想起了张仁近、杨基在观潮图中的题词，讥讽宋高宗偏安江南而不思北伐雪耻。

乾隆皇帝对宋高宗赵构，是颇为不齿的，评价相当低。早年乾隆皇帝修清漪园，将新殿命名为乐寿堂。而宋高宗退居太上皇之后，有"乐寿老人"的别号。乾隆皇帝曾作《题乐寿堂》诗，其中有一句"南宋偶同鄙他志，西池追忆怆吾神"，并自注称："宋高宗居德寿宫，自称乐寿老人，高宗未及耄期急图内禅，意在避事偷安，余深鄙之。斯堂命名乐寿，乃取智水仁山之义，后知偶与相同，并非袭其称，亦弗改。"[1]乾隆皇帝明确对宋高宗"深鄙之"，耻与之为伍。宋高宗曾经自诩为"中兴圣主"，乾隆皇帝对此更是不以为然。他曾经写过《题宋中兴圣政草》一诗，中称"少康光

1　《御制诗四集》，卷五十五。

武始堪称，何事建炎号中兴"，并自注："宋高宗流离播迁，仅有东南半壁，始终萎靡无能，苟图自全之计，不思为父兄雪耻，恢复中原，以为偏安则可，然比之东晋元帝尚有未逮，顾腼然诩为中兴，不亦深可鄙哉！"[1] 乾隆皇帝认为夏朝少康及东汉光武帝那样的功勋，才能称为中兴，宋高宗（建炎是宋高宗年号）在位时，萎靡无能，苟且偏安，不思雪耻，怎么能称得上"中兴"呢！

值得一提的是，乾隆三十年《观潮四首》、乾隆四十五年《观潮四首（叠乙酉韵）》、乾隆四十九年《观潮四首再叠乙酉韵》，乾隆皇帝均亲笔题写于李嵩《钱塘观潮图》中。

四

一带石塘工已就（庚子阅海塘，命于老盐仓一带柴塘后为石塘，昨岁癸卯八月，据富勒浑等奏报石塘三千九百四十丈工已全行告竣），鱼鳞拟筑向西仍（老盐仓一带石塘虽已全竣，而章家庵以西惟藉范公土塘卫护，形势单薄，恐不足资捍御，兹与该督等悉心筹勘，欲一律坚筑石塘，使阖郡黔黎永资乐利，费帑所不惜也）。

亦惟此日尽人力，敢冀他年几可乘（海沙南北坍涨原无常，自己卯以后潮势近塘，沙痕渐觉北坍，今已二十余年，循环往复，理之自然，当有北涨南坍之几，然朕惟尽人事以待之，其时几可乘，固不可必耳）。

老盐仓海塘均已由柴塘改筑鱼鳞大石塘，但是范公塘还是土塘，乾隆皇帝拟一律改建石塘。如果北岸海沙能够大涨保护堤坝，那是最好不过，而现在能做的是尽人事做到最好（修建石塘），因为海沙坍涨无常，哪能保证一定会沙涨呢。

阅视完海塘后，中午，随行的王公大臣及浙江大小官员得到乾隆皇帝赐宴，乾隆皇帝当然作诗以纪之：

1　《御制诗四集》，卷十五。

赐扈跸王大臣及浙省大小吏食

庚子斯上巳，清明此甲辰（庚子前巡于三月三日驻跸安澜园行宫赐食，兹以三月十五日清明节驻此宴赉）。

需云宜饮食，胜地会臣邻。

小雨亦为泽（是日小雨即晴），轻烟那论新（清明禁烟传烛之事后世久不行）。

遥心缱北省，渥澍可沾春。[1]

这一天是清明节，大概下午两点时，乾隆皇帝在安澜园赐随扈王大臣及浙江大小官员宴，想起乾隆四十五年南巡时是三月初三日上巳日赐食。这时天空下起小雨，乾隆皇帝心系北方省份，希望那里也有这样丰沛的春雨降落。

据御膳档记载，这次赐宴饭食如下：

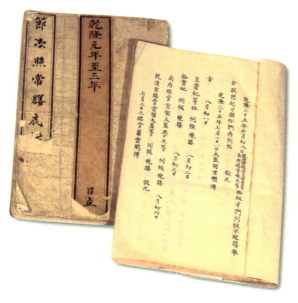

膳底档

1 《御制诗五集》，卷五。

用一等饭菜三十桌，每桌八碗（青瓷碗），每桌蒸食一盘，
炉食一盘，攒盘肉一品，膳房饭，外膳房肉丝汤，螺蛳盒小菜二
个，乌木筷子二双。
　　次等饭菜桌，每桌六碗（青瓷碗），每桌蒸食一盘，内管领
炉食一盘，攒盘肉一盘，外膳房肉丝汤饭，螺蛳盒小菜二个，乌
木筷子二双。[1]

　　档案中未记录次等饭菜有多少桌，但一等的有三十桌，比前两次都多，
看来这次赐宴官员范围扩大了不少。
　　公务完毕，乾隆皇帝休息一番，陈家又将蔡襄《茶录》进呈御览，乾
隆皇帝又作诗一首：

再题蔡襄《茶录》真迹仍用庚子诗韵

创书皇祐曾进奏，正定治平经几回（二句隐括襄自记语）。
法宝陈家关世守，屡吟宁为诩诗材。[2]

　　乾隆皇帝赏玩了蔡襄手书《茶录》真迹后，表示屡次吟咏《茶录》并
非为了自矜作诗之才，而是因为这是陈家世代相传的珍宝。
　　当天，还有随行的三位地方大吏有幸得到乾隆皇帝的赐诗，分别是闽
浙总督富勒浑、浙江巡抚福崧、浙江学政窦光鼐。

赐浙闽总督富勒浑

武林曾昔抚而巡，开府兹教统浙闽。
祗以迎銮来隔省，又看阅岁会今春。
漫勤供奉水及陆，应勉调和军与民。
识大体毋苛小节，思之莫忘诲谆谆。[3]

1　《清宫御膳》第三册，第 570、571 页。
2　《御制诗五集》，卷五。
3　《御制诗五集》，卷五。

富勒浑是满洲正蓝旗人，章佳氏，由举人入仕。在京历任内阁中书、户部员外郎、郎中等职，乾隆二十八年外放为山西冀宁道，后任广东按察使、浙江布政使，乾隆三十五年擢为陕西巡抚，成为封疆大吏。此后，还担任过湖广总督、四川总督、闽浙总督、两广总督等。在两广总督任上因纵容家人殷士俊恣意婪索而被斩监候（后被释出）。

乾隆皇帝第六次南巡时，富勒浑正担任闽浙总督，乾隆皇帝至浙江，富勒浑从福建前来迎驾（"祇以迎銮来隔省"）。但实际上，由于乾隆皇帝对两浙塘工的空前重视，富勒浑常驻浙江，通盘筹划海塘工程。乾隆皇帝前往海宁时，富勒浑随驾，因而被赐诗。富勒浑曾担任过浙江巡抚，现在又任闽浙总督，兼辖浙江。乾隆告诫他要勉力调和军民，需力持大体而勿苛求小节，切莫遗忘自己的谆谆教诲。

赐浙江巡抚福崧

辛丑番回变，画筹甚有方（辛丑春甘省苏四十三之变，福崧时任臬司，随总督勒尔谨前往剿贼，暂驻狄道。勒尔谨怯懦无能，幸福崧随行，诸事赞助，调度有方，以是知其可用，旋授甘肃藩司）。

因之知可用，遂命抚兹杭。

蠹政颇能剔（壬寅秋擢福崧为浙江巡抚，到任后厘剔浙省收漕积弊，奏定章程，诸事颇能整顿），官箴勉自强。

扫除斯足矣，奢费戒其王（前庚子南巡时，王亶望任用王燧，惟务奢费增饰。葛岭、玛瑙寺等处座落所费者盐商之资，而伊二人尚于其中作威福以牟利，彼时即知其必败，未几果以甘省冒灾鬻监贪黩营私败露抵罪，浙省大吏所宜引为前鉴也）。[1]

福崧是满洲正黄旗人，乌雅氏，湖广总督硕色之孙。乾隆中由内阁中书迁侍读，外放四川川北道，后任甘肃按察使、布政使。乾隆四十七年，擢任浙江巡抚。

诗中，乾隆皇帝说明了之所以重用福崧，是因为其在任甘肃按察使时，应对苏四十三起事有方，于是，先擢任甘肃布政使，再擢任浙江巡抚。乾

1　《御制诗五集》，卷五。

隆皇帝还称赞福崧在浙江能够祛除积弊，厘剔蠹政，而且能遵守官箴。最后，乾隆皇帝告诫福崧要以王亶望贪黩致败为前鉴。

乾隆五十五年，福崧授江苏巡抚，署两江总督，后还授浙江巡抚。后来，浙江盐道柴楨亏帑案爆发，福崧遭到牵连。福崧因曾经要索柴楨贿赂十一万两，又侵公使钱六万两有奇，下狱论斩，后在押往京城途中自裁。

赐浙江学政窦光鼐

士习民风首，端方系厥司。

况兹文盛处，所重行（去声）修时。

熟路轻车试（窦光鼐向年曾任浙江学政，士习文风是其熟悉也），迪人克己为。

前车应鉴已（窦光鼐前任浙江学政时，有训导章知邺以窦光鼐不准伊进诗册欲捏词叩阍，呈内有西陲用兵久稽成功情愿从军之语，其狂诞亦无可逭，以其欲从军，即发往辟展効力。嗣复据该处驻扎大臣安泰查奏，章知邺笔札有讨奸邪窦光鼐文，捏造悖逆之言托诸窦光鼐之口，则其居心奸险，实为恶逆之尤，因即于辟展地方将章知邺正法，以示惩做。然亦窦光鼐平时不能自立，约束属员所致也），自立尚勤思。[1]

窦光鼐是山东诸城人，乾隆七年进士，入翰林院为庶吉士，散馆授编修，升左中允、内阁学士、左副都御史等职，还曾入直南书房。乾隆二十一年，任浙江学政。乾隆二十二年，乾隆皇帝第二次南巡，临海县训导章知邺将献诗，窦光鼐认为章氏诗拙加以阻止。章知邺很不满，意欲控告窦光鼐。于是，窦光鼐将此事上奏。乾隆皇帝召试章知邺。章知邺不仅作诗很劣拙，而且声称新疆用兵，师老兵疲（"西陲用兵久稽成功"），愿从军立功。这犯了大忌。乾隆皇帝怒斥章知邺妄言，将其夺职遣戍新疆。数年之后，乾隆皇帝本欲赦免章知邺，但得知章知邺故意为悖逆之语，以倾陷窦光鼐，于是就将之诛杀。

乾隆二十七年，乾隆皇帝以窦光鼐迂拙，不能胜任副都御史之职，命

1　《御制诗五集》，卷五。

署内阁学士，授顺天府府尹，窦光鼐又因与总督相争而被部议夺职。数月以后，乾隆皇帝认为窦光鼐只是拘钝无能，并无大的过错，将其授通政司副使，再迁宗人府府丞，任至十年之久，乾隆四十七年，才奉旨任浙江学政。诗中，乾隆皇帝认为士习是民风之首，而端正士习文风是学政的职守。窦光鼐此前曾经担任过浙江学政，今番又重任是官，谅必轻车熟路，乾隆皇帝希望窦光鼐吸取前次教训，克己自立。

然而，乾隆五十一年，窦光鼐又卷入著名的"黄梅案"。此前，窦光鼐奏陈浙江省仓库亏空太多，乾隆皇帝令已在浙江的钦差大臣户部尚书曹文埴、刑部左侍郎姜晟、工部右侍郎伊龄阿彻底清查，不得回护瞻徇。不久后，乾隆皇帝又加派大学士阿桂到浙江，会同曹文埴等彻底查办。但阿桂、曹文埴等回奏称窦光鼐所奏永嘉、平阳等县挪移勒派各款，并无其事，窦光鼐劾奏平阳县知县黄梅丁母忧时演戏一事，也非实情。乾隆皇帝阅奏后，严厉斥责窦光鼐诬告，令其明白回奏。于是，窦光鼐遵旨回奏后，亲自前赴平阳县，发动全县童生、监生和平民百姓，调查平阳知县黄梅贪婪情事，并得到铁证。随后，窦光鼐将调查情形上奏乾隆皇帝。不过，在此之前，转任浙江巡抚的伊龄阿已两次上奏参劾窦光鼐，乾隆皇帝阅奏之后，先令将窦光鼐革职，后又下旨交刑部议罪。几天后，窦光鼐调查平阳知县黄梅勒派侵渔情形折也抵达御前，由于窦光鼐折附有各种物证，铁证如山，证明黄梅在任八年所侵吞部定谷价与勒捐之钱不下二十余万，乾隆皇帝被说服了，下令重审窦光鼐及平阳县案。平阳知县黄梅侵贪案终于水落石出，黄梅也被革职拿问。窦光鼐则被昭雪，奉命署理光禄寺卿，来京任职。钦差阿桂、曹文埴等都被交部严加议处。

其实，乾隆皇帝对窦光鼐是比较了解的，否则也不会因伊龄阿参劾而将窦光鼐重惩之后，又听信窦光鼐的自辩，释放了他。这是因为窦光鼐曾任职南书房，属于天子近臣，而且，乾隆皇帝还多次召见过窦光鼐。乾隆十七年，湖北乡试正副考官侍讲学士窦光鼐、编修庄存与典试完竣，回京复命，乾隆皇帝召见了他们后，得出评价："似明白，有出息的"（窦光鼐），"露聪明些，尚可者"（庄存与）。又品评称："二人或皆可学差，光鼐更觉稳当。"[1]

---

1 中国第一历史档案馆藏宫中朱批奏折，湖北正考官窦光鼐奏为奉试湖北事竣到京谢恩事，乾隆十六年，档号：04-01-38-0069-019。

乾隆四十五年十一月十五日，福建乡试正副考官宗人府府丞窦光鼐、御史刘芬典试完毕回京复命，乾隆皇帝召见了他们，对窦光鼐有如下朱笔评价："如前，□知省。"[1] 奉旨担任浙江学政后，窦光鼐临行前陛辞请训称："伏念浙省为人文所聚，士习文风关系綦重，仰祈皇上训示，俾臣夙夜敬谨遵奉办理。"乾隆皇帝召见了他，并评价道："谨慎妥当，恐非大器。"[2]

当天晚上，海宁下起了雨，乾隆皇帝作了《夜雨（三月望日）》一诗：

> 微雨尖山观海回，未牌赐食霁光开。
>
> 浓云入夜欣铺矣，时雨达晨正需哉。
>
> 麦绿菜黄胥沃润，老扶幼挈普瞻来。
>
> 怜他弗惜衣衫湿（十六日早，自海宁至杭州，夹涂老幼冒雨瞻迎，不惜沾湿，倍见爱戴之诚，既欣且怜之），亲切民情栽者培。[3]

三月望日即十五日。诗中记载，三月十五日，乾隆皇帝冒雨前往尖山观海后返回，中午赐宴时天色又晴了。到了晚上，浓云密布，雨淅淅沥沥下个不停，至三月十六日清晨，雨仍未停。从海宁至杭州，沿途百姓均老幼相挈冒着细雨迎驾瞻仰，这使得乾隆皇帝非常欣喜。诗中还描述了十六日早乾隆皇帝由海宁前往杭州之事，可见这首诗起码应是十六日完成的。

十五日亲临阅视海塘工程后，乾隆皇帝对柴塘改建工程的各种善后深表不满。遂有次日上谕。

三月十六日，乾隆皇帝至安国寺（并在此用早膳）拈香。由海宁起程前往杭州。当日，乾隆皇帝对海塘修筑事宜颁发了长篇上谕：

> 浙江建筑石塘，所以保障民生，关系甚重。前庚子南巡时，
>
> 朕亲临阅视，指示机宜。于老盐仓旧有柴塘后，一律添建石塘

1　中国第一历史档案馆藏宫中朱批奏折，宗人府府丞窦光鼐奏为奉命典试福建事竣起程回京日期事，乾隆四十五年十一月十五日，档号：04-01-12-0194-058。

2　中国第一历史档案馆藏宫中朱批奏折，礼部左侍郎窦光鼐奏为起程前赴浙江学政新任恭请圣训事，乾隆五十四年，档号：04-01-13-0105-035。

3　《御制诗五集》，卷五。

海宁盐官

四千二百余丈，次第兴修，于上年七月间告竣，因其砌筑坚整，如期葳工，原欲将该督抚及承办文武官员，交部分别议叙。今抵浙后，亲临阅看，乃所办工程，不惟不应邀叙，并多未协之处。盖朕于老盐仓添建石塘，固以卫护民生，亦因浙省柴薪日益昂贵，岁修柴塘，采办薪刍，致小民日用维艰，是以建筑石工，为一劳永逸之计，庶于闾阎生计有益。然石塘既建，自应砌筑坦水，保护塘根，乃陈辉祖、王亶望并未筹划及此，而后之督抚亦皆置之不论，惟云柴塘必不可废，此乃受工员怂恿，为日后岁修冒销地步。况朕添建石塘，原留柴塘为重门保障，并未令拆去柴塘，前降谕旨甚明也，若如该督抚所言，复加岁修，又安用费此数百万帑金，添筑石塘为耶。又石塘之前，柴塘之后，见有沟槽一道，现有积水，并无去路，将来日积日甚，石塘根脚，势必淹浸渗漏，该督抚亦并未虑及。又石塘上有堆积土牛，甚属无谓，不过为适观起见，无当实际，设果遇异涨，又岂几尺浮土所能抵御耶。所有塘上土牛，即著填入积水沟槽之内，仍将柴塘后之土，顺坡斜做，只需露出石塘三四层为度，并于其上栽种柳树，俾根株蟠结，塘工益资巩固，如此则石柴连为一势，即以柴塘为石塘之坦水，且今柴塘亦时见其有坦水也。总之，现在柴塘不加岁修，二三十年，可保安然无事，即如范公塘尚历多年，况此历年添建工程，更为坚实耶。至范公塘一带，亦必需一律接建石工，方于省城足资永远巩护。著自新筑石塘工止处之现做柴塘及挑水段落起，接筑至朱笔圈记处止，再接筑至乌龙庙止，亦照老盐仓一带做法，于旧有柴塘、土塘后，一体添筑石塘，将沟槽填实种柳。并著拨给部库银五百万两，连从前发交各项帑银，交该督抚据实核算，分限分年，董率承办工员，实力坚筑，仍予限五年，分段从东而西，陆续修筑。俟工程全竣后，朕另行简派亲信大臣阅看收工，以期海疆永庆安恬，民生益资乐利，该部即遵谕行。[1]

在谕旨中，乾隆皇帝首先声明此前海宁老盐仓一带改建石塘工程决策

1 《清高宗实录》，卷一千二百零一。

是从卫护民生、降低柴价两方面考虑的。浙江柴薪价格日昂，而岁修柴塘使用柴薪数量很大，导致民众日用维艰，改建石塘可以一劳永逸，对民间生计多有好处。

石塘之前、柴塘之后有一道沟槽，槽内积水无法排出，乾隆皇帝指责浙江督抚未曾考虑到积水日积月累，会淹浸石塘根脚导致渗漏。另外，石塘上堆积的土牛也没什么实际作用。乾隆皇帝令将土牛填入沟槽中，仍将柴塘后之土顺坡斜做，只露出石塘三四层即可，并在上面栽种柳树，使树根盘结，塘工就会更加巩固。石塘与柴塘连为一势，即以柴塘为石塘坦水。乾隆皇帝还决定杭州范公塘一带也改建石塘，并特别拨给库银五百万两，以供工用。

乾隆皇帝亲自勘察老盐仓一带由柴塘改建的鱼鳞大石塘后，颇为欣慰，遂作长诗记载这一漫长由柴塘改石塘的历程：

老盐仓一带鱼鳞石塘成命修海神庙谢贶并成是什志慰用
壬午观海塘志事诗韵

壬午观海塘，无非求民宁。

并携督抚臣（时总督杨廷璋、巡抚庄有恭），畴咨阅情形。

忆自庚辰年，沙势已渐更。

然尚去塘远，未致大工兴。

壬午至庚子，北坍水铺平。

略无涨沙意，日夕萦念恒。

长此其奚穷，民生关匪轻。

戴家桥迤东，犹有鱼鳞屏。

迤西惟柴塘，安足护桑耕。

庚子我重来，崇祠吁佑灵。

凭舆历历观，既观虑且行。

其间老盐仓，下桩我所经。

活沙旋吐桩（海塘自戴家桥迤西皆柴塘，不足资保卫，因拟改筑石塘。司事者辄称老盐仓一带活沙难于下桩，若移内接筑，又有碍田庐。壬午亲临试下木桩，始苦沙涩，用二百余斤之碪一筑率不及寸许，桩下既深，又苦沙散不能啮木桩，摇摇无着，是活沙之说信然。彼时既未能即筑石塘，因藉坦水石篓为固，迨庚子南巡沙坍篓露，始决计接建鱼鳞石塘云），蒿目乏计生。

申命筑鱼鳞，切念桩难擎。

然事在人为，未可谢不能（老盐仓一带沙活难以钉桩，然事在人为，未可遽谢不能。庚子南巡复申命改建鱼鳞塘，初开工时仍有已钉复起之患，旋有老翁指点云用大竹探试，俟扦定沙窝再下木桩，加以夯筑，入土甚易，因依法扦筑，又梅花桩以五木攒作一处，同时齐下方能坚紧，不致已钉复起，试之果有成效，迨后跟寻老翁，已无踪迹。现据富勒浑、福崧等奏，询之盛住及在工员弁兵役等皆称老人指点，传为神助，请敕修该处潮神庙，以答灵贶，因俞所请，并赋诗以纪其事）。

月月具图报，心悬如目凭。
大小吏胥勤，民夫尽力争。
老盐仓一带，石塘竟筑并。
外仍护柴塘，内无害溪坑。
却闻夯桩时，老翁言信应。
竹扦试沙窝，成效免变惊。
因下梅花桩，坚紧无攲倾。
鱼鳞屹如峙，潮汐通江瀛。
功成翁不见，讵非神所营。
赞天福万民，竟得巨工成。
临塘新祠宇，榱栋焕支撑。
肃拜致虔谢，五言得行程。

迤西更易为，仍欲殚吾诚（老盐仓石塘三千九百四十丈巨工已竣，而章家庵迤西仅有范公土塘一道，难资卫护，因令该督等悉心筹勘，一律改筑石塘，较之老盐仓一带更易施工，亦惟殚吾爱民之诚，不惜再费数百万帑金，俾阖郡黔黎永庆安枕耳）。[1]

1　《御制诗五集》，卷五。

诗中详细追述了自己从壬午年（乾隆二十七年）阅视以来筹划海塘的历程，到了乾隆四十五年，决定改建鱼鳞大石塘，其中特别描述了如何突破活沙打桩难题的过程，面对"巨工"完成，乾隆皇帝很是欣喜，赶紧向神灵虔诚拜谢，而且还打算将"迤西"的范公塘也改为石塘。

　　回想自己前后四次亲临海宁，阅视海塘，现在终于"功成"，乾隆皇帝诗兴大发，第四次作了阅海塘诗：

<h3 style="text-align:center">阅海塘四叠旧作韵</h3>

　　己卯以来潮近塘，廿余年未涨沙良（丁丑岁南巡，阅视海塘，其时海潮大溜尚趋中亹，自己卯以后渐趋北亹，至庚子前巡亲临相度，则北岸涨沙尽坍，海潮直至塘根矣）。

　　虽然救弊柴易石（先是建议者请易柴塘为石工，又有谓老盐仓一带为活沙不可下桩，而内徙更恐有妨田庐，壬午亲视之果然。彼时惟命增添料值专修柴塘，其旧有条石各工仍令随宜加甓，以备捍卫，亦一时补偏救弊不得已之策耳），尚未获安海变桑。

　　纵看鱼鳞一律巩，惭听额手万民庆（庚子亲临阅视，以柴塘究不若石塘之巩固，因不惜工费饬该督抚等于老盐仓一带一律改建鱼鳞石塘，凡三千九百四十丈，其旧有柴塘留为重门保障。昨岁癸卯秋八月，据该督抚奏报石塘工已全竣，浙省永庆安澜。今来巡视，该处士民欢忭拜舞，出于至诚，然予宵旰忧勤有加无已之意，尚歉然未足也）。

　　范公塘更应筹固（老盐仓一带改筑石塘业经告竣，惟章家庵以西仅藉范公土塘护卫，形势单薄，曾谕富勒浑等悉心筹勘，一体改建石塘，以资捍卫。据富勒浑等奏，该处淤沙土性浮松，即添筑柴塘，一遇潮汛顶冲，亦不足抵御等语。因思柴塘自不及石工之坚，固事在人为，不可惜费，即多费帑金数百万，使阖郡黔黎永庆安枕，何乐如之，遂明降谕旨，一律坚筑石塘矣），暇食民艰廑弗遑。[1]

1　《御制诗五集》，卷五。

乾隆皇帝这次阅视海宁海塘，看到一律改建为鱼鳞大石塘，保障海疆，万民欢呼雷动，虽然表面上说自己有些惭愧，但其实内心非常欢喜。

对于范公塘改筑石塘的决策，乾隆皇帝非常得意，于是专门作长诗以纪之：

命于新建石塘尾柴塘内接筑石塘越范公塘直抵
乌龙庙即以范公塘为外护之土塘诗以志事

江南范公堤，久传仲淹义。

浙省范公塘，乃自承谟置（范公土塘乃本朝闽浙总督范承谟所建，承谟即仲淹后裔也）。

一家两大工，先后勤民事。

在浙斯言浙，石坚土易溃。

迩年沙北坍，回澜嗷嗺恣。

范塘东北尾，内囏已有事（昨岁癸卯四月，据福崧奏范公塘原筑埽工自二月以来因回溜汕刷，致有间段蛀蛰，现用船沉石以护塘根，尚属稳固等语。朕以该处既系潮水顶冲，且回溜汕刷，即用石沉船亦系暂时防护，非一劳永逸之计，因传谕富勒浑、福崧通盘熟筹，是否应照老盐仓之例，一律添筑石塘，详悉绘图贴说具奏，并谕令于所呈图内朱笔圈处添筑挑水石坝，以期挑溜南趋，仍俟今岁南巡时亲临阅视，指示机宜，再行定夺）。

沉舟下石篓，幸保目前计。

盐仓石塘建，继此诚当议。

柴塘补范公，率以允大吏（该督抚等请于新筑石塘工止处之现做埽工柴之尾接筑柴塘八百余丈，直抵范公塘以为外护，即允所请）。

兹来细甚酌，建石难再迟。

发帑五百万，分年物料备（兹亲临阅视，所建柴塘及范公塘一带亦必需一律接建石工，方于省城足资永远巩护，因谕令自新建石塘尾起越范公塘直抵乌龙庙止范公塘尽处一体添筑石塘，拨给部库银五百万两，予限五年，自东而西分段陆续修筑，并谕先行备办工料，择日兴工）。

　　　　　一如章庵东，外柴内石暨。

　　柴即代坦水（庚子前巡谕令将章家庵以东柴塘内普建石工，兹来亲阅，见石塘之前柴塘之后有沟槽一道，现存积水并无去路，恐致淹渗塘根，又石塘上堆积土牛无裨实际，谕令将土牛填入积水沟槽之内，仍将柴塘后之土顺坡斜做，并于其上栽种柳树，俾根株蟠结，益资巩固，且令外柴内石连为一势，即以柴塘为石塘之坦水，且今柴塘亦时见本有坦水也），柴接土塘比（即范公塘）。

　　土内石相倚，乌龙庙齐至（柴塘、塘塘中间将土牛填实种柳，互相倚恃，联络巩护，最为得力。兹范公土塘后接筑石塘，直抵乌龙庙范公塘尽处，均令照式修筑坚固，俾海疆永庆安恬，民生益资乐利）。

　　　　　永矣保杭城，千年安晏遂。
　　　　　六巡塘事毕，五字始终志。[1]

　　诗中回顾称，范公塘是康熙年间浙江巡抚范承谟所建。乾隆皇帝认为范公塘是土塘，即使在塘外既沉舟又加石篓保护，都只能暂时保护目前。这次南巡亲临阅视，乾隆皇帝认为范公塘改建石塘不能再推迟了。于是决定发帑五百万，仿照老盐仓一带改建鱼鳞大石塘的办法，赶紧施工。这样，就能一劳永逸，保护杭州城不受海潮侵袭。乾隆皇帝最后说"六巡塘事毕"，即范公塘改建石塘后，自己筹办海塘一事就终于可告功成了。

　　抵达杭州后，乾隆皇帝再次作诗"恭依皇祖"：

恭依皇祖巡幸杭州诗六叠韵

　　石塘接筑俾民安，为报功成此历观（庚子巡视海塘，命于老盐仓上下接筑鱼鳞石塘，为永远安澜之计，其旧有柴塘仍命留为重门保障。昨岁癸卯八月内据该督抚奏报鱼鳞石塘三千九百四十丈一律工竣，今来躬亲历视，所砌石工整齐坚实，洵可永资保障）。

　　穷尾溯源暂纤跰（尖山在塔山之北，自此北至乍浦一带向无

---

1 《御制诗五集》，卷五。

圆明园遗址

塘堰，以其地系铁板沙不畏潮势冲啮，而西自海宁沿塘观海穷尾溯源，一切塘工形势可以一览而得，故自壬午、乙酉、庚子及今甲辰皆纤跸登尖山顶观海观塘而返杭州），衢歌巷舞此迎銮。

欲寻南宋宫庭泯，究是偏都街道宽（杭州街道较苏州甚宽，知为南宋偏安之都会也）。

敬仰奎章六依韵，怅然思昔侍游欢。[1]

诗中称老盐仓海塘建成后，亲自一一勘察，工程"整齐坚实"，可以"永资保障"，颇有大功告成，志得意满之意。但回忆起以前随侍皇太后一起巡游时多么欢快，又不禁怅然若失。

在杭州待了一段时间后，乾隆皇帝从杭州回銮，四月二十三日，抵达圆明园，作《南巡回跸至御园之作》以做总结：

六度南巡于迈勤，一心惟是为民殷。

雨虽继雨仍希望（自闰三月初四、五日得透雨后，复于四月十八、二十一等日连得雨泽，跸途所见禾苗渐次长发，但究未透足，尚殷颙望耳），孙又生孙亦喜欣。

日月居诸诚过隙，园庭莅止迓南薰。

载咨儿辈其聪听，毋易言游视记文（今岁六巡江浙，携诸皇子侍行，俾视朕躬之克己无欲，以及扈从之奉法，官吏之奉公，民人之亲近，有不如此未可言南巡，而总不出敬天明理两端，详见昨所制《南巡记》）。[2]

在诗中，乾隆皇帝强调六度南巡均是一心为民。第六次南巡，乾隆皇帝携带了包括后来嘉庆帝在内的三位皇子，因此，他告诫称，如果做不到克己无欲，使扈从人员守法，令当地官吏奉公无私，就不要打算南巡。这些话当然是对嗣皇帝说的，也意味着乾隆皇帝六度南巡的结束。

这次南巡时，乾隆皇帝正好七十四岁，与第四次南巡时皇太后的年

1　《御制诗五集》，卷五。
2　《御制诗五集》，卷九。

老年乾隆画像

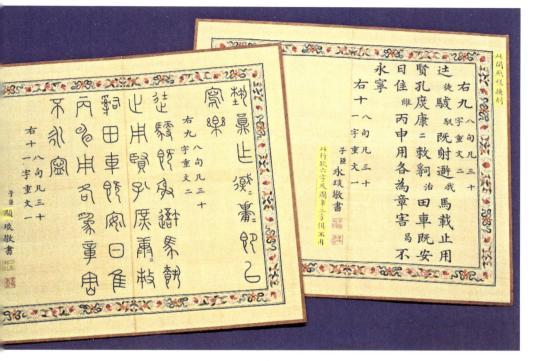

嘉庆帝书法

龄差不多，此后，乾隆皇帝不再南巡。其原因可能有以下几点：一、他不想逾越皇祖康熙皇帝六次南巡之例；二、他不想逾越母亲崇庆皇太后在七十四岁时最后一次南巡之例；三、南巡旅途遥远，往返费时，乾隆皇帝毕竟已过古稀之年，精力不比从前，不宜再作这种长途旅行；四、江南的主要美景，乾隆皇帝大概也都游览过了，有的还不止一遍，各地河工和海塘建设，也都告一段落，无须再亲临指示。

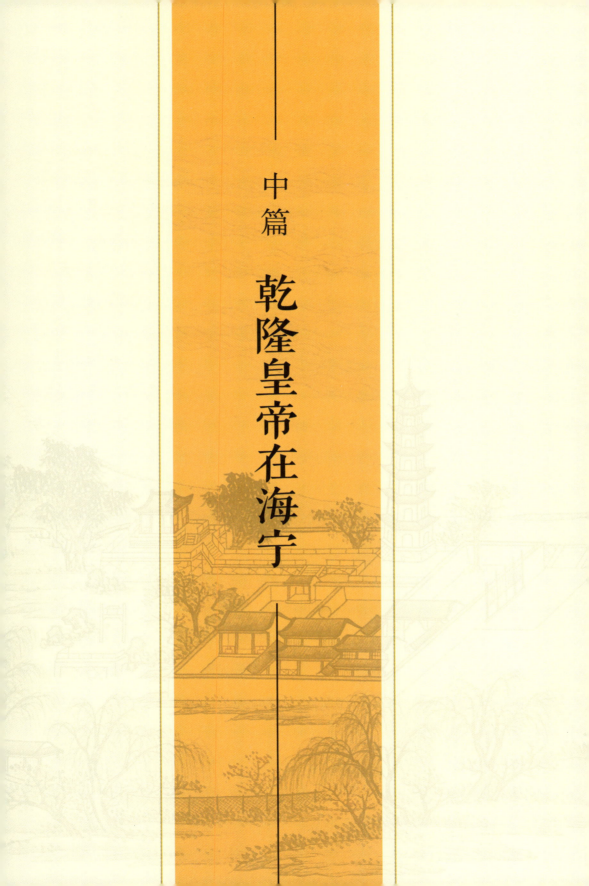

中篇

乾隆皇帝在海宁

乾隆皇帝在海宁的行程，史料上有详细的记载，可以列出细致的线路图。

第三次南巡时，乾隆皇帝一至海宁的行程：

乾隆二十七年三月初二日乙未（3月26日），上至海宁，阅海塘，上幸塔院寺、海神庙拈香。驻跸海宁县行宫，翼日如之。

三月初三日丙申（3月27日），上至安国寺观音庙、潮神庙拈香，上阅海塘石堤。

三月初四日丁酉（3月28日），驻跸杭州府行宫。

第四次南巡时，乾隆皇帝二至海宁的行程：

乾隆三十年闰二月初五日庚戌（3月25日），上幸海神庙、镇海寺拈香。驻跸安澜园行宫，翼日如之。

闰二月初六日辛亥（3月26日），幸尖山观音寺、镇海寺拈香，观潮。上阅海塘。

闰二月初七日壬子（3月27日），驻跸杭州府行宫，翼日如之。

第五次南巡时，乾隆皇帝三至海宁的行程：

乾隆四十五年三月初二日辛巳（4月6日），上幸海宁州，遣官祭海神庙。诣潮神庙、海神庙拈香，阅潮。驻跸安澜园行宫，翼日如之。

三月初三日壬午（4月7日），上幸尖山，诣尖山观音寺、镇海寺拈香。

三月初四日癸未（4月8日），驾至正圆寺、海神庙拈香，御书杭州风神庙匾曰"扬和底绩"。驻跸杭州府行宫，翼日如之。

第六次南巡时，乾隆皇帝四至海宁的行程：

乾隆四十九年三月十四日己亥（4月3日），上幸海宁州，诣镇海寺、海神庙拈香。驻跸安澜园行宫，翼日如之。

三月十五日庚子（4月4日），上诣海神庙、尖山观音寺拈香，观潮，阅视塘工。

三月十六日辛丑（4月5日），驻跸杭州府行宫，翼日如之。

在这四至海宁的十二天行程中，乾隆皇帝和海宁发生了面对面的密切联系。

一、乾隆皇帝与海宁安澜园

安澜园历史悠久。早在南宋建炎四年（1130），王沆被封安化郡王，在海宁（当时叫盐官）西北被赐宅地修建王府，同时在王府旁边兴建了园林，称"王氏园"。园内广植名贵树木、四季花卉，垒石筑山，引水蓄池，成为远近闻名的私家园林。这就是后来安澜园的雏形。园中有"清远楼"和"曲水流觞"等景点。当时的宰相文天祥、学者张九成等曾经游览过王氏园。张九成曾题《清远楼》一词，词中描写清远楼"高楼尤结五云端，雄镇东南百二关"，由此可以想象当时的气派。同年，在王府西南侧，建造延恩寺。后来成为安澜园借景的来源。

历元、明两朝，王氏园尚有遗迹。明代万历二十四年（1596），翰林陈与郊辞官返回家乡海宁，在王氏园的遗址上兴建园林，修筑一新。因为在海宁城的西北角一隅，园主人陈与郊又号禺阳，因此称"隅园"。园中有却炎轩、白醉庵、紫芝楼、金波桥等景点，成为江南名园之一。明代陆嘉淑写的隅园诗句中有"名园复昭旷，百顷涵清池"，说明此时水池已经是园中的主要景观之一。

到了清代，陈与郊兄长陈与相之孙陈元龙，于康熙二十四年（1685）以榜眼及第，后官至内阁大学士。雍正十一年（1733），陈元龙年逾八旬，辞官回海宁，其子编修陈邦直在籍侍养。陈元龙把隅园收为别业，开始在原有的基础上加以整修、营建。因其最终实现了自己归隐的愿望，陈元龙就把隅园改名为"遂初园"。

乾隆初年进士、曾任职桐乡等地知县的舒瞻有《游遂初园诗》，描述了此时园子的景色："试裘天气届初寒，问讯园林秋已残。隔院不知丘壑好，入门最爱水云宽。梅花修竹有闲地，雪鹭银鸥得饱看。仿佛平泉旧时路，

清陈元龙"元龙""广陵"联珠石印。长方形联珠印，印面上为篆书阳文"元龙"圆印，下为篆书阴文"广陵"方印。2006年海宁盐官陈阁老宅爱日堂东厢房后天井出土（海宁市博物馆藏）

哦诗倚遍曲阑干。"[1]此时园中有小石梁、清映轩、烟波风月亭、静明书屋、翠微亭、天香坞等景点三十多处，已经颇有名气。

（一）安澜园盛况

乾隆元年（1736），陈元龙去世，陈邦直遂不再复出为官，专力居家经营此园。

乾隆二十七年第三次南巡，乾隆皇帝决定要去海宁阅视海塘，将陈氏园作为驻跸行宫。浙江地方官府肯定提前一段时间将此事告知陈邦直。据陈氏家谱记载，确定陈园为行宫后，陈邦直"爰鸠工庀材，一一躬阅其事，以昭慎重。观者多以简陋为不安，迨临幸之日，转以朴素无华，仰邀睿赏"。

---

1 （乾隆）《杭州府志》，卷二十七。

这倒并不是陈家夸大其词，乾隆皇帝所作诗也透露了这一意思，如在第一次至海宁驻跸安澜园时称赞园子"城市山林趣"，第二次来到安澜园时又作诗称"果然城市有山林"。

根据嘉庆年间海宁人陈瑊卿所作《安澜园记》，可以大致复原乾隆年间安澜园的景色。

园门在园子的东南角，门外两边各有一个牌坊。进入园门后有亭翼然，"巍然独立"，亭内一石碑上书乾隆御题安澜园五言诗。左边是一道小型的仪门，进入仪门又有一个相对封闭的院落，对面才是真正的安澜园园门，上面悬挂乾隆皇帝御笔亲题的"安澜园"金色大字，边上云龙盘桓，庄严肃穆。园门两边古榆数十棵，参天郁茂，垂枝四荫。进入安澜园门前面又有一道门，是后面的"太子宫"院落的大门，图上叫"二门"，因为乾隆南巡时随行的皇子曾经住在这里，故得名。遂初园时此"二门"处称为"城隅花墅"景点。在"二门"前可以进入左边的长廊，名曰"引胜"。长廊左边是水池，水边有几棵是宋代的古梅，虬枝缭绕。冬季时寒梅盛开，香远益馨，美不胜收。廊子南边连接的是"十二楼"。在廊子里面边赏景边向北走转过两个弯便到了"沧波浴景轩"。

轩的西面是一座小石板桥"小石梁"，走过小石梁便到了安澜园的核心景区。首先映入眼帘的是一道精致的小园门，园门内种满了紫藤。春天紫藤花开，"人至游蜂队中，紫英扑面，鬓影皆香"。进入园门左边靠水边是"古藤水榭"。水榭南面是东池，为园内第二大水池。穿过水榭前面是环碧堂，为园中主要建筑之一。乾隆皇帝曾御书"水竹延清""怡情梅竹"两块匾额悬挂其中。堂后有一个院落，院落北面是"逍遥楼"，"幽房邃室，长廊复道，甲于一园，入其内者恒迷所向"，是园主人收藏展示自己搜罗的奇珍异宝和书画作品的地方，"凡自仁庙以来所颁宸翰，及驻跸时陈充上用燕赏玩好之器，并贮楼中"。

院落的东面有牡丹亭，亭东又有御膳房。院落的西边有和风皎月亭、澄澜阁、清映轩等景点。和风皎月亭建在水边，"三面洞开，湖波潋滟，秋月皎洁之时，上下天光，一色相映"。清映轩内有"曲水流觞"景点。东南面是掞藻楼，掞藻楼的东南为六曲桥——金波桥，桥横穿水面把一个大池一分为二，桥的东面为东池，北面为大池。金波桥南面为一大片山石花木园林环境，近处有"交枝枫"景点：一棵红枫一棵青枫，根部生长在一起然后分开，上面又合在一起，造型奇特。有天香坞和群芳阁景点在丛林掩映中，周围应种有多种香花植物。尤其是天香坞，"历山径二十余武，豁然开朗，一亭中立，椴桂十余本周绕之"。

东池南面为园内最大的假山。这座假山当时可以和狮子林假山相媲美，假山南面为南池，南池比东池稍小，南池的南边有南涧亭，西边有漾月轩景点。明月高悬时，在漾月轩赏月，可见湖面波光涟滟，月光四射，美不胜收。南池东面为十二楼，为三幢曲尺形相连的二层楼屋，分为南楼、东楼、北楼。十二楼的北面与入口的引胜长廊相接。从十二楼北面沿东池池岸经过交枝枫回到天香坞，再向西到达桂花楼景区，这里曾经是主人宴请宾客的地方。楼周围有相应的附属建筑如厨房等。向北至西池边有方胜亭，为中国传统的吉祥八宝"方胜"的图案形式——两个相套的菱形。桂花楼周围遍植桂花，还有桃源洞和紫竹林等景点，再向西有一大片菜园。向北为西池，西池被竹深荷净轩一分为二，此轩建在水上，四面开敞，可以很方便地观赏水池及周围景色。西池向北凸出一片水湾，北面又有九狮山、云林山等假山，又有筠香馆和水阁、山楼等建筑点缀其中。筠香馆为乾隆皇帝命名，"盖是处多竹，左右翠竿弥望，内外不相窥，故得是名"。园林环境极其自然，让人体会到那种"虽由人作，宛自天开"的境界。

云林山上建有翠微亭，"四围皆箭竹，密不可眺瞰"。山下有一条峡谷，峡谷北面的山上有箭台，为乾隆皇帝当时射箭的地方。向东穿过山下一条狭长的峡谷，有一座高大的楼宇呈现在眼前，为皇帝寝宫。寝宫以前名为赐闲堂。寝宫建在一块平地上，背山面水，环境清幽。寝宫"为屋三架，架各三层，譬井田然，周以步栏，三面若一，皆拾级而登"。寝宫的东北是静明书屋，通过一段回廊与寝宫相连。这里曾是园主人读书的地方，也曾为御书房，乾隆皇帝曾在此读书写字。书屋的南面是梅岭，上面遍植梅花，南边通过一座小板桥便回到了逍遥楼。书屋的东面通过爬山廊可到东北角的小楼、廊楼和佛堂等小型建筑。佛堂前便又回到了入口处进来不久看到的葡萄架，架的南面即沧波浴景轩。

乾隆时期著名诗人袁枚曾作《安澜园席上诗》，描写安澜园美景："百亩池塘十亩花，擎天老树绿槎枒。调羹梅也如松古，想见三朝宰相家。""鸟

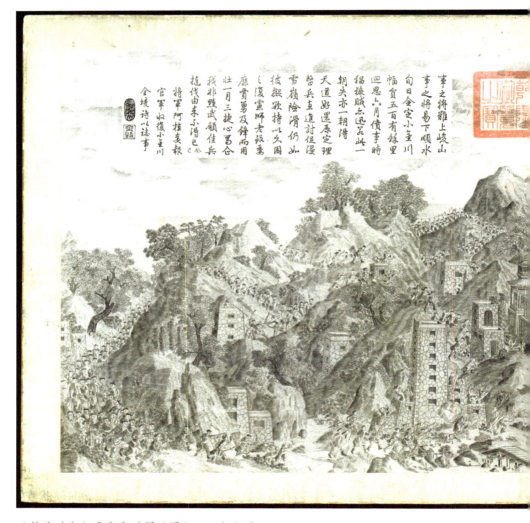

（乾隆时期）平定金川得胜图之一，铜版画

歌花笑有余欢，新得君王驻跸看。分付窗前万竿竹，年年替海报平安。""福地姆嬛主亦佳，留宾两度午筵开。逢逢海上潮声起，还道催花羯鼓来。"[1]

　　沈复《浮生六记》也记载了游览安澜园的感受："游陈氏安澜园，地占百亩，重楼复阁，夹道回廊，池甚广，桥作六曲形，石满藤萝，凿痕全掩，古木千章，皆有参天之势，鸟啼花落，如入深山。此人工而归于天然者。

<hr />

[1]　袁枚：《小仓山房集》，诗集卷二十八。

余所历平地之假石园亭，此为第一。曾于桂花楼中张宴，诸味尽为花气所夺。"[1]沈复的文章作于乾隆四十九年八月，是在乾隆皇帝第六次南巡第四次驻跸安澜园之后，记载的正是该园全盛时期的美景。

乾隆皇帝多次给安澜园题写匾额和对联。乾隆二十七年第一次至海宁时，御书匾额"安澜园"及"水竹延清"，又御书对联"妙香文室花飞雨，宝相圆光月印川"。乾隆三十年第二次至海宁时，御书对联"筠含籁戞金石韵，花湛露霏锦绣香"。乾隆四十五年第三次至海宁时，御书匾额"筠香馆"，又题写对联"成阴乔树天然爽，过雨闲花自在香"。乾隆四十九年，御书对联"翁之乐者山林也，客亦知夫水月乎"。

安澜园成为皇家行宫后，得到了乾隆皇帝的额外关注。乾隆三十七年颁发各处行宫名胜及寺院重刻淳化阁法帖，就包括了海宁安澜园。乾隆四十四年，内廷颁发得胜图（应是平定回部得胜图）三十八份给各处存贮，主要是各直省衙门，行宫也有八处，其中包括海宁安澜园，其他七处行宫是：浙江杭州行宫、江南江宁行宫、苏州行宫、栖霞行宫、山东灵岩行宫、白鹤泉行宫、泉林行宫。乾隆四十六年颁发墨刻兰亭三十九份分交直隶、山东、江苏、浙江各省行宫存贮，其中同样包括海宁安澜园。乾隆四十八年颁赏金川得胜图，海宁安澜园在列。乾隆四十九年颁发黄河全图、仿宋版五经交直隶、江苏、浙江各处行宫陈设，海宁安澜园也同样在列。

1　沈复：《浮生六记》，卷四。

（二）仿建安澜园

乾隆皇帝被安澜园的美景所陶醉，遂将其在京城"复现"。康熙、乾隆二帝南巡返回后，往往在京城仿建江南美景。在康熙、乾隆二帝南巡的江南九府中，除了松江府外，其他各府均有景观在皇家园林中得到仿建。不过，各府被仿建的景观数量大不相同。

其中，杭州共有十九处景观得到康、乾二帝的喜爱，名列九座江南名

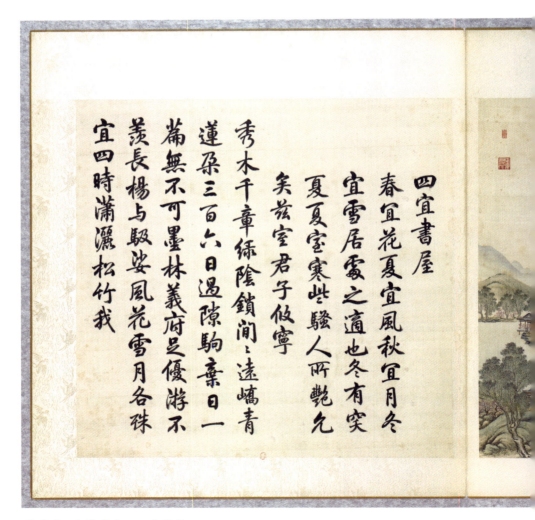

圆明园四十景图咏，四宜书屋

城之首。除了西湖、苏堤、柳浪闻莺、云栖洗心亭、孤山放鹤亭、龙井一片云和海宁陈氏园在清漪园、圆明园、香山和避暑山庄中仿建之外，曲院风荷、西湖行宫八景之鹭香庭、万松岭、法云寺华严阁、六和塔、飞来峰、玉泉观鱼、蕉石鸣琴、孤山放鹤亭、龙井龙泓亭、西湖花神庙和海宁县安国寺也都在这四处皇家园林中仿建。

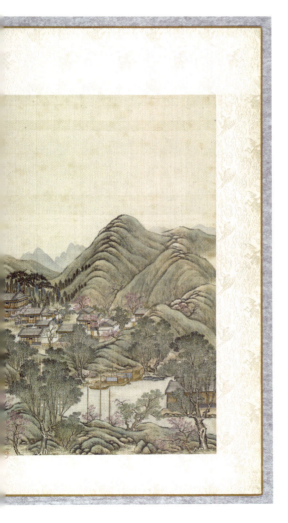

圆明园安澜园位于福海西北部，其景致"四季皆宜"且"宜于读书"西峰秀色东北，原址为四宜书屋，取之意，又称"春宇舒和"。此景始建于雍正年间，是圆明园四十景中建筑最为疏朗的景区之一。乾隆二十年四宜书屋失火焚毁，闲置了六七年。

乾隆皇帝南巡归来后，立即着手准备仿建海宁陈氏安澜园，恰好四宜书屋曾失火被毁，并未重修，且景区内建筑稀疏，格局简单，于是借重建四宜书屋之便，按陈氏安澜园的格局"左右前后，略经位置，即与陈园曲折如一无二"，加以添建和改建。

乾隆皇帝于乾隆二十七年五月初四日南巡返回京城，而安澜园的营建工程始于闰五月，中间仅相隔一个来月，就把选址、图纸设计、物料筹备与工匠筹集等这些前期事务准备完毕，可见其仿建安澜园的迫切心情。安澜园的营建工程由员外郎戴保住、永来，苑丞育麟，苑副苏楞额负责。其用地规模只有原型的三分之一左右，但景观结构和要素类似，整体规制氛围也较为相近。整个工程内容包括挖山、开池、叠石以及构筑新的亭榭楼堂等。为了达到与原园一一对位的效果，特意新挖了一个曲池，与原型主体水系形状相似，然后重点仿建原型建筑。工程开工仅五个月就有七个景点建成：远秀山房、飞睇亭、山影楼、引凉小楼、菇经馆、染霞楼和绿帷舫。此后新增了无边风月之阁（对景烟波风月亭）、云涛亭（对景泠波浴景轩）、静明书屋（对景得趣书屋）等。据《钦定日下旧闻考》记载，圆明园安澜园主要景点的布局为："西峰秀色迤东，东西船坞各二所。北岸为四宜书屋五楹，即安澜园之正宇，东南为菇经馆，又南为采芳洲，其后为飞睇亭，东北为绿帷舫。四宜书屋西南为无边风月之阁，又西南为涵秋堂，北为烟月清真楼。楼西稍南为远秀山房，楼北度曲桥为染霞楼。"[1]

　　乾隆二十八年十月工程告竣，内务府依然以"四宜书屋"称呼。乾隆二十九年九月，景区悬挂黑漆金字"飞睇亭"匾一面，"云涛亭""安澜园"匾两面，正式定名安澜园。同年乾隆皇帝亲撰《安澜园记》[2]，还御制《安澜园十咏》[3]，以资纪念。

　　《安澜园记》开头追述了仿建安澜园之由来："安澜园者，壬午幸海宁所赐陈氏隅园之名也。陈氏之园何以名御园？盖喜其结构致佳，图以归。园既成，爰数典而仍其名也，然则创欤？曰非也，就四宜书屋左右前后，略经位置，即与陈园曲折如一无二也。"壬午年，即乾隆二十七年，乾隆皇帝第三次南巡，驻跸陈氏隅园，赐名"安澜园"，"喜其结构致佳"，于是绘图以归，仿建于圆明园。接着，乾隆声明此次仿建并非开辟新园，而是就圆明园原有的"四宜书屋"，"略经位置，即与陈氏园曲折如一无二也"。稍作改动，就与海宁之园仿佛无二。乾隆之意很明显，他向世人表白，仿建之举既不费事，也不费钱、不奢侈，当然这是自我掩饰。然而，由此也可见其对江南之情的不能自已。

　　记文最后还以大量笔墨，阐述了御园仍以"安澜"为名的缘由："彼以安澜赐额，则因近海塘，似与此无涉也。然帝王家天下，薄海之内，均予户庭也！况予缱念塘工，旬有报而月有图，所谓鱼鳞、土备、南坍北涨诸形势无不欲悉。安澜之愿，实无时不垄于怀也。由其亭台则思至盐官者，

1　于敏中：《钦定日下旧闻考》，卷八十二。

2　《御制文二集》，卷十。

3　《御制诗三集》，卷三十九。

苏州千尺雪，江南省行宫座落并各名胜图

以筹海塘而愿其澜之安也。不宁惟是，凡长江洪河与夫南北之济运、清黄之交汇，何一非予宵旰切切关心者，亦胥愿其澜之安也。是则予之以安澜名是园者，固非游情泉石之为，而实蒿目桑麻之计，所为在此不在彼也。"以海滨一园命名天子御园，原因有两大方面：其一，天下乃"一家之天下"，"四海之内，皆为王土"，"园"虽有北南之异，但同为王家之"户庭"；其二，此园名昭彰着圣虑惓惓为怀的"四海安澜"大计，是一种廑念民生的宣示，而并非仅仅为移植名园以娱怀享受。

《安澜园十咏》诗及小序中频频比较御园与海宁陈园，如《菲经馆》"序"曰："入园门朴室三间，背倚峰屏，右临池镜。颜曰'菲经'，不减陈氏藏书楼也！"《四宜书屋》"序"称："为圆明园四十景之一，因岁久修葺，略为更置，宛然盐官安澜园！"诗云："春夏秋冬无不宜，所宜乐总读书时。何须千里盐官忆，即景吾方勉近思。"《无边风月之阁》"序"曰："界域有边，风月则无边。轻拂朗照中，吾不知为在御园？在海宁矣？"《烟月清真楼》"序"曰："四宜书屋之后，延楼高敞，不施厨障，为纳烟月，契神处又似在陈氏竹堂、月阁间。"可见乾隆皇帝对仿制的安澜园十分满意，同时，这些即景生情的表达也饱含了乾隆皇帝对海宁安澜园的追忆与眷恋。

总的来说，安澜园对于陈氏隅园并非全盘模仿，而是仿其"结构致佳"，然后通过水系形态与建筑对位的方式再现原型的空间脉络，成为清代皇家园林写仿江南园林的代表作。新建后的安澜园其主题仍是"四季皆宜"，旧日景观意境通过这次重建得到了继承和升华。

此后，乾隆皇帝多次作诗吟咏"安澜园"景色。乾隆三十一年，作《再题安澜园十咏叠旧作韵》；乾隆三十三年，作《再题安澜园十咏》；乾隆三十四年，作《再题安澜园十景》；乾隆三十六年，作《再题安澜园十咏》；乾隆三十七年，作《再题安澜园十咏》；乾隆三十九年，作《再题安澜园十咏》；乾隆四十年，作《再题安澜园十咏》；乾隆四十七年，作《安澜园十咏》；乾隆五十年，作《安澜园十咏》；乾隆五十二年，作《安澜园十咏》；乾隆五十三年，作《题安澜园》；乾隆六十年，作《安澜园十咏》。由此可见，乾隆皇帝确实十分喜爱安澜园美景。

乾隆皇帝在《四十景图咏》描述：这里春宜花，夏宜风，秋宜月，冬宜雪。坐在仿陈氏隅园藏书楼的菲经馆内，在此读书四季皆宜。这里四时居住均舒适宜人，可尽赏风花雪月的妙趣，倍觉高雅而洒脱。不过，乾隆皇帝最喜欢的还是春天及初夏雨后来到这里，他觉得这个时候的四宜书屋是最美的。在读书之余来到假山上的远秀山房（这是一座西向的三间小屋），可远观西山秀丽的峰峦，耳听林中鸟儿鸣唱；还可以登上孤置于假山之上的四柱小亭——飞睇亭，看着园外的千顷稻田以及农夫们忙碌的身影。从圆明园四十景图上我们看到这里山环水抱，山上山下树木葱茏，青松如林，苍松如盖，红桃、玉兰、奇花异草点缀在庭院屋前，楼宇建筑错落有致。在临溪的"云涛亭"，可观赏珠玉飞溅的瀑布。在靠近水池边的染霞楼，夏天满池荷花迎风摇荡，秋天枫叶一片彩红。如果信步走到凸入河中的涵秋堂，清澈的河水缓缓从眼前流过，只见河岸柳树，帐幔似的柳丝，随风飘舞倒映水中，水鸟不时掠过水面，飞到树枝上啼鸣。如想到处游赏，可以来到近在咫尺的船坞。船坞上停泊着帝后御用大型画舫，可以乘船抵达圆明园内各处美景。

除了海宁安澜园外，其他江南美景如苏州寒山千尺雪、狮子林、无锡寄畅园、嘉兴烟雨楼等，乾隆皇帝都不能忘怀，令画师绘图携归，然后在京城、承德等地的离宫别苑中仿建。其中，寒山千尺雪，乾隆皇帝命在西苑中南海淑清院内仿建，后又在避暑山庄找到一相似之处，加以修缮，亦命名为"千尺雪"，但均不令人满意，最后，在蓟县盘山行宫寻找到一处相似景致，建庐三间，题额"三尺雪"，方才罢休。苏州狮子林，乾隆皇帝令在京城长春园、蓟县盘山行宫和承德避暑山庄各自仿建。长春园中的狮子园以假山取胜，先有狮子林、虹桥、假山等八景，后又添加清淑斋、小香幢、探真书屋等八景。无锡的寄畅园则在京城清漪园万寿山东麓仿建，命名为"惠山园"（嘉庆年间改称"谐趣园"）。乾隆皇帝自述说，乾隆十六年春南巡，喜爱寄畅园的幽致，携图而归，在万寿山东麓仿建，"一亭一径，足谐其趣，得景凡八"。嘉兴烟雨楼，则在承德避暑山庄青莲岛上仿建，楼成，乾隆皇帝赋诗云："湖楼肖嘉兴，烟雨其名善。南巡实每副，北驻亦屡眷。"[1]晚清著名文人王闿运曾赋诗称"谁道江南风景佳，移天缩地在君怀"，这确实不是虚语。

---

1 《御制诗五集》，卷九十八。

（三）安澜园的衰败

　　嘉庆年间，安澜园开始渐趋衰败。陈瑊卿在《安澜园记》末尾已感叹："自老人殁一再传于今，园稍稍衰矣。一丘一壑，风景未异，犹可即其地而想象曩时。"可见，嘉庆末年，安澜园已经明显呈现衰败之象。

　　据海宁当地人管庭芬在日记中记载，嘉庆二十一年（1816）他首次游览安澜园时，园尚完整。道光二十三年（1843），他记载："是日偶偕友人杜君过陈氏安澜园，余不至此已七年矣。旧时亭榭，半已化为茂草。至删修竹而为薪，断文阶以平路，墙垣缺处，无内外之防，蛛网空悬，尽荒凉之色，为之忾然，能无感旧乎！"[1]此时，安澜园已是野草遍地，一片荒凉景色了。第二天，管庭芬又作诗感叹："可叹繁华难久驻，居然弹指一微尘。"咸丰五年（1855），管庭芬最后一次见到安澜园，称"时安澜园已为其子孙所毁"，于是"为唘叹"。管庭芬还谈及安澜园衰败的过程："今子孙式微，先伐其木材，次毁其亭榭，终拆其峰峦岩洞桥梁，以为海塘砌石之用，故荒烟蔓草，一望凄凉。"道光年间，陈氏子孙逐渐衰落，先砍伐安澜园内木材，再毁弃亭台楼阁，然后拆除园内假山桥梁，最终导致野草蔓蔓，只剩凄凉景象。

　　咸丰、同治年间，太平军攻陷海宁州城，战乱中，海宁地区一再遭受劫掠。据管庭芬记载，咸丰十年八月初五日，"贼毁惠力寺及西山庙宇，竟夕火光烛天"。咸丰十一年三月二十五日，"寇复焚长安，荡然俱尽，数百载繁盛之区，至是皆归乌有"。最终导致"（海宁）城市及各镇繁华之区均付之一炬，只断垣几堆，破屋数间而已"。

　　此后，太平军在海宁踞守两年。同治二年（1863），清军收复海宁。战乱结束后，海宁进士陈锡麒回到故土，发现在一片荒烟蔓草中，街市通衢，均已成为瓦砾，满目凄凉，惨不忍睹！

　　同治三年年初，管庭芬来到海宁城，记录了城内残破情形："城甫收复，兵勇未撤，城中大半焚毁。"如知州衙门已毁尽，仅存头门，大堂上原立宋元石碑均已无存；书院，残毁；海神庙，拆毁；延恩寺、安国寺，均被毁。

1　以下所引管庭芬日记内容均见《管庭芬日记》，中华书局 2013 年版。

在这种情况下，安澜园仅剩的断壁残垣也是荡然无存。

至于圆明园安澜园，在乾隆后期仅有零星修缮和添建活动，其中乾隆四十五年曾对安澜园添盖点景楼三间，直至咸丰十年被英法联军焚毁。安澜园遗址，今山水轮廓基本仍在，飞睞亭及远秀山房两处假山石尚存大部，船坞还在使用中。

两处安澜园，同一种命运。

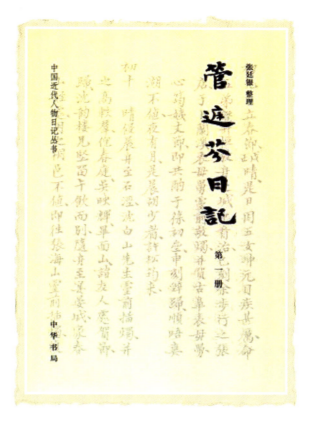

《管庭芬日记》书影

二、乾隆皇帝与海宁寺庙

乾隆皇帝在海宁的活动，除了勘察海塘、观看海潮外，主要集中各寺庙中，如安国寺、海神庙、镇海寺、潮神庙、观音庙等。

镇海寺即镇海塔院，明朝末年兴建，在海宁城春熙门外，下临海塘，旧名占鳌塔，高一百五十尺，周长九十六尺。潮神庙在小尖山山麓，康熙五十九年（1720），浙江巡抚朱轼题准兴建，康熙六十一年，清廷敕封所供神祇为运德海潮之神。

观音庙在尖山之顶。尖山在海宁城东南四十六里处，高近三百米，周围约十里。山峰周围约一里，最为险要，此前建有烽堠台。尖山突出海岸，正当潮汐之冲。钱塘江北岸防御海潮的石坝、柴塘、竹篓、坦水等要工，均在尖山以西。在尖山顶上兴建观音庙，是在雍正末年。据乾隆二年（1737）乾隆皇帝亲撰《尖山观音殿碑文》记载：

> 我皇考世宗宪皇帝廑念浙江海塘为濒海诸郡保障，先后遣大臣相度形势，鸠工庀材，动发帑金二百余万，缮旧葺新，俾居民有所依恃。尖山者海隅之一山也，以石为址，矗立沧涛，朝潮夕汐必经其麓，因即其上建大士庙，用以栖神灵来景贶。经始于雍正十二年冬十月，越乾隆元年八月告成，所司以勒石记事上请。朕惟海天地间为物最巨，非有神灵默相，人力将无所施工，而佛法不可思议，恒能赞助造化，庇佑苍黎，有感必通，捷于影响。释氏所称观音大士者，以慈悲为心，救度为缘，普济众生，随声应规，其功用大矣。我皇考为民祈福之心无乎不致，神之能为民御大灾捍大患者，敬而礼之，浙中名山若普陀若天竺皆大士道场，灵应凤著。尖山之名虽未显于古，而与灵鹫落伽远近相望，层岩

巉嵲近接潮音，实为神明之宅。宝坊既建，将见风樯琛舶出入于烟波浩渺之中，云旗翠旒往来拥护，而冯夷息警飓风不兴，并海之民安居乐业，熙熙然耕田凿井，以咏歌皇考之圣泽于无疆者，神之庥也。爰镌之贞珉以志。[1]

据此碑文，则尖山观音庙始建于雍正十二年（1734）十月，历经近两年，至乾隆元年八月建成。观音庙建有大殿三楹，东西配殿六楹，旁有游廊。乾隆皇帝四次至海宁，每次均至尖山观音庙拜谒。乾隆二十七年，乾隆皇帝第一次至海宁，登临尖山，至观音庙，御书赐观音殿额曰"补陀应现"，又赐对联："耳观海潮音非彼非此，心源甘露品大慈大悲。"

（一）安国寺

安国寺是海宁著名古刹，在海宁县城西北区域，距知州衙门仅二百五十步。初名镇国海昌院，始建于唐元和年间，会昌年间废。据传唐宣宗在即帝位之前，曾在镇国海昌院出家为僧。唐宣宗名李忱，是宪宗之子，封光王，擅于藏拙，在穆宗、文宗时期的宫廷斗争中得以幸免。武宗即位后，认为光王是伪装，几次欲置之于死地，光王均侥幸逃脱，后逃出宫外，避难于江湖，遁迹于寺庙。武宗驾崩后，宣宗登基，遂重修了镇国海昌院，改名"齐丰寺"。

宋大中祥符元年（1008），宋真宗赵恒亲赐匾额，始名安国寺。南宋理宗赵昀也曾御书"妙智之阁"匾额以赐之。元至正年间又重建。明朝时期屡有修葺。寺内有大雄宝殿、千手观音殿等主要建筑。千手观音殿之东有"罗汉堂"，据传是康熙六年海宁人张行极所建，造像极精。

明末清初大儒黄宗羲曾在安国寺讲学。从康熙十五年（1676）春三月至十九年共五年间，黄宗羲应当时海宁县令许三礼之邀，自家乡余姚渡钱塘江而来，设坛讲学，士人慕名而至，"不拘本境、邻邑"，最多时听者达二百余人。

乾隆二十七年（1762），皇帝第一次至海宁时，亲临安国寺进香，并

1　翟均廉：《海塘录》，卷首二。

御书匾额"法海安禅"，并题二十二字柱联一副："香水护须弥功德常澄一镜，妙华现优钵庄严合证三轮。"乾隆三十年重幸海宁，乾隆皇帝再次驾临安国寺拈香，并赐白银五十两，御笔"黄龙石佛"墨刻。乾隆三十八年颁赐御题梅石墨刻，乾隆四十年又颁赐钦定重刻《淳化阁帖》一部。

乾隆二十七年三月初二日，乾隆皇帝第一次至海宁，于初三日亲自来到安国寺拈香。当时，安国寺设立了万寿经坛，寺内藏经阁还恭建御座。乾隆皇帝拈香完毕后，

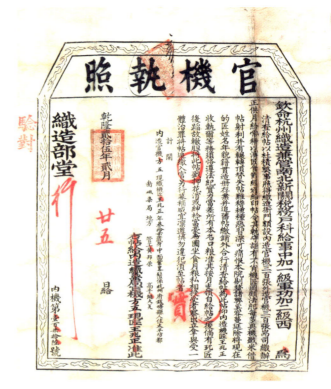

杭州织造发官机执照

去五百罗汉堂观赏一番。安国寺五百罗汉堂应该是给乾隆皇帝留下了极其深刻的印象，否则他也不会在香山碧云寺、避暑山庄仿而建之。甚至香山碧云寺、热河避暑山庄所供奉的五百罗汉法像也是乾隆皇帝指派时任长芦盐政西宁的儿子基厚在海宁监督制造的，这在清宫档案中均有记载。

乾隆二十九年三月二十一日，奉上谕："西宁之子基厚著前往海宁县，照依罗汉堂大像成造木胎漆彩罗汉五百尊，运送来京，所需银两著交杭州织造于应交内务府盈余银两内动支。钦此。"于是，基厚于四月二十七日到达海宁，二十九日就安排工匠开始成造。

乾隆二十九年六月，西宁前往海宁安国寺工所查看进度，然后奏报说，现在有工匠四百五十余人，已成做罗汉木胎二百尊。西宁认为，南方地气潮湿，而且今年浙江雨水稍多，木料必须干燥才好，于是只能昼夜烘烤，大概八月内所有罗汉木胎灰布可以完工。西宁还认为，塑像金装工费稍多，

但可以长久保存，而如果使用彩漆，则恐年久颜色剥落，而皇帝既然成造罗汉，必然是希望保存久远。西宁虽然没有明说，但言下之意，是建议用金装。当然，这还得由乾隆皇帝来决定，于是，他请皇帝钦定是用金装还是用彩漆。西宁还估算了两种不同方式的造价，如果采用全身贴金，则每尊罗汉总造价在二十七两，如果采用油漆彩画方式，则每尊罗汉总造价在十八两。最后，乾隆皇帝在第一种方式（即金装）旁边朱批："竟用此法好！"[1]

不久后，五百罗汉塑造完毕。乾隆二十九年八月十六日，基厚带着完工的罗汉塑像自杭州坐船启程进京，送至香山装金安放。乾隆三十年十月初八日佛像罗汉开光，造像工程最终完工，共用银约一万六千两。

乾隆三十一年四月初四日，西宁又奏报称佛像罗汉贴金之后必须罩金漆一次，方能保存长久。去年罗汉造像完工时，因天气寒冷而没来得及罩漆。现在购买了漆料运送进京，交儿子基厚在三伏天里带领匠役前往香山碧云寺罗汉堂小心将罗汉塑像罩漆一次，以利保存。奉朱批："览。"[2]

北京香山碧云寺仿照海宁安国寺五百罗汉堂建造罗汉造像，其效果想必令乾隆皇帝很满意，于是，几年后，乾隆皇帝又令在热河照样仿建。

乾隆三十七年六月初四日，乾隆皇帝面谕内大臣三和："狮子园东边量其地势照碧云寺罗汉堂样式建造罗汉堂庙一座，其应供之罗汉派基厚前往天津告诉西宁，仍照碧云寺罗汉堂款像尺寸成造一堂，其杭州原造碧云寺供奉之罗汉堂匠役人等彼处仍有，就著基厚前往杭州率领匠役监管，细心详慎成造，得时送往热河新建罗汉堂内供奉。所有钱粮即照上次成造罗汉系何项钱粮仍动用何项钱粮。钦此。"[3]

乾隆三十七年九月初四日，长芦盐政西宁向乾隆皇帝奏报称，热河狮子园建造罗汉堂一座所应供奉的罗汉，奉旨派自己的儿子基厚前往成造。

1　中国第一历史档案馆藏军机处录副奏折，原任杭州织造西宁奏为成造罗汉应用金装彩画之处请旨事，乾隆二十九年六月十六日，档号：03-0697-043。
2　中国第一历史档案馆藏宫中朱批奏折，杭州织造西宁奏为购备漆料运送进京罩漆碧云寺佛像罗汉事，乾隆三十一年四月初四日，档号：04-01-01-0268-037。
3　中国第一历史档案馆藏宫中朱批奏折，长芦盐政西宁奏为奉旨遣子基厚前赴杭州雇工照式成造热河狮子园应供罗汉事，乾隆三十七年七月十一日，档号：04-01-37-0030-025。

在上奏之前，基厚已经动身了。九月初三日接基厚禀报称，他已于八月十二日到达浙江省杭州府，将成造罗汉缘由告诉杭州织造寅保。之前曾经成造香山碧云寺罗汉，所用银两是在织造银两项下开支，此次制作罗汉的工料银两将仍旧在织造盈余银两项下陆续开支。此前制作罗汉，都是募集苏州、杭州的匠役，基厚路过苏州时，已雇募得熟手匠役八十五名，在杭州又雇募了四十余名，共已有熟练匠役一百二十余名。此外，基厚还挑选了些干燥香樟木植，备齐各色物料，于八月十四日率领匠役人等往海宁安国寺，选择吉利日子，兴工制作。预计此后还要陆续添募匠役，赶紧成造。乾隆皇帝阅后，朱批："览。"[1]

乾隆三十七年十一月二十九日，西宁再次向乾隆皇帝奏报称，自本年八月基厚至海宁安国寺兴工以来，至十一月底，在工匠役共有五百余名。其中五百尊罗汉木胎均已全部完成，灰布也完成了四百二十尊，只是三世佛、地藏、韦驮、济颠、疯僧背光须弥座山台、座兽等件雕凿工只完成了八成，预计本年十二月底可以完工，陆续装船。准备明年正月开行，由水路北上。乾隆皇帝朱批："览。"[2]

乾隆三十八年二月初三日，西宁又向乾隆皇帝奏报称，基厚督率匠役成造罗汉五百尊，三世佛、韦驮、地藏、疯僧、济颠七尊，木胎灰布及背光须弥座山台雕凿等工俱已完竣。于本年正月十三日自海宁启程，由水路运送通州，再由陆路运往热河。此外，之后制作应用的赤金油漆料物及匠役人等都随船带往热河，等抵达工所再进行装金彩画。西宁还奏称，罗汉运抵热河后，必得先寻找一处宽敞的庙宇安放，这样装金彩画时才比较方便。于是，请乾隆皇帝下旨令管理热河工程处大臣在新建的罗汉堂附近找一处庙宇，等罗汉运到时先行安放。

乾隆三十八年九月二十八日，已任江宁织造的基厚奏报称，奉旨成造了三世佛三尊，韦驮、地藏、疯僧、济颠四尊，罗汉站像二十一尊，坐像

1 中国第一历史档案馆藏宫中朱批奏折，长芦盐政西宁奏为基厚于浙省海宁雇工赶造热河狮子园应供罗汉事，乾隆三十七年九月初四日，档号：04-01-37-0030-028。
2 中国第一历史档案馆藏宫中朱批奏折，长芦盐政西宁奏为基厚于浙省海宁成造罗汉成数事，乾隆三十七年十一月二十九日，档号：04-01-37-0031-018。

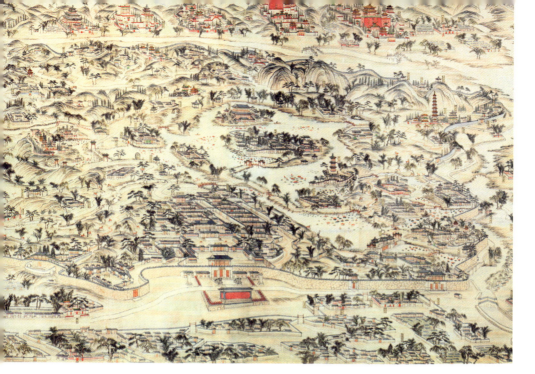

热河行宫图（局部）

四百七十九尊，共五百零七尊，从乾隆三十七年八月十六日开工，到乾隆
三十八年正月十三日完工。然后从海宁运送至热河新建罗汉堂内装金供奉。
所有一切工料水旱运输费用等款项共动用市平银一万六千六百四十两。至
此，热河仿海宁安国寺五百罗汉造像完成。

　　这一年驻跸热河时，乾隆皇帝前往罗汉堂，还专门作《题罗汉堂》诗
一首：

　　　　　　　　洁治山堂据漫坡，应真写像各婆娑。
　　　　　江南彼岂塞北此（是间应真像肖海宁安国寺为之），十六少
非五百多。
　　　　　　　　色见声求总邪道，水流云住契禅那。
　　　　　　　　知然是复何为者，狮子峰高借问他。[1]

　　诗中明确说罗汉堂五百罗汉像是仿照海宁安国寺而成造的。

　　此后，虽然道光以后诸帝不再在夏季驾临避暑山庄（除了咸丰帝为了
逃避英法联军入侵而"北狩"至此），热河也事实上失去了"夏都"的地位，

1　《御制诗四集》，卷十五。

避暑山庄

不过，在晚清时期，热河五百罗汉堂始终保存完好，直至民国时期。1930年，著名考古学家瑞典人斯文·赫定来到热河，对当时的罗汉堂有简短的描述：

　　它位于狮子沟小布达拉宫北偏西，是1774年修建的。在大殿里有迷宫般曲折的通道。通道两旁，皆为五百罗汉像。他们是坐姿，差不多和人身等高，有的披着信徒捐赠的薄的黄袈裟。这些佛像形态各异：有的手伸前方，有的手向天空，有的手放膝头，还有的手架前额。其中，还有的好像在向弟子讲经，有的在沉思默想，有的满面笑容，有的是一副嘲讽面孔。有的样子极为滑稽可笑，犹如欣赏一幅令人叫绝的漫画。

　　可见，这时五百罗汉仍保存得较好。但是，日伪时期罗汉堂被当作军火库，五百罗汉被移至普佑寺。1947年，国民党军拆毁了罗汉堂。1964年普佑寺失火，只有约二百尊的罗汉塑像被抢救出来。

　　总之，乾隆皇帝先在香山碧云寺仿照海宁安国寺五百罗汉堂建造罗汉造像，后又在承德仿建安国寺五百罗汉堂。由此也可以看出，他对于海宁安国寺五百罗汉堂的喜爱。

（二）海神庙

　　海宁海神庙，是雍正八年（1730）浙江总督李卫奉敕督造，是两浙海塘史上唯一由国家斥巨资修建的寺庙，供奉了众多海神、潮神。

对于海神庙，民间有不少传说附会。有一种说法称雍正帝建造海神庙是为了向众兄弟赎罪。因为雍正帝登基以后，残害了反对他的许多兄弟，包括八阿哥胤禩、九阿哥胤禟、十阿哥胤䄉等。他当皇帝时间越久，越感到内疚和自责，为了安抚这几位皇子的冤魂，便在远离京城的江南修建了这座海神庙，借钱塘江每天早晚两潮的谐音，让这几位死去的兄弟也能每天上朝两次，仍如同在京城中一样。甚至有影视小说在这一传说的基础上进一步演绎，又将雍正七年皇帝的大病与此相关联，说雍正帝在大病之时，常遭到这几位兄弟的索命，因而在浙江海宁建了海神庙，用以安顿他们。

另一传说则张冠李戴，将此误说是乾隆朝的事，认为是"狸猫换太子"逸闻的延续。说乾隆皇帝原为海宁陈阁老之子，被雍正帝调包，陈老夫人想进京看望儿子而不能，乾隆皇帝就在海宁仿照紫禁城建造了海神庙，以供陈老夫人享用。甚至有人说是乾隆皇帝知道自己的身世后建造此庙，为的是供奉有生之年不能相认的双亲。揆诸史实，这些传说当然都是无稽之谈。

其实，海宁海神庙的修建，与康熙、雍正年间的海潮形势有着巨大的关系。雍正七年，海宁海潮奇迹般转危为安，是敕建海神庙的直接动因。

从明朝起，浙省钱塘江海潮逐渐北趋，到清朝康熙时期，海潮已迫近塘根。康熙五十三年、五十四年、五十五年、五十七年连续发生多次海潮。康熙五十七年始，浙江巡抚朱轼修筑海宁石塘九百五十多丈，土塘

海神庙前汉白玉跨街石坊（海宁文保所）

雍正帝画像

五千一百多丈，坦水三千多丈，使潮灾有所缓解。

雍正年间，海潮较康熙时期更加凶猛，潮难频繁发生，雍正帝在位十三年，年年有海潮之灾，其中尤以二年、五年、七年为甚，所以年年修筑海塘，共使用经费五十余万两，修理海塘十八次，塘堤五万四千多丈。为海塘工程之事，雍正帝下达各种谕旨上百次。正如他自己反复说的："朕为浙省海塘，宵旰焦劳，无时或释，且不惜多费帑金，冀登斯民于衽席，年来所降谕旨，不下数十百次"，"浙江海塘工程，关系民生，最为紧要。朕宵旰焦劳，不惜多费帑金，为亿万生灵，谋久远久安之计。所以告诫在事臣工者，已至再至三矣"。[1]

海宁海神庙始建于雍正八年，这与雍正七年海宁发生的海潮变化有着直接关系。海潮一般发生在八、九月间，雍正七年是闰七月，海潮时间更长，且该年潮势比往年凶猛。从当年六月起，署理浙江总督性桂、署浙江巡抚蔡仕舢、浙江学政王兰生、在任守制总督李卫等官员就开始纷纷报告潮情，请求酌拨银两，预备料物，保护塘工。这些报告，使雍正帝心绪不安。

署浙江巡抚蔡仕舢在三陈海塘情形奏折中写道："看得海宁塘工剧险，秋汛潮势尤冲，……今值闰七月，即往年之八月，正潮水大长之候。潮头东来，为涨沙所激，由南回漾，复为一潮，两潮盘激，高至两丈有余，合攻塘身，泼出塘面，自初一至初五日为初汛日期，坦矬叠见……自十三日至十八日为望汛，据各工员禀称，此数日潮势必更高大，冲决实为堪虞。"[2]浙江学政王兰生也奏称："海塘素称险工，逢秋潮势更旺。今岁自六月内，海宁潮势已觉浩瀚，又以闰在七月，秋令甚长，每逢大汛之期，潮势泼激冲荡，塘工必有漏坦低矬。"雍正帝深感担忧，朱批："览。闻塘工大有可虞，朕为此日夜焦思，近日情形未知若何也。"[3]

雍正帝正为海宁海潮日夜焦愁，心绪烦闷，就在此时，接二连三传来了喜讯。闰七月二十三日，署浙江巡抚蔡仕舢奏报第一次潮汛即闰七月初一至初五初汛，坦矬处已经及时抢修："十五日早晨系东南风，及潮头将至，转西北风，将东来潮头吹压中江而流不近塘身，惟南来潮头于护桩外扑散，

1 《清世宗实录》，卷一百五十八。

2 《雍正朝汉文朱批奏折汇编》第十六册，江苏古籍出版社1991年版，第162页。

3 《雍正朝汉文朱批奏折汇编》第十六册，第590页。

旋即向外而去；十六、十七、一八等日，俱系如是。"[1]

八月初六日，性桂、蔡仕舢等奏报第二次潮汛情况："（八月）初二日亲往海宁查看，于潮头未来之先，臣恭设香案，率领在工员弁，竭诚拜祈，至未时初刻，见潮头自南席卷而至，高有丈许，离塘约有半里，忽分为两股，一股投西，一股投东而去。除泼激至塘帮，并不泼激塘面。复有一股小潮，由东而来，至小文前约离塘身四五丈远，与分往东去潮头两相一激，随即会合，仍投东南而去。臣在塘观看，深为欣幸，沿塘居民，莫不感颂圣主福庇。初三日系大汐之期，目睹潮汐安澜，无异平日。"[2]

至九月十三日、十四日，王兰生、性桂等奏报第三次潮汛："（九月）初一日夜大雨不息，至初二日未时，潮头已过之机，潮水渐长，又夹东南风之势，几与塘平，以致华岳庙、念里亭等处石塘上面之土漏洞甚多……仰赖皇上洪福，初二日申时风势忽转西北，潮水随即渐消，所有漏洞之虞俱已堵筑，可以无虞。"[3]他们还声称，现在秋汛已将安然度过，海塘安全无恙。秋汛过后，拟勘估修筑被海潮冲刷的塘堤，这样，就能确保来年安全无虞。

雍正七年的浙江钱塘江三次大潮，先是汹涌激荡，令人提心吊胆，然后每次都逢凶化吉，如有神助，海塘最终安全无恙，这让一贯信奉神道的雍正帝坚信，这是天人感应的结果。所以，在接到蔡仕舢第一次潮汛安全度过的奏报后，雍正就批示："海塘一事，实非人力所能，然实不敢明露此意，……朕不得已今有此谕者，为念汝等知天道感应之理耳……可谆谆开示百姓，万不可生怨心，如在工人役，皆莫令以污秽不敬亵渎，起工歇工皆令叩海叩神……果能上下如此心悦诚服而行之，但试看朕可保必有望外之嘉应也。"[4]八月初四日，雍正帝又在江苏布政使高斌的谢恩折中批示，令其迅速寄密信与蔡仕舢，让他尽心预为防备外，谦恭祈祷，自有效果。

于是，为了感谢神灵庇佑，雍正七年八月二十四日，雍正帝决定在海宁敕建海神庙，谕旨称：

1　《雍正朝汉文朱批奏折汇编》第十六册，第 162 页。

2　《雍正朝汉文朱批奏折汇编》第十六册，第 279 页。

3　《雍正朝汉文朱批奏折汇编》第十六册，第 582 页。

4　《雍正朝汉文朱批奏折汇编》第十六册，第 163 页。

朕惟古圣人之制祭祀也，凡山川岳渎之神有功于生民，能为之御灾捍患者，皆载在祀典，盖所以荐歆昭格，崇德报功，而并以动人敬畏祗肃之心也。雍正二年，浙江海塘潮水冲决，朕特发帑金命大臣察勘修筑，并念居民平日不知畏敬神明，多有亵慢，切谕以虔诚修省之道，令地方官家喻户晓，警觉众庶，比年以来，塘工完成，灾沴不作，居民安业，盖已默叨神佑矣。今年潮汐盛长，几至泛滥，官民震恐，幸而水势渐退，堤防无恙，此皆神明默垂佑护，惠我蒸民者也。兹特发内帑银十万两，于海宁地方，敕建海神之庙，以崇报享。著该督遴委贤员，度地鸠工敬谨修建，务期制度恢宏，规模壮丽，崇奉祀事，用答神明庇民御患之休烈，且令远近人民，奔走瞻仰，兴起感动，相与服教畏神，迁善改过，涌荷麻祥。与国家事神治人之道，均有赖焉。[1]

谕旨认为两浙海塘出现险情而转危为安均系上天感应。雍正帝表达了几层意思：第一，海神祭祀载在古制，必须遵循；第二，雍正二年以来历经多次海潮肆虐，但因海神保护，海塘堤防无恙，民众能够安居乐业，尤其是雍正七年的大海潮，更是依靠神灵护佑，因此要特意修建神庙专门祭祀；第三，建神庙的目的既是为了答谢海神，更是为了让民众心怀敬畏之心，以进一步教导民众改过迁善。

谕旨是在八月二十四日颁布的，但决策在此之前已经做出。八月十一日，在李卫奏报海宁海潮情形折上，雍正帝朱批："海塘之事，朕之忧念，乃卿所悉知。可尽人力，干系甚大。近日有谕大学士之旨，朕欲动内帑十万金，修理一座大海神庙，以祈神佑万民。尚未复奏，议定自然交卿办理。"[2]显然，八月十一日之前，雍正已经谕令大学士等议奏在浙江修建"大海神庙"事宜。皇帝既然打算修建神庙，而且还是拨用自己的内帑，大学士等当然不会反对。

修建海神庙，首要的工作是选择具体建造地点。虽然谕旨已经确定是在海宁县内修建，但海宁一县，地域不小，是在城内修建，还是在城外修建？

1　翟均廉：《海塘录》，卷首一。

2　《雍正朝汉文朱批奏折汇编》第十六册，第343页。

如果在城外修建，地界如此广阔，又应选在哪里？一开始，雍正帝认为海神庙可以在海宁县城内修建，但又难以遥定是否可行，于是就让官员转传口谕令李卫挑选庙址，分析奏明。

李卫经过勘察之后，奏称："查海宁县城之东约六十里地有尖山崎立海面，潮头俱由此入口，似属扼要之区，可以建立神庙，已于康熙五十九年经前任督抚诸臣题请创庙兴造，完工于六十一年十月内……此地山石崎岖，别无宏厂之基再可恢拓。"即海宁县城东约六十里的尖山是潮头入口，地属扼要，可以建设海神庙。只是康熙五十九年时曾在此建造神庙，此地山石崎岖，别无宽敞之地可以建造海神庙。又称："至于塘工处所，臣先已叠次往来，今又亲加复勘，南门之外东西一带，前临大海，后即备塘河道，地势浅促，并无数十余亩宽广之所。"即海宁南门海塘工程附近也地势狭窄，虽然可以购买民众土地，人们也愿意发卖，但考虑到还需要填平池塘，迁移坟墓，恐怕导致亵渎神祇。而且，近海之地都是浮土聚沙，并不坚固，潮汐昼夜冲刷，恐怕将海塘底部根脚掏空，那地基就不稳，难以在其上建造。因此，"再以筹划，择于城内营造"，建议在城内兴建。[1]

李卫的建议得到雍正帝的批准。于是，李卫在海宁城春熙门内购买民地四十亩，又从野外运来不少土方填埋，抬高地面，开始绘图建庙。海神庙图样，按李卫奏报，系根据所选地形绘制的。"于三月初一吉期祀土，将庙基地面根脚清出，丈量四址，按照地方宽长之处，宅中定位，所有前后殿宇、寝宫、祠坛、楼阁、庑庑、房屋等项，就势酌拟大概规模，绘就图式。"[2]李卫建议由罪臣原山东莱州知府王坦、原直隶布政使张适负责施工，由蔡仕舢不时来往监督。这得到了允准，但雍正帝要求王坦和张适均不能干预地方事务。

到了雍正九年底，海神庙建成。海神庙占地不足四十亩，虽然规模不算太大，但气势恢宏，布局严谨，建筑规式不似一般寺庙：神庙前面没有一般寺庙建有的莲池，而是建有一条护城河，跨河而过是七级石桥，过桥是两座遥遥相对的汉白玉石坊、汉白玉石狮，石坊为仿木结构的四柱五楼式建筑，正脊镂空，飞檐饿角；主要建筑分布在三条轴线上，主轴线上依次为仪门、大门、正殿、御碑亭、寝殿，左右轴线上则有天后宫、风神殿、

1 《雍正朝汉文朱批奏折汇编》第十七册，第 895、896 页。

2 《雍正朝汉文朱批奏折汇编》第十八册，第 348 页。

水仙阁、戏台等；正殿为五间歇山顶建筑，陛出七级，台阶、廊栏均用汉白玉雕琢而成；拱状殿顶，布满彩绘的九十九个团龙团凤；殿内供奉之神皇冠珠帘，身着绘龙黄袍，双手紧握上朝令牌，俨然一副帝王打扮；神像旁悬挂着皇帝亲题的五块匾额；殿后有御碑亭。凡此种种，无不透示着皇家气派。

相比一般地方神庙，海神庙建造得相当豪华，多有超越规格之处，但这其实是雍正帝的要求，雍正帝的敕建谕旨明确说海神庙要"制度恢宏，规模壮丽"。李卫体察雍正帝之意，上奏称："闽、广、苏州等处，庙观辉煌，且内有楼阁台池，山石花木极其华藻。今奉特旨启建大工，钱粮又多，自必更加壮丽，以肃观瞻。"[1]李卫认为，福建、广东、苏州等地的一般民间庙宇建造得都比较辉煌，庙宇内部楼阁台池均有，而山石花木等亦相当华丽，作为皇帝特旨敕建花费巨资的庙宇，海神庙一定要比普通寺庙更壮观、更华丽，以显示皇家气派。

海神庙建造好后，祭祀哪些神祇，就成为一个亟待解决的问题。对此，李卫奏称："至于奉祀神祇最关巨典，查海宁县之尖山，康熙五十九年建立海神庙宇，至六十一年秋奉敕封运德海潮之神，雍正三年又蒙皇上钦定江潮诸神，加封吴伍员为英卫公，唐钱镠为诚应武肃王，宋张夏为静安公，明汤绍恩为宁江伯。"这些神祇均在正殿并祀。此外，还有越国上大夫文种、唐升平将军胡遥、宋护国弘佑公朱彝、乌守忠等神，"相传皆有护佑之功，历来已久，亦皆附祀于庙"。"今蒙皇上敕建海神庙宇，轸恤民生，保护塘工，似应于正殿专供运德海潮之神，再恳恩纶，加赐封号，以展诚敬。其英卫公等四神，于正殿之左右列坐并祀，其越之文种等五神仍于两庑配享，以安妥侑。再南省所称海洋灵神，惟天妃为最，历朝俱有褒荣，康熙十九年曾加封号，闽浙土人称为妈祖，在洋遇险祈求随声而应，故海船出入之口岸，莫不建庙奉祀……拟于正殿之东，另建天妃阁，西筑风云雷雨坛，之后再用水仙楼以配之。"[2]

奏折中提到的诸位神灵，"吴伍员"即伍子胥，"唐钱镠"即五代吴越国开国国王钱镠；"宋张夏"，景祐年间任两浙转运使，改建海塘；"明汤绍恩"，嘉靖年间任绍兴知府，修建水利工程如三江闸等，兴利除弊。而

1　《雍正朝汉文朱批奏折汇编》第十八册，第350页。

2　《雍正朝汉文朱批奏折汇编》第十八册，第349、350页。

海神庙御碑（海宁文保所）

文种等也是相传有功于治水防海的人物。

海宁海神庙所祀之神，包括了历史上吴越大地所有治水治塘的神灵，以及南方沿海各省普遍崇祀的妈祖，是一个多神位神庙。根据李卫的设计，海神庙正殿正中为运德海潮之神，海潮之神左右列坐并祀的，是春秋吴国人伍员、唐五代人钱镠、宋代张夏、明代汤绍恩，两庑陪祀的神灵共五位，包括春秋越国人文种等。另外，对于东南沿海备受尊崇的海神天妃妈祖，在正殿之东另建天妃阁，单独受祀。正殿专供之运德海潮之神，经李卫奏请，雍正帝特加封号："宁民显佑浙海之神。"

雍正十年，雍正帝还特意御削海神庙碑文，文如下：

国家虔修祀典，以承上下神祇。岳渎海镇之神，秩祀惟谨，视前代为加隆焉。朕临御以来，夙夜以敬天勤民为念，明神之受职于天而功德被于生民者，昭格荐歆，敬礼尤至。其为民御大灾捍大患合于祭法所载，则尊崇庙貌以昭德报功，盖所以遂斯民瞻仰之愿，而动其敬畏祗肃之心，使毋敢慢易为非，以得永荷明神之嘉贶，意至远也。皇舆东南际大海，而浙江海宁居濒海之冲，尨山、赭山列峙其南，飓风怒涛，潮汐震荡，县治去海不数百步，资石塘以为捍蔽。雍正二年潮涌堤溃，有司以闻。朕立遣大臣察视修筑，且念小民居恒罔知敬畏，慢神亵天，召灾有自，爰切谕以修省感应之道，命所司家喻户晓，警觉众庶。比年以来，徵明神麻佑，塘工完固，长澜不惊，民乐其生，闾井蕃息。越七年，秋汛盛长，几至泛溢，吏民震恐。已而风息波恬，堤防无恙，远近欢呼，相庆谓惟大海之神昭灵默佑，惠我蒸黎，以克济此。朕惟沧海含纳百川际天无极功用盛大，神实司之。海宁为海埦剧邑，障卫吴越诸大郡，海潮内溢则昏垫斥卤，咸有可虞。神之御患捍灾，莫此为大。特发内帑金十万两，敕督臣李卫度地鸠工，建立海神之庙，以崇报享。经始于雍正八年春三月，洎雍正九年冬十有一月告成。门庑整秩，殿宇深严，丹艧辉煌，宏壮巨丽，时展明禋，典礼斯称，爰允督臣之请，勒文穹碑，垂示久远。俾斯民忻悚瞻诵，共喻朕钦崇天道，祗迓神麻，怀保兆民之至意，相与向道迁善，服教畏神，则神明之日监在兹，顾答歆飨。其炳灵协顺，保护群生，奠安疆宇，与造物相为终始，有永勿替，朕实嘉赖焉。[1]

在碑文中，雍正帝声称，自己即位以来敬天爱民，对于保佑生民的神灵，万分礼敬，经常高规格祭祀。这既是为了满足百姓瞻仰神灵的心愿，也是为了让他们敬畏神灵，不敢做出亵渎的行为，然后才能永远得到神灵的保佑。浙江海宁地居濒海要津，县城往南不远即是大海，完全依靠捍海石塘的保护。雍正二年大潮灾后，自己委派大臣勘估灾情，修筑海塘，要求百姓敬畏神祇。在神灵的保佑下，近年来海塘坚固完好。雍正七年，秋潮迅猛泛滥，有大灾景象，官民惊恐万分，但很快就风平浪静，堤防完好，这是海神的庇佑。皇帝希望百姓明白自己尊崇天道、祈求神明保佑、爱护民庶的至诚之心，共同向善，心存敬畏。这样，神灵也会保佑民生安乐，国家安定。

敕建的海神庙后来成为海宁县的重要景观及礼仪场所。乾隆皇帝四次至海宁，均到海神庙拈香。每次拈香都作诗，诗中都会涉及皇父雍正皇帝。如乾隆二十七年第一次至海宁，至海神庙拈香，作《谒海神庙瞻礼有作》一诗，其中有"盐官驻马先虔谒，庙貌枚枚皇考修"两句，提到海神庙是皇父敕建。乾隆三十年第二次至海宁，又去海神庙拈香，写了《谒海神庙瞻礼叠旧作韵》一诗，诗中有"庙貌钦崇缅皇考，中瘅未复只怀愁"之句，

1　《世宗宪皇帝御制文集》，卷十五。

表达了对皇父的缅怀钦仰之情。乾隆四十五年第三次去海宁，仍然去海神庙拈香，作《谒海神庙瞻礼再叠旧作韵》诗，诗中有"御碑拱读增钦慕，一例勤民不解愁"一句，提到了皇父所作《御制海神庙碑》，表达钦慕之情。乾隆四十九年第四次至海宁，最后一次去海神庙拈香，作《谒海神庙瞻礼三叠旧作韵》诗，其中有"神庙载瞻申九叩，御碑钦仰示千秋"之句，又提到雍正帝《御制海神庙碑》，再次表达了对皇父的仰慕。

三、乾隆皇帝吃在海宁

　　清代宫廷中饮食制度严格，规矩很多。当时人们一般一天只吃两顿正餐，乾隆皇帝也不例外。皇帝吃饭称"用膳"，每天两次正餐分别叫"早膳"和"晚膳"。据清代笔记《养吉斋丛录》记载："卯正二刻，早膳。午正二刻，晚膳。申、酉以后，或需饮食，则内宫别有承应之处，其物随意命进，无定供矣。"[1] "早膳"一般在卯正以后即早晨六七点钟，"晚膳"时间在午、未两个时辰约中午十二时至下午二时。

　　《养吉斋丛录》又记载："膳房恭备御膳，其物品及某物为何人烹调，逐日开单，具稿呈内务府大臣画行。故或烹饪失宜，司其事者无可逶咎。诚敬慎之至也。"[2] 看来，皇帝的饮食，最重要的是保证安全，因而每道菜都能追溯到做菜的厨子，而且有总管内务府大臣严格审核。

　　皇帝平日饮食有固定分例，称"宫分"（太后、皇后、妃嫔同样有各自等级不同的宫分）。据载乾隆皇帝每日宫分如下：

　　盘肉二十二斤，汤肉五斤，猪油一斤，羊二只，鸡五只（其中当年鸡三只），鸭三只。

　　白菜、菠菜、香菜、芹菜、韭菜等共十九斤，大萝卜、水萝卜、胡萝卜共六十个，包瓜、东瓜各一个，茎蓝、干闭蕹菜各五个（六斤），葱六斤。

　　玉泉酒四两，酱和清酱各三斤，醋二斤。

　　早、晚随膳饽饽八盘，每盘三十个。每做一盘饽饽需上等白面四斤，香油一斤，芝麻一合五勺，澄沙三合，白糖、核桃仁和黑枣各十二两。

　　每日均准备玉泉酒四两并不是说乾隆皇帝酗酒，因为玉泉酒是一种度数很低的糯米甜酒，而不是白酒，其实可视为甜饮料。据说玉泉酒的配方

1　吴振棫：《养吉斋丛录》，卷二十四。

2　吴振棫：《养吉斋丛录》，卷二十四。

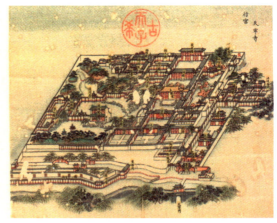

天宁寺行宫

是糯米一石，加淮曲七斤、豆曲八斤、花椒八钱、酵母八两、箬竹叶四两、芝麻四两，最终可酿制玉泉酒九十斤，并不包含酿造白酒的原料如大米、高粱、小麦等。

此外，御茶膳房每日恭备皇帝饮用茶和牛奶，需用乳牛五十头，每天每头交乳二斤，共一百斤，又每天用玉泉山水十二罐、乳油一斤、茶叶七十五包（每包二两）共一百五十两。

朝鲜使节曾称乾隆皇帝"平生不饮酒，不嗜异味，朝夕进食，不过数匙"。可见，乾隆皇帝饮食注意养生，并非穷奢极侈。但是，毕竟身为皇帝，还是很有讲究的。

南巡路途皇帝的饮食、用水都需要特别备办。如羊肉、奶制品，就特地由京师随带茶房用乳牛七十五头，膳房用羊一千头，预先送往江苏宿迁、镇江等地饲养，以供取用，不敷应用时再继续补送。用水供应是每天由京师运送玉泉山水或由地方支应冰块、名泉泉水。在直隶境内用京西泉水，抵达山东以南省份后则使用各省名泉泉水，如到德州入山东境用济南珍珠泉泉水，过红花埠入江苏境内用镇江金山泉水，到浙江则用杭州虎跑泉泉水。

南巡途中，乾隆皇帝的用膳基本保持规律，与宫内并无太大差异。如乾隆三十年（1765）二月十六日，第四次南巡时，乾隆皇帝的"早膳"就是卯正一刻（六时十五分）在扬州境内的御舟上进的，"晚膳"则是未正（下午二时）在扬州的天宁寺行宫进的。第二天的早膳稍晚了些，是在辰初（七时），地点在九峰园，晚膳则仍是未正，仍在天宁寺行宫。除此之外，皇帝还可能要吃些"早点"和"晚点"。早点一般在卯初（五时），晚点（又称"晚晌"）多在酉时（下午六点）。

各餐的具体内容，也比较有规律。早点常用"冰糖炖燕窝"。早膳一般有十多个品种，有热锅、热炒、攒盘（拼盘）、饽饽糕、馒头、卷子、馄饨、面条、粥、咸菜、烫膳等。晚膳比早膳更丰富些，大约也上十个品种。有用煮、炖、烧、烤、爆、炒等方法制作的热菜以及主食、点心等。有时驻跸所在省份的总督、巡抚、盐政、织造等官员也会进献食品，皇太后、皇后也会送上几道菜品，相加在一起，品种就非常丰富了。晚晌食品要少一些，大致有五种。

南巡时献食的官员一般都是皇帝亲信、近信，以内务府包衣奴才为多，如两淮盐政、苏州织造、杭州织造等。如乾隆三十年二月十八日未正（下午两点），天宁寺行宫用膳，两江总督尹继善进豆腐白菜一品、酒炖羊肉一品，两淮盐政高恒进炖燕窝一品、莲子鸡一品。乾隆三十年二月二十六日，苏州府行宫进早膳，苏州织造普福进八宝鸭子一品、春笋胎糟鸡一品，祥玉进酿鸭子一品、羊乌叉烧羊肝攒盘一品。未正，仍然在苏州府行宫进晚膳，总督尹继善进燕窝鸭子热锅一品、茄干一品，林贵进红黏糕火烧一品，苏州织造普福进火熏加线肉一品、酒炖鸭子一品、什锦豆腐一品、火腿鸡一品。乾隆四十五年二月十五日未初三刻（下午一点四十五分），第五次南巡时，在扬州天宁寺行宫西边花园升座进晚膳，两淮盐政伊龄阿进菜四品等。

至于赏菜，则一般赏予王公重臣及侍卫、亲信及身边人员等。如乾隆三十年二月十七日早膳，赏简亲王米面一盘、阿里哈达傅恒糜子面糕一盘、阿里哈达尹继善米面一盘、阿里衮米面一盘、郭什哈额驸莲花卷一盘书卷一盘、福隆安与努三小饽饽各一盘、图尔都伯豁卓芝麻饼一盘、郭什哈辖（即御前侍卫，"辖"或又作"虾"，满语侍卫之意）点心一盘、乾清门辖（即乾清门侍卫）丸子一碗、高恒螺蛳包子一盘、马上人内管领炉食一盘、本园人书卷一盘。交郭什哈昂邦（即御前大臣）肉四盘、内管领炉食三盘、羊肉二方，赏用。

以下根据御膳档，摘录乾隆三十年第四次南巡、第二次至海宁期间用膳赏菜情况：

又二月初五日早膳

赏郭什哈昂邦额驸辖米面一盘、羊肉丝一碗、羊肉一盘。

晚膳

赏郭什哈额驸，米面一盘；郭什哈辖，炉食一盘；乾清门辖，内管领炉食一盘；高晋，豌豆包子一盘；庄有恭，米面一盘；相逢船，煳猪肉一盘；管纤官员，羊肉一盘；乌图里船，内管领炉食一盘、羊肉一盘；水手，点心一盘、内管领炉食一盘；河兵，羊肉一方、内管领炉食一盘。

又二月初六日早膳

赏郭什哈昂邦，米面一盘；郭什哈额驸，小饽饽一盘；熊学鹏，羊肉丝一碗；郭什哈辖，蜂糕一盘；苏昌，豆腐热锅一个；庄有恭，燕窝鸭子一碗。

晚膳

赏阿里哈达傅恒，小饽饽一盘；于敏中，炖鸭子一碗；郭什哈额驸，米面一盘、奶皮饼一盘；福隆安、努三，米面一盘；图尔都伯豁卓，大炉饭一盘；郭什哈辖，点心一盘；乾清门辖，点心一盘；布院大人，点心一盘；高晋，米面一盘；庄有恭，炖炉肉一碗；苏昌，小饽饽一盘；熊学鹏，笋丝一碗；梅伦章京，炉食一盘；学政，点心一盘；高恒、普福，米面一盘；总兵，内管领炉食一盘、敖尔布哈一盘；布政、按察，奶皮一盘；道员，内管领炉食一盘；噶查拉气，内管领炉食一盘；喀蓝达，内管领炉食二盘；銮仪卫，内管领炉食一盘；马上人，内管领炉食一盘；通克思莫尔根，煳猪肉一盘；布特海萨拉阿赤哈，羊肉一盘、煳猪肉一盘；校尉，羊肉四盘；布库，羊肉一盘；祥玉，丸子一碗；福玉，炒肉一碗；喜贵、闻玉，白菜一碗；商连用、安玉，燕窝鸭丝一碗。

又二月初七日早膳

赏郭什哈昂邦，米面一盘；郭什哈额驸，蜂糕一盘；郭什哈辖，奶皮一盘。[1]

赏菜名单除了王公大臣外，还有水手、河兵、校尉等，由此可见，乾隆皇帝思考非常周到细致。

据档案记载，乾隆三十年第四次南巡驻跸杭州，闰二月十一日一天中的用膳情况如下：

卯初请驾，伺候冰糖炖燕窝一品。辰初二刻，虎跑泉进早膳，用折叠膳桌摆燕窝火熏鸭丝一品、鸡冠肉炖鸡软筋一品（宋元做）、羊肉丝一品、煳猪肉家鸡卷攒盘一品、孙泥额芬白糕一品、蜂糕一品、竹节卷小馒首一品、银葵花盒小菜一品、银碟小菜四品。上传摊鸡蛋一品。随送清蒸鸭子烫膳（未进）、粳米膳一品、金银豆腐片汤。额食二桌：奶子二品、饽饽十品，十二品一桌，内管领炉食四品、盘肉四品，八品一桌。上进毕。赏皇后软筋一品、令贵妃攒盘肉一品、庆妃燕窝鸭丝一品、容嫔羊肉丝一品。闰二月十一日未正，西湖行宫进晚膳，用折叠膳桌摆燕窝脍糟鸭子一品、鹿筋酒炖羊肉一品（张成做）、肥鸡豆腐片汤一品、蒸肥鸡烧狍肉攒盘一品，后送春笋爆炒鸡一品、枣尔糕老米面糕一品、象眼棋饼小馒首一品、火熏豆腐馅包子一品。高恒进酥油野鸡瓜一品、糟鹿筋糟猪腰一品、银葵花盒小菜一品、银碟小菜四品。随送肉丁炒粳米老米膳一品、燕窝芙蓉汤（未进）、鸭子豆腐汤一品。额食四桌：奶子五品、二号黄碗菜四品、饽饽十品，十九品一桌，饽饽四品、内管领炉食六品，十品一桌，盘肉八品一桌，羊肉二方一桌。上进毕。赏皇后燕窝糟鸭子一品、令贵妃包子一品、庆妃攒盘肉一品、容嫔酒炖羊肉一品。晚晌伺候：爆肚子一品、燕窝拌鸡一品、青韭炒鲜虾一品（宋元做）、拌老虎菜一品。上进毕。赏皇后爆肚子一品、令贵妃燕窝拌鸡一品、庆妃青韭炒鲜虾一品、容嫔拌老虎菜一品。[2]

---

1 《清宫御膳》第四册，华宝斋书社 2001 年版，第 722—725 页。

2 《清宫御膳》第一册，第 209—213 页。

档案中保存了后三次南巡时至海宁的御膳记录。如乾隆三十年第四次南巡、第二次至海宁的膳底档非常详细：

闰二月初五日

　　卯初一刻请驾，伺候冰糖炖燕窝一品。卯正二刻，游水路船上进早膳，用折叠膳桌摆，皇太后赐杂脍热锅一品、炖羊肉一品、烧饼一品、野鸡炖白菜一品、肥鸡鸡冠肉炖软面觔一品（宋元做）、羊肉丝一品、清蒸鸭子煳猪肉攒盘一品、孙泥额芬糕一品、竹节卷小馒首一品、银葵花盒小菜一品、银碟小菜四品。随送杂脍汤粳米老米膳一品、金银豆腐汤。

　　额食二桌，饽饽六品、内管领炉食四品，盘肉四品，十四品一桌，羊肉二方一桌。

　　上进毕，赏皇后，杂脍热锅一品；令贵妃，鸡冠肉一品；庆妃，炖白菜一品；容嫔，炖羊肉一品。……

　　闰二月初五未正上至陈园行宫二宫门升座，茶膳房大人五福、福隆安送上进奶茶，赏奶茶毕传膳。

　　进晚膳用折叠膳桌摆，烂鸭拆肉一品、锅烧鸭丝春笋丝一品（张成做）、肥鸡豆腐片汤一品、莲子猪肚一品、山药炖肉一品、攒丝煳猪肘子一品、苏脍一品、后送春笋爆炒鸡一品、火熏丝摊鸡蛋一品、蒸肥鸡烧狍肉攒盘一品、枣尔糕老米面糕一品、象眼棋饼小馒首一品、猪肉火熏豆腐馅包子一品、银葵花盒小菜一品、银碟

乾隆帝在陈园的午膳记录

小菜四品。随送粳米膳一品、燕窝鸡片汤。

额食六桌，饽饽六品、奶子六品，十二品一桌，内管领炉食八品一桌，盘肉二桌，每桌八品，羊肉四方二桌。

上进毕，膳桌上剩菜四品、攒盘肉一品、饽饽一品，未赏，收回。……

晚晌伺候

酸辣羊肚一品，炒杂拌一品、豆豉鸡一品、鸡丝拌菽茉菜一品（宋元做）。

上进毕，俱赏罗住等。……

闰二月初六日

卯初请驾，伺候冰糖炖燕窝一品。辰初三刻念里亭进早膳，用折叠膳桌摆，炒鸡炖豆腐热锅一品、燕窝火熏鸭子一品（系宋元做）、羊肉丝一品、清蒸鸭子烤猪肉攒盘一品，匙子饽饽红糕一品、蜂糕一品、竹节卷小馒首一品、银葵花盒小菜一品、银碟小菜四品、花椒酱一品。随送生丝下面一品、粳米膳一品、金银豆腐片汤。

上进毕，赏用。

闰二月初六日未正，镇海寺塔进晚膳，用折叠膳桌摆，肥鸡火熏白菜一品、苏州丸子一品（系张成做）、羊渣古一品，后送春笋炒肉片一品、苏造鸡肘子肉攒盘一品、发面火烧一品、白面丝糕糜子米面糕一品、椒盐肘花卷一品、象眼棋饼小馒首一品，高恒进燕窝鸭丝一品、糟松鸡一品、银葵花盒小菜一品、银碟小菜四品。随送粳米膳一品、野鸡汤一品、燕窝攒丝汤一品。

额食三桌，奶子一品、饽饽十二品、二号黄碗菜三品（系初五日收的），十六品一桌，内管领炉食六品一桌，盘肉八品一桌。

上进毕，赏用。

晚晌伺候

蒸鸡蛋糕一品、爆炒猪肚一品、豆豉笋一品、茄干一品（宋元做）。

上进毕，赏罗住等。……

闰二月初七日

卯初请驾，伺候冰糖炖燕窝一品。卯正安国寺进早膳，用折叠膳桌摆、炒鸡杂脍热锅一品、燕窝燕笋火熏鸭子一品（宋元做）、羊肉丝一品、清蒸鸭子煳猪肉攒盘一品、孙泥额芬白糕一品、蜂糕一品、竹节卷小馒首一品、上传小葱摊鸡蛋一品、银葵花盒小菜一品、银碟小菜四品。随送野鸡沫烫膳一品、金银豆腐片汤一品。

上进毕，赏用。

闰二月初七日未正，杭州府行宫进晚膳。[1]

乾隆四十五年第五次南巡、第三次至海宁的膳底档则稍微简略一些：

三月初二日

早膳，游水路船上进早膳，晚膳海宁寺行宫，用折叠膳桌摆，照常膳品，照常家伙。

额食二桌，饽饽六品，内管领炉食四盘，盘肉四盘，共二桌。……

三月初三日

寅正请驾，卯初二刻外请，卯正海神庙行宫进早膳，用折叠膳桌摆、炒鸡丝炖菠菜热锅一品（系双林做）、春笋锅烧鸭子一品（系张东官做）、燕窝肥鸡一品（系常二做）、羊肉丝一品。上传炒木樨肉一品，清蒸鸭子煳猪肉攒盘一品、竹节卷小馒首一品、孙尼额芬白糕一品、螺蛳包子豆尔馒首一品、银葵花盒小菜一品、银碟小菜四品。随送清蒸鸭子烫膳进一品。

上进毕，赏用。……

三月初三日未初，镇海塔进晚膳，用折叠膳桌摆，燕窝莲子鸭子一品（系双林做）、鹿筋酒炖肘子一品（系郑二做）、春笋拆鸡一品（系张东官做）、羊肉片一品，后送大炒豆腐一品（系常二做）、蒸肥鸡挂炉羊肉攒盘一品、象眼小馒首一品、枣尔糕老米面糕一品、火熏豆府馅提折包子一品（系张东官做）、螺蛳包

---

1 《清宫御膳》第一册，第184—192页。

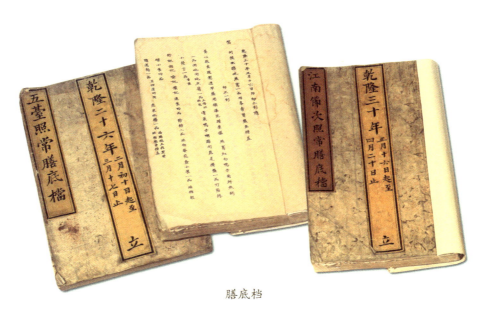

膳底档

子豆尔馒首一品、银葵花盒小菜一品、银碟子小菜一品。随送粳米干膳进一品、燕窝鸡丝汤进一品。

上进毕，赏用。

此一次是早晚膳未赏额食。……

额食六桌，饽饽六品，奶子六品，共十二品一桌，内管领炉食八盘一桌，盘肉二桌，每桌八盒，羊肉四方二桌。

三月初四日早膳，安国寺行宫，晚膳杭州府行宫，用折叠膳桌摆，照常膳品，照常家伙。[1]

乾隆四十九年第六次南巡、第四次至海宁的膳底档也同样比较简略：

三月十四日

游水路船上进早膳，晚膳海宁安澜园行宫，俱用折叠桌摆，照常膳品、家伙。……

三月十五日

寅初二刻请驾，卯正二刻，海神庙备用房进早膳，用折叠膳

---

1 《清宫御膳》第三册，第 493—498 页。

桌摆，炒鸡白鸭子炖白菜热锅一品，燕窝锅烧鸡丝一品（此二品郑二做），火熏扁豆鸭子一品（双林做）、羊肉片一品、清蒸鸭子羊乌义攒盘一品、鹿尾烧鹿肉攒盘一品（系永庆进）、竹节卷小馒首一品、匙子饽饽红糕一品、螺蛳包子豆尔馒首一品、银葵花盒小菜一品、银碟小菜四品、风肉一碟、糟鹅蛋一品。随送大肉面进一品、果子粥进一品。

额食二桌，饽饽六品、奶子一品、内管领炉食四盘，共一桌，盘肉四盘、羊肉二方，共一桌。

上进毕，赏用。……

三月十五日早膳后，上看潮毕，未初二刻，上至安澜园宫门升座毕，送上进奶茶，赏奶茶毕，传膳。用折叠膳桌摆，燕窝红白鸭子炖白菜热锅一品、山药酒炖鸭子一品（此二品郑二做）、燕窝锅烧白鸭子一品（双林做）、羊肚片一品，后送爆炒鸡一品、蒸肥鸭一品、象眼小馒首一品、白面丝糕糜子米面糕一品、火熏豆腐馅包子一品、银葵花盒小菜一品、银碟小菜四品、风肉一碟、花椒酱一品（系征瑞进）。随送红粳米干膳进一品、野鸡酸汤进些。

上进毕，将膳桌上剩下膳品留着，明日赏额食用。

额食四桌，饽饽六品，奶子六品，共一桌，内管领炉食八盘，盘肉八盒，一桌，羊肉二方一桌。

上进毕，将膳桌上剩下膳品留着明日赏额食用。……

三月十六日

早膳安国寺备用房，晚膳，杭州府行宫，俱用折叠膳桌摆，照常家伙、膳品。[1]

由以上膳底档案可知，乾隆皇帝在海宁期间的饮食，相当丰盛。值得注意的是，乾隆皇帝在海宁期间早、晚膳，并不都在安澜园，在安国寺、海神庙、镇海寺等地的也不少。

南巡期间，乾隆皇帝很喜欢品尝淮扬、苏杭佳肴，包括以下几种情形：第一，经御膳房安排，由宫中的御厨或临时到御膳房帮忙的"苏州厨役"

张成、张东官、宋元等人
来做；第二，由接驾的地
方大员如两江总督尹继善、
两淮盐政高恒、苏州织造
普福等进献；第三，乾隆
皇帝钦点，一般主要是时
鲜菜肴，当然也有他特别
喜好的菜点；第四，晚晌
安排的菜肴。晚晌不如正
餐正规，没那么多清规拘
束，反而可以上一些地方

海宁名菜潮城宴球，据传为乾隆帝赐名

小吃。据饮食学者研究，乾隆皇帝第四、五、六次三次南巡膳档中有关淮扬、
苏杭的菜点包括以下品种。[1]

御膳底档正餐中包含的淮扬、苏杭菜点很多，如春笋炒肉、攒碗苏脍、
春笋爆炒鸡、炒鸡春笋炖豆腐、青蒜炒肉丝、蒲菜爆炒鸡、燕笋爆炒鸡、
肥鸡徽州豆腐、燕笋糟肉、燕笋炖棋盘肉、蒲菜炒肉丝、苏造鸡肘子肉攒盘、
燕笋葱椒羊肉、豆腐干炒肉丝、苏州丸子、苏造鸡烂肉面、春笋酒炖鸭子、
苏脍、腌菜花春笋炖鸡、苏羹烫膳、糟肉炖白菜、春笋葱椒丸子、火熏春
笋红白鸡、攒丝下馄饨、青笋炖戒刀肉、燕笋酥鸡、春卷攒丝面疙瘩烫膳、
金银豆腐汤、荸荠炖肉、野鸡瓜、野鸡清汤挂面、千层糕、攒丝下小鸡馅
馄饨、青韭炒肉丝、肥鸡鸡冠肉炖软面筋、生肉丝下面、椒盐肘花卷、燕
笋火熏鸭子、春笋五香羊肉、粳米稗子米膳、大菜烫膳、甑尔糕、春笋蘑
菇粉子肉、鸭子葱椒酿豆腐、野鸡沫挂面、绉纱鸡肉馅馄饨、松子大丸子、
梅干菜大炒肉、松肉、春笋野鸡片汤、小虾米油渣炒韭菜、腌菜炒春笋丁、
鸭子馅提折包子、油糕、春笋盐炒鸡、春笋酱汁肉、风肉、烂鸭子下面、
果子粥、糟鹅蛋、大肉面、红粳米干膳、野鸡酸汤，等等。

地方大员进献的淮扬、苏杭菜点也不少，如第四次南巡时，两江总督
尹继善从乾隆三十年二月初八日至三月三十日，共进食三十多次。包括糟
肉糟火熏、糟鹅蛋、肉丁青螺、春笋酥鸡、肉丝酿鸭子、燕笋火熏白菜、

1 邱庞同：《乾隆下江南御膳简析》，《扬州大学烹饪学报》2004 年第 4 期。

腌菜花炒面筋、咸肉、茄干、辣菜、野鸡沫、燕窝白菜丝汤、酥油野鸡瓜、苏油炒面筋、糟鸭子、春笋糟火熏、春笋野鸡片、鸡汤山菜、燕窝鸡皮、糟春笋、野鸡蛋、脍豆腐、松子鸡、梨丝拌蕻茉菜、炒蒜苗、糖醋萝卜干、燕窝野鸡丝。两淮盐政高恒献食次数也不少，大概有二十多次。属淮扬、苏杭品种有：春笋炖鸡、鸡丝攒汤、酥鸡、燕窝撞豆腐、水晶肘子、糟鸭子、澄沙包子、莲子樱桃肉、鸭腰苏脍、江米酿鸭子、燕窝苏脍、酒炖火腿、燕窝鸭丝、糟松鸡、糟春笋晾莹子、酥油野鸡瓜、糟鹿筋、糟猪腰、鸭子豆腐汤、拌杂拌、糟鸭腰、水豆腐、春笋、老腌菜、糟春笋、南红萝卜、菜花头炖羊肉、豆豉煨豆腐、肥鸡皮拌燕窝、春笋野鸡片汤苏脍、口蘑鸭子。苏州织造普福进献食物的次数相对要少一些，但菜点苏州特色更加明显，主要品种有：糯米鸭子、万年青炖肉、燕窝鸡丝、春笋糟鸡、鸭子火熏馅煎粘团、菠菜鸡丝豆腐汤、八宝鸭子、春笋脍糟鸡、火熏鸭子馅包子、火熏加线肉、酒炖鸭子、什锦豆腐、火腿鸡、白面千层糕、燕窝鸡片汤、八仙松丸子、酒炖酿鸭子、甑尔糕、酿鸭子、燕窝火熏鸭子、栗子炖鸡、莲子鸭子、熏鸡晾茎子、糟鸭子、松子鸡等。

乾隆皇帝钦点的菜点，涉及江南风味的主要有：春笋爆炒鸡、春笋炒肉片、燕笋爆炒鸡、燕笋炒肉、燕笋蒲菜炒肉、火熏丝摊鸡蛋、拌豆腐、炒豆腐、燕窝脍五香鸡、燕窝脍五香鸭（此及上一品均系乾隆皇帝指名"苏州厨役做"）、燕窝火熏脍鸭子、咸肉、青韭炒肉（从乾隆三十年三月十二日至四月初二日中曾传上此菜十二次）、生肉丝下面、苏州肉肘子攒盘、蒲菜脍五香鸡、蒲菜炒面筋、蒲菜炒肉、炒苏蛋、素面、素菜等。

乾隆南巡时晚晌的品种很多，涉及的淮扬、苏杭风味不少，包括腌菜炒春笋、江米糟肚、糟肉、腌菜炒窝笋、爆肚子、茄干、腌菜炒燕笋、燕笋拌鸡、虾米火熏白菜、脍银丝、鸡丁炒黄豆芽、糟鸭子、糟萝卜、豆豉鸡、炒杂瓣、春笋丝炒鸡丝、燕窝脍糟鸡、糟肘子、脍鲜虾、千张糕、豆腐干、糖醋鸡、野鸡瓜、炒鲜虾、鲜虾醋煙鸭腰、鲜虾青蒜炖炸油豆腐、醋熘鲜虾、豆豉笋、拌老虎菜、青韭炒鲜虾、小虾米炒韭菜、春笋豆豉鸡、脊髓煙鸭腰、水烹菉豆菜、炒银丝、虾米酱、糟火腿、春笋炒腌菜、鸭子火熏馅煎粘团、五香猪肚、风肉、葱椒羊肉炖水萝卜、锅烧鸭丝水笋丝、糖醋萝卜、小炒水萝卜、蚕豆炒鸡，等等。

总之，乾隆皇帝在南巡时品尝到的江南佳肴是非常多的。菜肴的用料，除燕窝外，并不算太名贵，但地方特产多一些，如蒲菜、春笋、燕笋、菜花头、荸荠、水萝卜、菠菜、山野菜、火腿、野鸡、鸭、活虾、水豆腐、豆腐干、油面筋、糟鹅蛋、梅干菜、腌菜、糖醋蒜头等。菜肴所用的烹饪方法也并不太多，有炒、爆、熘、炸、烧、煮、炖、焖等。口味以清鲜、咸鲜或咸中带甜、酸甜为多，亦有少数麻辣、酸辣的菜品，还有酒香、糟香类菜式。质感以软嫩或酥脆、爽脆为主。面点方面以精致品种较多，如油糕、千层糕、澄沙包子、猪肉馅包子、素包子、绉纱猪肉馅馄饨、绉纱鸡肉馅馄饨、猪肉菠菜馅烫面饺、猪肉菠菜馅烧卖、鸭肉馅火熏粘团、澄沙馅粘团、生肉丝下面、苏造鸡烂肉面、素面、椒盐肘花卷、果子糕等。这些江南风味，与宫廷中传统的满族风味及较早以前引入宫中的山东风味相比，自然有一种新鲜之感，因此就深受乾隆皇帝的喜爱，有部分菜点也就随之被引入清宫。

　　除了在南巡期间大量品尝江南菜式外，在宫中，也有江南厨役效力，专门为皇帝制作江南菜。如乾隆前期，苏州厨役张安官、赵玉贵、吴进朝等在宫中膳房效力，常为皇帝制作江南菜，如"燕窝黄焖鸭子炖面筋""燕窝红白鸭子炖豆腐""冬笋大炒鸡炖面筋""燕窝秋梨鸭子热锅""葱椒羊肉"等。乾隆中后期，又有苏州名厨张东官得到皇帝的宠遇。张东官原是苏州织造普福的家厨，技艺高超，在乾隆三十年皇帝第四次南巡时就曾献艺。乾隆三十六年二月，皇帝巡幸山东，中途在南仓大营码头晚膳，长芦盐政西宁以张东官所做菜四品进献，其中有"冬笋炒鸡"，得到乾隆皇帝认可。乾隆皇帝特意赏赐了张东官一两重银锞两个。乾隆四十三年，皇帝东巡盛京，令张东官随营做御厨。张东官先后做的"燕窝肥鸡丝""猪肉馅煎粘团""豆豉炒豆腐""糖醋樱桃肉"，都得到乾隆皇帝的喜爱。乾隆四十五年、四十九年第五、六次南巡时，宝刀不老的张东官仍在御膳房服务，既做菜肴，又做点心。

　　不难看出，乾隆皇帝对江南菜是非常喜爱的，不仅在南巡江浙时，经常品尝由本地名厨用本地食材制作的江南名菜，甚至在京城宫中还有专门的苏州厨役，时常制作江南菜，供皇帝享用。

下篇

乾隆皇帝为何到海宁

一、正史里的乾隆皇帝到海宁

（一）效法祖父下江南

康熙年间，康熙皇帝曾六下江南，其中重要目的之一，就是亲自去国家赋税重镇的江浙一带展示国家权力的存在，维护国家的大一统。乾隆皇帝即位，六次南巡，与此一脉相承。

乾隆皇帝上谕中声称的南巡原因，是奉母后游览名胜，省方问俗，考察官方、戎政、河务、海防，了解间阎疾苦，这些都是事实。

乾隆皇帝称："若夫察吏安民，行庆施惠，群臣所颂以为亟美者，皆人君本分之应为，所谓有孚惠心勿问元吉，予尝以此自勖也。"[1] 即"察吏安民，行庆施惠"也是南巡的重要功用。所谓"察吏"，就是考察地方官吏。乾隆皇帝历次巡幸时都坚持召见地方道府以上官吏，称为"入疆考绩"。乾隆十五年，第一次南巡前夕，乾隆皇帝下谕称："朕临幸各省，道府大员，必一一亲询政绩民瘼，其不胜任者，亦在所甄别。或者该抚恐朕责以不能察吏，是以先行奏请，亦未可知，即此足见入疆考绩，裨益良多。"[2]

康熙帝

---

1 《清高宗实录》，卷一千二百零一。
2 《清高宗实录》，卷三百七十四。

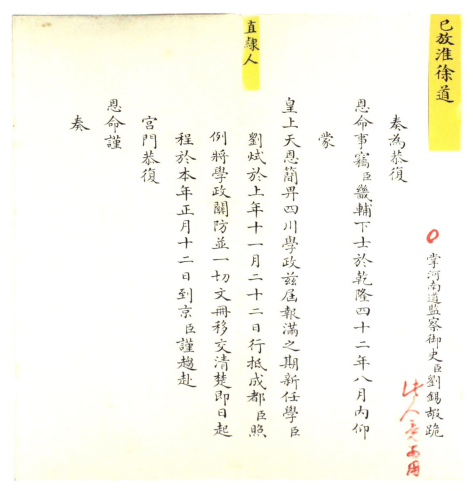

乾隆帝朱批记载

乾隆皇帝南巡途中，召见考察地方道府以上文武官员，亲自用朱笔写下"官员记载片"，记录他对这些官员的印象，以备日后升迁、调用的参考，如"妥当，有良心，而非大器""尚可，小心谨慎有余，略欠才干""老实人，微有商家习气""人明白，也出过力，但局面小，福薄些"，等等。

乾隆三十年（1765）第四次南巡时，乾隆皇帝依旧召见地方文职道府以上、武职总兵以上官员，加以考察评价，有必要的话予以升迁降黜。其中山东登州总兵官马之骐，乾隆皇帝召见后在其请安折上朱批"且将就而已，不甚满意"；浙江黄岩镇总兵黄士俊，乾隆皇帝召见评价"尚妥当，然只可此任而已，□老尚可"；浙江温州镇总兵段秀林，乾隆皇帝评价"妥当，亦可"；福建漳州镇总兵官任澍，乾隆皇帝很赏识，评价"有出息，好的"。[1]
正是通过南巡，乾隆皇帝得以增加对沿途省份中上级官员的召见考察，从
而加以升迁黜置。

更重要的是，江浙两省是财赋重地，所谓"东南之财赋甲天下"。乾
隆十八年全国征赋银二千九百六十一万余两、粮八百四十万余石，而
江苏一省征赋银三百三十七万余两、粮二百一十五万余石，浙江赋银
二百八十一万余两、粮一百一十三万余石，即说江苏、浙江二省赋银、赋
粮数，分别占全国百分之二十、百分之三十九。江苏的苏州、松江、常州，
浙江的嘉兴、湖州、杭州等，一府之地往往比内陆一省的田赋还多。再以
田赋之外的第二大收入盐课而言，乾隆二十九年全国盐课共银三百八十万
余两，而江浙为二百五十八万余两，占盐课总数百分之六十八。在每
年运京供皇帝后妃文武官员兵丁食用的四百万石漕粮中，江浙占了
二百五十七万石，为漕粮总数的百分之六十四。这些数字均足以表明江苏、
浙江二省在全国经济领域的特殊重要性。

江浙除了是国家财政经济命脉所在，还是文化荟萃之邦，是全国文化
最发达的地区，全国的文化中心与源头。才子学者之多，数倍数十倍于他省。
仅以关系政界、文化界最为重要的科举而言，江浙二省状元最多。顺治朝
举行了八次殿试，取了八名状元，其中江浙的有六人。康熙二十一科，除
山东一名状元外，其余二十个状元皆系江浙人。雍正朝的五个状元中，江
浙人居其四。以上顺治、康熙、雍正三朝皇帝钦定的三十四名状元中，江
浙出了三十位，占状元总数百分之八十八。榜眼、探花的情况也与此类似。
这也直接影响到大学士、九卿、总督、巡抚、布政使、按察使、学政等职
的人选，江浙之人任职之多，在政界影响之大，是其他各省难以相比的。

江浙读书士子众多，思想比较活跃，往往著书立说，传播天下。明末
清初时，江浙就是激烈反抗清朝统治的地区，反清行动、反清思想延续不断，
这不仅包括短期的武装斗争，更涵盖长期延续的种种作书著史的文化活动。
这些著作，自居道统，怀念前朝，抨击清朝。康雍时期的文字狱，往往与
江浙文人有关，如吕留良就是浙江人。

1 中国第一历史档案馆藏请安折档案，档号：04-01-041-000078-0002、0003、
0004、0005。

这些事实表明，江浙在经济上、政治上、文化上具有特别突出的地位，朝廷必须牢固控制住江浙，充分利用江浙的人力、财力和物力，来巩固其统治，来发展"盛世"。乾隆皇帝南巡根本的原因和愿望，是为了创立和巩固"全盛之势"。这就是乾隆皇帝要效法皇祖康熙皇帝六下江南的根本原因。

　　在这一点上，乾隆时期随燕行使来中国游历的朝鲜文士朴趾源，看得很透彻，他与清朝人士交谈时说："尔国东南开明，必先天下而有事情，喜轻浮而好议论。康熙帝六巡淮浙，所以阴沮豪杰之心，而今皇帝（即乾隆皇帝）踵而五巡矣。"

　　通过六下江南，乾隆皇帝得以了解了官风民情，兴修河工，蠲免赋税，革弊兴利，宣扬圣恩，争取江南缙绅士民，对安定江浙、发展生产、创造"全盛之势"，起了积极的作用。

　　总之，乾隆南巡在巩固统一、笼络汉人、治河修海塘、加强武备等各方面作用突出，有利于维护国家稳定，繁荣文化和经济。通过南巡，乾隆皇帝省方问俗，通过治河、修海塘等浩大的工程来塑造盛世之君的光辉形象，以图赢得万民景仰，青史永存。

　　有一种较新的观点也值得注意，那就是认为清代皇帝出巡具有强烈的满洲人传统，与明朝皇帝晏处深宫、不理朝政相比，清代皇帝把出巡解释为"勤政""爱民"的表现。南巡是清代皇帝向江南的汉人社会展示武备、家法和纪律的方式，对清帝国具有重要政治意义。

　　不论如何，乾隆六下江南的原因众多，河工是其中的重要目标之一。乾隆皇帝说："朕巡省所至，首在勤民。而河湖要工所关尤巨，一切应浚应筑，奏牍批答，自不如亲临相度。"[1]他对黄河、运河河务及浙江海塘尤其重视，深知河务、海塘决策不能身居京城纸上谈兵，必须身临其境，才有可能做出务实可行的决定。乾隆皇帝六次南巡，除最后一次南巡时年事已高外，前五次都前往阅视河工，而后四次则亲临海宁阅视海塘。

　　第六次南巡后，乾隆皇帝作《南巡记》加以总结并辩护。乾隆皇帝称："南巡之事，莫大于河工，而辛未、丁丑两度不过敕河臣慎守修防，无多指示，亦所谓迟也。至于壬午始有定清口水志之谕，丙申乃有改迁陶庄河流之为，

1　《清高宗实录》，卷五百三十三。

南巡诗赋

庚子遂有改筑浙江石塘之工，今甲辰更有接筑浙江石塘之谕。至于高堰之增卑易砖，徐州之接筑石堤并山，无不筹度咨诹得宜而后行。是皆迟之又迟，不敢欲速之为。夫臣之事君，其有知不可而强诤者鲜矣。河工关系民命，未深知而谬定之，庸碌者惟遵旨而谬行之，其害可胜言哉。故予之迟之又迟者以此，而深惧予之子孙自以为是，而后之司河者之随声附和，而且牟利其间也。与其有聚敛之臣，宁有盗臣。在他事则可，在河工则不可，河工而牟利，宣泄必不合宜，修防必不坚固，一有疏虞，民命系焉，此而不慎可乎。"[1] 即南巡之重，在于河工，着重强调了南巡亲临其境，对于做出正确河工决策的作用。

河工之中，又以黄河、运河交汇之处工程及两浙海塘最为重要，而两浙海塘的重点则在钱塘江北岸海宁一带。

海宁居钱塘江河口北岸，境内岸线长近六十公里，占北岸海塘总长的三分之一还多，其所属大尖山附近江面，则是涌现海宁潮的起点。钱塘江到杭州湾外宽内窄，外深内浅，是一个典型的喇叭口状海湾，出海口东面宽一百公里，到海宁盐官一带时，江面只有三公里。起潮时，宽深的湾口，一下子涌进大量海水，由于江面迅速收缩变窄变浅，涌来的潮水来不及均匀上升，便后浪推前浪，迅猛冲向堤岸，如果海塘堤防不牢，便会形成潮灾，特别到了雨季，狂风骤雨叠加海潮，更易造成巨大灾难。

---

1 《清高宗实录》，卷一千二百零一。

海宁潮（交叉潮） 沈达 摄

海宁潮　沈达　摄

据清初顺治《海宁县志略》记载：

> 海塘外有沙场二十余里，沙场内有陆地、草荡、桑柘园一百六十七顷有奇，俗名枣林河者是也。一坏于宋嘉定中，潮汐冲平野二十余里，史谓"海失故道"。再坏于元延祐己未、庚申间，海汛失度，陷地三十余里，史谓四年海水大溢，复侵盐官地十九里；迨乎天历，水势方息，此"海宁"之所由名也。三坏于永乐九年，海决没赭山巡司，漂庐舍，坏城垣，长安等坝沦于海者千五百余丈，赭山岩门故道皆淤塞，民流移者六千七百余户，田沦没者一千九百余顷；十三年，其患始息。四坏于成化十三年，冲圮堤塘，通荡城邑，转眄曳趾顷，一决数仞，祠庙、庐舍、器物沦陷略尽，郭不及者半里。[1]

可见，宋以前海宁城以南距钱塘江四十里，江边一带均为浅滩，可煮

1　（顺治）《海宁县志略》之《海塘志略》。

水为盐，海潮并未产生太大祸害。进入元朝，海患频生。明代，北岸受潮灾更甚，自永乐至万历年间发生五次大潮患，史称"海凡五变"，江流海潮曾几度逼临海宁县城。

江浙沿海地势低平，得依靠海塘防御海潮的侵袭，以避免农田受咸潮的危害和保障城镇的安全。因此，海宁海潮带来的危险和影响远远不止于海宁一处，它危及的是杭、嘉、湖、苏、松、常各府县。乾隆皇帝清楚而充分地认识到了江浙海塘的重要性。他认为"海塘为越中第一保障"[1]，并把修筑海塘提到与治理黄河并重的地步，"南北河工与浙江海塘，关系国计民生最为紧要"[2]。

（二）乾隆皇帝的海塘治理"执念"

乾隆皇帝治理海塘的理想目标一开始并不是修建鱼鳞大石塘，而是"潮归中小门"，这成为他一生的海塘治理"执念"。这在乾隆皇帝前往海宁阅视海塘的诗句吟咏中每每表现出来，如乾隆三十年第二次至海宁，作诗称"庙貌钦崇缅皇考，中亹未复只怀愁"，"何当复中亹，额手斯诚庆"，"思复中亹亦过望，便由故道敢私庆"；乾隆四十五年第三次至海宁，又作诗云"何日中亹复故道，尔时合郡祝同庆"；乾隆四十九年第四次至海宁，再作诗云"敢云塘固民安枕，未翕中亹未解愁"。

钱塘江河口因其独特的"喇叭口"形状和水下绵延数十里的沙坎地形，使其成为世界著名强潮河口。海潮入江处，其门户有三，分别为南边位于龛山、赭山之间的"南大门"，中间位于禅机山与河庄山之间的"中小门"，北边位于河庄山与海宁城之间的"北大门"。如果海潮趋北大门，则海宁一带海塘承受巨大冲击与压力；如果海潮偏向南大门，则绍兴一带海塘同样面临危险；只有海潮大溜走中小门时是最佳状况，南北两岸都没有潮涌溃堤的灾难。

宋代以前，钱塘江安流南大门，涌潮时直抵杭州城，不过，杭州以下至海宁一带仍时常遭到潮灾。自宋代起，江流开始南北大幅摆动，北岸潮

1　《清高宗实录》，卷六百五十六。

2　《清高宗实录》，卷二十五。

灾记录亦增多。明代时，虽然海患多次发生，但直到明崇祯以前，江流仍行经南大门。明清易代之际，钱塘江主槽移至中小门。到了康熙二十五年（1686），江流、海潮已从北大门出入。但形势并不稳定，之后江道又在中小门与北大门之间来回变动。至康熙五十四年，潮汐直逼北岸塘根，至少江潮大溜已走北大门。康熙五十七年，中小门已严重淤积，以致有首次开浚之举。

钱塘江主槽在清顺治、康熙两朝间完成了从中小门到北大门的变迁，江流海潮行走路线的不同，也使受潮冲击的地点和防潮形势发生变化。康熙五十二年以前，当江流涌潮行走中小门或在北大门与中小门之间摆动时，海宁一带偶有潮患记载。然而自康熙五十二年始，北岸潮患连年频发。江流海潮改道北大门加剧了北岸潮患，使海宁塘工毁坏严重，险象环生。

在积极修筑北岸海塘的同时，开挖中小门的建议也被提出。康熙五十九年四月十三日，闽浙总督满保上奏称，中小门两山之间原江流故道已被沙土填平，如果上紧挑挖，仍可以从故道泄洪。七月，满保与朱轼题报开浚中小门淤沙情况。两人奏称，当下南大门早就已经淤积成为平陆，江潮从北大门出入，使北岸海宁老盐仓段海塘坍没入海。而赭山以北、河庄山以南之中小门本是江流海潮故道，只是因为近年来逐渐淤塞，才导致江水海潮尽归北岸。现将中小门淤沙挑浚一千零九十丈，大汛时潮水可由此出入，使江流海潮尽归故道。满保等的行动得到工部支持，更要求将已挑者再加深宽，未挑者迅速开浚。随后，浙江地方即按工部要求继续组织挑挖中小门，但施工效果不理想，开挖以后容易淤塞。

雍正帝即位之初，钱塘江北岸潮势又发生变化，海宁塘工再次受险。雍正二年（1724）七月十八、十九二日，钱塘江河口发生了殃及南北两岸的大潮灾。北岸海宁、海盐等县，南岸慈溪、余姚、镇海等地均遭遇暴风骤雨，海潮泛溢，冲决海塘堤岸，居民田庐多被漂没。雍正十年七月，江南地区发生特大潮灾，主要受灾地点在江苏苏州、松江、常州等府，浙江也受影响。雍正帝派大臣海望、直隶总督李卫赴浙江勘察，与地方大臣会商对策。雍正十一年三月，海望奏请修筑海宁尖山和塔山之间挑水坝，改建石塘，得到了允准。但雍正帝更关注的是在中小门开挖引河，令浙江总督程元章等人酌量办理。雍正十二年正月二十八日，程元章等人联名上奏，阐述开挖中小门的种种困难。这遭到了雍正帝的怒斥。雍正帝决定换将，由杭州副都统隆升负责，隆升赶紧积极办理。疏浚工程于四月初四日祀土开工，先疏浚中小门中段，二十日南港河兴工，两处同时开挖。至四月二十七日，江流海潮直入中小门，遂使"江海畅流，水归故道"。中小门疏浚迅速取得"成功"。七月初一日，隆升又奏报南港河与中小门被水冲刷深广。但实际上，引河淤积问题却很严重，需要随时疏浚。雍正十三年六月发生风潮，杭州、海宁、海盐等地草石土各塘大面积坍矬损坏。这说明了中小门引河工程的失败。

乾隆皇帝即位后，面临浙江塘工遗留局面和未定形势，派遣大学士稽曾筠赴浙勘察和处理。稽曾筠声称，疏浚工程后迄无成效，引河三千余丈已经淤浅，江流不通，奏请停止中小门引河工程。这得到乾隆皇帝的同意。

自乾隆元年起，钱塘江河口水势日渐南趋，北岸海宁海塘外连年涨沙，塘工因壅沙保护而日益巩固。不过，中小门引河工程仍是彻底解决海潮对两岸侵袭压力的一个重要选项。乾隆七年十一月，两江总督那苏图再次提出疏通中小门的设想。他认为，雍正朝开浚引河未能成功，只是因为河头开挖位置不对，未能直迎江潮大溜，如果施工得当，开通中小门引河"实为江海永奠安澜之一大机会"。

乾隆九年，北岸塘工因涨沙而稳固无虞。吏部尚书讷亲查勘后，乘势奏请开浚中小门，疏通后使江流海潮从此出入，能减轻北岸海塘的压力，可以塘工安堵，就不用再花费巨额银两年年修筑海塘了。这得到工部的支持，乾隆皇帝也批准了。

于是，浙江巡抚常安奉命开凿中小门引河。至乾隆十二年二月，蜀山之南的引河故道已经挑挖竣工，计长一千二百四十七丈余，面宽三至六丈、底宽二三四丈不等，水深六七尺。相继施工之后，海潮大溜已有渐归中小门之势。

乾隆十二年中小门开通后，江海形势巨变，南北两岸涨沙连绵。至次年四月，北大门涨沙淤积成为平陆，老盐仓一带海塘外老嫩沙涨约二十里，直接蜀山北面。中小门河宽也从最初的二十余丈，冲开至四百五十余丈。此后，引河被冲刷得更加宽深。

直到乾隆二十四年，十二年间江水海潮都安行中门，两岸防潮压力大为减轻。为此,乾隆二十二年下旨在杭州观潮楼修建海神庙,感谢神灵佑护。

　　但是,乾隆二十四年四月,江海形势突然改变,中小门下口处雷山与蜀山之间出现积沙,近半江潮水重新经行北大门,迅速冲刷北岸淤沙。至五月,水势已全归北大门。

　　由于江流涌潮行走中门的便利如在眼前,乾隆皇帝对中门复开仍然深抱寄望。但他并不下旨强行要求开浚,而是鼓励浙江地方大员相机疏浚。乾隆三十七年初,江海形势又变,中门淤积堵塞严重。二月二十四日,乾隆皇帝下谕旨,令停止开挖中门引河。谕旨指明:"潮汛迁移,乃其嘘吸自然之势,非可以人力相争,施工于无用之地也。迩年渐欲循赴中虉,固为可喜,今复改趋向北,亦其溜逼使然。惟当于北岸塘工勤加相度修缮,俾无冲啮之虞,濒海田庐藉其保障,方为切实要务。"至于开挖引河,"虽亦寻常补葺之策,而当溜趋沙激,岂能力挽回澜?正恐挑港凿沙,徒劳无益。况浙潮灵奇,非他处可比,必有神默司其契,岂宜强施人事,妄与争衡?富勒浑止当实力保卫堤塘,以待潮汐之自循旧轨,不必执意急为开沟引溜之计,必欲以人力胜海潮也"[1]。三月十二日,乾隆皇帝再次降谕称"海潮往来靡定,非人力所能争",浙江巡抚富勒浑欲继续开挖中门引河是"徒劳无益"之举,应专意尽力于查勘修护北岸堤防。此后,乾隆皇帝基本放弃开凿中小门引河。

　　雍正帝开挖中小门引河的意志最为坚决,不仅亲自决策,更是不惜更换执行不力的程元章而重用隆升,坚信人力可以改变自然。乾隆皇帝对于引河工程态度游移不定,一开始抱着侥幸心理,不反对地方官开凿,有了首次成功开挖的先例后,转而对此抱以积极希望,最终又迫于潮势环境而不得不放弃。不过,他始终对"潮走中小门"的理想状况怀抱向往。

　　总之,清代康熙、雍正、乾隆三朝在修筑海塘御潮的同时,曾多次试图疏浚开挖中小门,意图使江流复行中门,以减小海潮对北岸的冲击。但历次开挖,只有乾隆十二年至二十四年,江流海潮曾持续行走中门,两岸安澜,其余多是旋开旋淤,效果不佳,最终无法改变潮行北大门的事实。

　　乾隆皇帝对于"潮归中小门"的理想状况非常向往,不过,中小门引河工程历经多次尝试而最终未能长久成功,是河口形态变迁规律和中门所

1　《清高宗实录》,卷九百零三。

处地势条件的必然结果。乾隆皇帝虽然不了解其中的自然原理，但总体上还是秉承对自然的尊重，比较克制，并不肆意妄行。

在盼望"潮走中小门"的同时，乾隆皇帝当然也没有忘记修建海塘。

（三）乾隆皇帝对海宁的持续关注

乾隆六下江南的原因可能有很多，但乾隆四至海宁原因则只有一个，那就是对海宁海塘的持续关注与亲自勘察。此前本书已经详细叙述了乾隆皇帝四次至海宁阅视海塘的情景，以下将视野扩大至整个乾隆朝，考察乾隆皇帝对海宁海塘的持续关注。

雍正初年起，清廷接连拨发库银，修筑浙江海塘。乾隆皇帝继位后，继续进行海塘建设，不过，海宁不是塘工重点，但也完成了一些工程，如尖山塔山之间的石坝就于乾隆五年完工。乾隆皇帝龙颜大悦，特地撰写《塔山坝工告竣碑文》：

> 浙之海宁县东南滨海之境有尖、塔二山，相去百有余丈，临流耸峙，根基毗连，为江海门户。海潮之自三门入者为最大，二山其首冲也，旧有石坝捍御洪潮，积久渐毁。我皇考世宗宪皇帝廑念濒海生灵，特命重加修筑。厥后，以湍激暂停。朕仰承先世，勤恤民依，谆谕封疆大吏尽心筹划。迩年以来，沙之坍者日以涨，潮之北者日以南，度可兴工，爰命抚臣及时修整。兹乾隆五年夏，抚臣奏……工已告竣……居民恃石塘以为安，石塘恃二山以为障，而联络二山之势，延袤横亘，若户之有阃，关之有键，紧坝工是系。今者堤岸坚完，沙涂高阜，藩篱既固，石塘可保无虞，庐舍桑麻，绮分绣错，东南七郡，咸登衽席之安，非特宁邑偏隅而已。[1]

碑文强调了继承先皇遗志，完成坝工修筑，这是关乎东南七郡安危的大事。

乾隆十四年，两浙海塘形势一片大好，北岸仁和、海宁两县塘外"沙

1　翟均廉：《海塘录》，卷首二。

涂绵亘"，中门则"江海畅流"。这一年年底，经由江南（江苏）地方官员
士绅耆老的奏请，乾隆皇帝下旨同意巡幸江南。由于浙江官员绅民的吁请，
乾隆皇帝决定顺道再往南走远一些，理由是阅视海塘。但是，经由尚书舒
赫德等查勘，认为"海塘竟可无庸亲临阅视"，于是，乾隆皇帝第一次南
巡时没有亲临阅视海塘。不过，乾隆皇帝在浙江驻跸期间，还是有三天的
活动与两浙海塘有关。乾隆十六年三月初三日，皇帝登临海滨观潮楼，初
四日，派遣官员前往祭祀钱塘江神庙，御书匾额"云依素练"，初六日，
祭钱塘江。第一次南巡后，只有钱塘江南岸有少量海塘工程，总体来说，
海波不扬。

　　乾隆二十二年第二次南巡，乾隆皇帝亲临八仙石等处海塘。此时，钱
塘江口两岸海塘依然安稳如故。这让乾隆皇帝龙颜大悦，谕令在杭州观潮
楼建海神庙："迩年以来，海波不扬，塘工稳固。朕省方浙中亲临履视，
见大溜直趋中小亹，两岸沙滩自为捍御，滨海诸邑得庆安澜，利及民生，
实资神明显佑。应于杭州省城之观潮楼敬建海神之庙，以昭崇德答佑至意。"[1]

　　总之，乾隆十六年，皇帝第一次南巡，虽入浙江，渡钱塘江，往绍兴
祭禹陵，但并未至海宁。乾隆二十二年第二次南巡，至杭州而返，亦未至
海宁。当时海宁并不承受潮灾，乾隆皇帝不以海宁塘工为意，因此均未亲
至海宁。

　　但是，海潮大溜此后迅速发生改变，海塘安稳的情况很快将不复存在。

　　乾隆二十四年四月，闽浙总督杨应琚奏报称，海潮大溜有重归北大门
的趋势。于是，乾隆皇帝将熟悉江南水利的江苏巡抚庄有恭调任浙江巡抚，
以资预备。后又决定第三次南巡时亲自前往海宁阅视海塘。

　　乾隆二十七年，乾隆皇帝第三次南巡，计划先抵杭州，然后再去海宁
阅视海塘。三月初一日，在去海宁之前，乾隆皇帝作诗《恭依皇祖巡幸杭
州三叠韵》，诗称：

> 三度南巡侍大安，江山介祉奉徽观。
>
> 风轻日丽临雄郡，踵接肩摩迓御銮。
>
> 跸馆暂居几有敕，海塘言念志难宽（乾隆二十四年海潮自中

――――――――――――

1　《清高宗实录》，卷五百三十五。

〔清〕董邦达绘，西湖十景图卷（局部），台北故宫博物院藏

疊渐移北大疊，饬大吏缮治尖山等处塘工，今当亲临阅视）。

修防要欲筹全善，那觉西湖景助欢。[1]

　　诗中表示因为记挂着浙江海塘而心存忧虑，想着要筹划海塘修筑的万全之策，虽然面前是西湖美景，但也不觉得有多欢乐。在诗注中，乾隆皇帝说明，因为乾隆二十四年海潮自中门渐趋北大门，因而饬令地方大吏修筑尖山等处海塘工程，将要亲自去阅视。

　　三月初二日，乾隆皇帝前往海宁，三月初四日，从海宁返回杭州。

　　第一次至海宁阅视海塘，乾隆皇帝本有着强烈的大规模改建石塘的愿望，但在现实条件的制约下，虽然心存遗憾，他也只能决定把维修柴塘作为主要方针，同时把设立塔山沙水奏报制度作为了解海潮沙水变化的主要手段，以此弥补没有办法改建石塘的遗憾。

　　回到杭州后，乾隆皇帝依然对海宁海塘情况有些忧虑，这在三月初九日登临观潮楼视察福建水师后所作的《观潮楼纪事（乾隆二十七年）》诗中有所体现：

跋马万松岭，言寻观潮楼。

楼祀江潮神，繄吾禋典修（戊寅岁命浙省守土臣修建神祠于观潮

1　《御制诗三集》，卷二十一。

楼，并制文勒碑以纪其事）。

> 前两度临兹，江从楼下流。
> 今番乃涨沙，群咸颂神庥。
> 然吾别有思，无非为民谋。
> 迤东利涨沙，庶望桑麻稠。
> 迤西本弗藉，石塘巩金瓯。
> 从古楼临江，涛观八月秋。
> 观涛固非要，况昨畅吟眸。
> 利者乃致败，柴石捍御筹。
> 弗藉者反然，泥涂艰行舟。

试看西来薪，转运以车牛（观潮楼下沙未涨时，富阳等邑柴船连樯东下，直抵江岸，今涨沙既远，率用牛车转运，挽致颇艰）。

> 合郡供爨薪，弗属宁免愁。
> 谓此为昭假，实益吾怀羞。[1]

乾隆皇帝想起"迤东"即海宁一带如果涨沙则有利，但实际情况却是望涨沙而不得，反而是不太需要涨沙的"迤西"一带现在却涨了不少，带来了不少阻碍。显然，乾隆皇帝还是很牵挂海宁海塘情形。

从杭州回銮时，乾隆又作《杭州启跸回銮之作》：

> 盐官周视海塘形，湖上几余数日停。
> 已逮农桑三月候，漫耽南北两峰青。
> 一游一豫关民瘼，乐水乐山养性灵。

安福舟中片时暇，促成新记识求宁（是日走笔为《阅海塘记》，示地方大吏）。[2]

在诗中，乾隆皇帝第一件提起的事情就是去海宁（古称"盐官"）阅视海塘的情况，足见他对海宁海塘的重视。从诗可知，正是在这一天，乾

1　《御制诗三集》，卷二十二。
2　《御制诗三集》，卷二十二。

隆皇帝撰写了《阅海塘记》。

　　结束第三次南巡之后，乾隆皇帝异常关注两浙海塘的任何风吹草动。乾隆二十七年七月初风大潮涌，浙江巡抚庄有恭奏报海宁境内缓修、抢修的石塘有坍塌之处，乾隆皇帝马上谕示要求查看从前冲毁的堤岸是否还继续坍塌，抢修的海塘是否足以抵御潮涌。庄有恭奏报各处塘工抢修之处镶筑坚实，并未继续坍塌。乾隆皇帝朱批："览奏稍慰。"

　　乾隆二十八年十二月，乾隆皇帝颁下谕旨称要在三十年再次南巡，上谕中声称："惟是浙中海潮涨沙虽有起机，大溜尚未趋赴中亹，是深所廑念，而新修柴石诸塘亦当亲阅其工，以便随时指示。"[1] 明确表示将要再次南巡，重点是亲临考察海塘工程，因而浙江地方大吏巡抚熊学鹏等对两浙海塘更为重视。

　　乾隆三十年，乾隆皇帝第四次南巡。这次是先直抵海宁阅视海塘后，再前往杭州。闰二月初五日，乾隆皇帝抵达海宁，待了两天后，于初七日启銮去杭州。第二次至海宁考察海塘后，乾隆皇帝令添建海宁绕城石塘坦水，对于两浙海塘工程，仍然是以维修柴塘和加强坦水等间接性护岸手段为主，但乾隆皇帝表示将来有机会要将柴塘大规模改建石塘。

　　到了杭州后，乾隆皇帝先去崇庆皇太后处问安，作《至杭州诣皇太后行宫问安有作》诗，诗中有一句"盐官先往为筹塘，旧路安舟奉寿康"，明确表示自己先前往海宁是为了筹划海塘事宜，而皇太后则沿着此前南巡的路程先行前往杭州休养。

　　然后，乾隆皇帝又作《恭依皇祖巡幸杭州诗四叠韵》诗：

　　　　深宫晏处敢求安，吏治民生廑省观。
　　　　宁海未兹驻巡驾，海宁先彼莅鸣銮。
　　　鱼鳞塘欲石围固（鱼鳞大石塘屡接筑，以期巩固），雁字滩
　　希沙涨宽。
　　　　此是来游最要务，讵缘山水觅清欢。[2]

1　《清高宗实录》，卷七百零一。
2　高晋：《钦定南巡盛典》，卷十三。

诗中声明先行前往海宁视察海塘是这次南巡最重要的事情，而并不是为了前去寻找什么山水之乐。

此后，两浙塘工的主要工作仍然是维修柴塘及其竹篓、盘头等附岸工程，不过海宁也开始进行部分改建鱼鳞大石塘及增建坦水的工作，后又试图开挖中小门引河。但乾隆皇帝强调潮汛迁移乃自然之势，不可以人力争，最重要的还是勤加修护北岸塘工。总的来说，这十余年间，两浙海塘没有大的工程。

乾隆四十三年，皇帝决定重新启动南巡计划，表示很挂念近年潮势渐趋北岸之下的浙江海塘，需亲临现场相度，指示机宜。乾隆四十五年，乾隆皇帝第五次南巡，于三月初二日先往海宁阅视海塘，三月初四日前往杭州。在海宁考察时，乾隆皇帝做出了将老盐仓一带柴塘改建鱼鳞大石塘的重要决策，即名义上是先行逐段勘估可行与否，但实际上志在必行。

到了杭州后，乾隆皇帝又作《恭依皇祖巡幸杭州诗五叠韵》诗：

> 要务海塘求永安，盐官纤驾历亲观。
> 长堤保固相筹策，治省言旋此驻銮。
> 俗谓从奢宁尚俭，政知用猛莫如宽。
>
> 依然温清前巡处，只助悲怀那助欢（丁丑诗有应博慈颜一笑欢之句）。[1]

诗中首先称，绕路前往海宁亲自阅视，是为了筹划海塘永安的要务。

不久后，乾隆皇帝从杭州启銮回京，作《杭州启跸回銮之作》诗：

> 胜游亦戒泥留情，适可言旋启跸旌。
>
> 九日快晴一夜雨，几章清咏二编成（南巡诗率以三本书之，自京起程为一本，自入江南至西湖游毕为一本，今自杭州回銮则第三本之首篇矣）。
>
> 山明水秀诚欣我，蚕事农功恐误氓。
>
> 筹度柴塘教易石（入浙江境即先至海宁阅视塘工，见绕城石

---

1 《御制诗四集》，卷七十。

塘内有工二十余丈，及杭城东老盐仓处有柴塘四千二百余丈，虽
现尚完整，然究不如石塘之巩固，命督抚据实勘估，改建石塘，
俾滨海群黎永享安恬，以副予先事豫筹保爱元元之意，斯实巡浙
第一要务也），保民计不负兹行。[1]

诗中称进入浙江之后，首先前往海宁亲临阅视塘工，做出了柴塘改建
石塘的重要决策，这是巡视浙江的第一要务。想到石塘建成后，民众能够
免于海潮威胁，乾隆皇帝很高兴，觉得不负此行。

在回銮途中，乾隆四十五年四月初七日，乾隆皇帝特意下旨要求保护
原有石塘：

朕此次巡幸浙江，由海宁阅视塘工，至杭州老盐仓一带，有
柴塘四千二百余丈，虽因其处不可下桩为石塘，然柴塘究不如石
塘之坚固，业经降旨，将可以建筑石塘之处，一律改建石塘，以
资永久保障。兹忽忆及该地方官及沿塘居民，见该处欲建石塘，
或视柴塘为可废之工，不但不加防护，甚或任听居民，折毁窃用，
致有损坏，则石塘未蒇工之前，于该处城郭田庐，甚有关系。且
改建石塘，原为保卫地方之计，若留此柴塘，以为重关保障，俾

1　《御制诗四集》，卷七十二。

海宁石塘

石塘愈资巩固，岂不更为有益。况当石工未竣以前，设使潮水大至，而柴塘损坏，无可抵御，不几为开门揖盗乎？著该督抚即严饬地方文武官，将现有柴塘，仍照前加意保固，勿任居民拆损窃用。将来石工告竣，迟之数年朕或亲临阅视，尔时柴工倘有损坏，惟该督抚是问。[1]

改建石塘谕旨颁下后，乾隆皇帝恐怕地方官及民众会认为原来的柴塘已经无用，可以废弃，任意拆毁窃用。上谕强调，改建石塘原是为了保护地方，保留柴塘可以作为石塘的保障。在塘工完成之前，如果潮水奔涌而来但柴塘已经损坏，无疑是开门揖盗。要求保护柴塘，不得允许民众拆毁盗取。将来石塘改建完工，皇帝将要亲临阅视，如果柴塘损坏，必将严惩地方督抚。

谕旨下达后，闽浙总督三宝并未明确复奏。他只是奏称要在紧靠柴塘之处下桩筑建石工，建成之后，可以

圆明园图景，藏于法国巴黎国立藏书楼

成为柴塘的外护。乾隆皇帝唯恐三宝等没有按照谕旨切实保护柴塘，就马上下谕称，三宝此折并无遵旨筹办字样，问其是否接到前旨，据实复奏。三宝赶紧上奏解释说，杭州老盐仓一带改筑石塘仍然保留柴塘作为保障，自当遵旨饬令地方官员保护柴塘。

五月初九日，乾隆皇帝回到圆明园，作《南巡回跸驻御园之作》：

---

1 《清高宗实录》，卷一千一百零四。

往返十旬勤省方，湖（淮）河（徐）海（浙）各策筹蠲（南
巡要务在河工、海塘，而洪湖清口尤为治黄关键，昨亲临阅视，
罢杨庄河口改移之议，其高堰三堡六堡等处卑矮砖工改建石工，
逐段分年修筑，又畅开陶庄引河，俾加宽深，复命大学士阿桂等
往勘云梯关外海口，自二套以下留以分泄盛涨，畅达尾闾，不必
与水争地，其滩地应征减则地亩并令萨载等查明请谕。又命尚书
嵇璜等往勘周家庄至韩家山改建石工四百余丈，并将旧石堤加高
层数，与新堤一律整齐。至浙江海宁柴塘四千二百余丈虽尚完整，
然究不如石塘之巩固，因命督抚勘估改建石塘，俾滨海群黎永资
乐利）。

三春时若南邦阅，首夏泽殷北地望（自四月以来直隶、山东
望雨颇切，惟济南一带于四月三十日已得透雨，至德州以北则仍
盼渥泽，详见前诗）。

阅若匆匆时度速，望殷切切泽愆长。
寸衷更有难堪处，萱闱那重问豫庆。[1]

乾隆皇帝强调的仍是"南巡要务在河工、海塘"，对于黄河、运河河
工工程及海宁柴塘改建石塘的决定，乾隆皇帝很欣慰。

孟森先生针对第五次南巡评价说："前两次南巡，不以海宁塘工为意。
适于丁丑巡后，逐年潮信北趋，至二十五年而大著。于是二十七年之三次
南巡，造成初幸隅园之会，而动天下帝与陈有特别关系之疑。乙酉即三十
年之四次南巡，合之本年五次南巡，所欣戚者皆为此潮，而于石塘则尚未
有庆成之语。"[2] 强调五次南巡，均是为了防御海潮，而这次南巡时，柴塘改
建石塘未完成，势必有第六次南巡。

此后，在乾隆皇帝的强力监督及协调下，浙江督抚解决了关键的打桩
技术难题及采办石料问题。乾隆四十七年，浙江布政使盛住奏报赶办鱼鳞
石塘及查勘柴、石各工稳固并海塘阴沙增长情形，阅折之后，乾隆皇帝下

---

1 《御制诗四集》，卷七十二。
2 孟森：《海宁陈家》，《中华文史论丛》1979 年第 2 期。

旨强调前年南巡时亲临海宁阅视，要求将海塘一律改建石工以期一劳永逸做法的正确性。乾隆四十八年八月，闽浙总督富勒浑、浙江巡抚福崧奏报称已完成了老盐仓一带改建石塘的重大工程，恭请乾隆皇帝在乾隆四十九南巡时亲临阅视。

乾隆四十九年正月，乾隆皇帝第六次南巡，在启程前，乾隆皇帝作了一首长诗：

南巡启跸五叠前韵有序

时迈东南望幸，俞六巡之请，言观河海省方，考三载之成。惟民事之大，宜勤先咨乐利，体乾行之健不息，遑恤舟车，典数虞周，途循江浙。昨岁龥丰展礼万年仰缔造之艰，今兹吴会敷恩兆庶慰尊亲之戴。石塘鳞次潮平筹走中薑，砌岸山连轨顺庆安高堰，况复源探星宿澜回。际二月桃花时若，雨旸跸路，看三春麦浪，自郊畿以遵东鲁，由淮海而达钱塘。陆馆水程戒大吏改前巡之旧，人和政肃示后昆知家法之严。轫启首涂，韵仍五叠，从此韶开九十，因闰余而媚景添，长伫斯里记三千。值几暇而新篇嗣咏。

云游云豫岂云辛，休助期沾望幸伦。

五载考功遄虞狩（庚子南巡至今甫三岁），一章时迈举周巡。

海塘条石从新筑（庚子年南巡时，以海宁柴塘究不如石塘之巩固，因命该省督抚逐段确勘，凡可以改建石塘之处一概从新改筑石塘，并敕江省协济石料，次第建筑，俾海滨群黎永资乐利），河堰并山接旧申（徐州河南岸既于丁丑、壬午、乙酉三次南巡时添瓂石堤，其北岸土堤则于戊寅年夏命刘统勋往徐议筑，均资捍卫，至南岸韩家山一带工程四百余丈，地当徐城上游，于庚子南巡时命嵇璜与萨载会勘改筑新石堤，即令核实采办，接筑完固）。

况值黄流初顺轨，益廑赤县普安民（前岁经大学士阿桂等奏，自兰阳三堡至商邱七堡南堤外添建大堤，开引渠一百六十余里，导河水入渠，下注商邱，归入正河故道，安流入海，其黄水经行处所，如山东之曹兖、济宁，江南之丰沛等属，从前皆不论月分常予赈恤，所有各该处情形元气是否全复，尤为轸念）。

水程陆馆惟遵旧，彩结灯张戒慢陈。

携子更殷身示度（昨允萨载等陈请，诹吉六巡，临幸江浙，
亲阅河工海塘，以惬舆情，所有沿途行宫坐落一概仍旧，毋稍踵
事增华，并命皇子等随往观看沿途水陆扈从人等约束整齐，迎銮
士庶忻戴至诚，必如此然后可言省方问俗，度若不能，不如罢巡
幸之举，不啻耳提面命矣），观风诚幸气如春。

媚依黎庶怀仍昔，资借精神句倍新。

佳丽山川往拟别，古稀合以罢巡频（南巡诸作最多，不无秀
丽江山之助，兹年逾古稀，意此后可不事命驾矣）。[1]

诗中提到"海塘条石从新筑"，即乾隆四十五年第五次南巡至海宁阅视，
将柴塘改建石塘之事，显然，乾隆皇帝对此事非常重视，一再提及，并且
要去亲自查勘。

三月十四日，乾隆皇帝至海宁阅视石塘。这次到海宁，乾隆皇帝是为
了视察柴塘改建石塘工程的完成情况，之后，乾隆皇帝发布上谕要求改进
改建海塘后的善后措施，并决定将范公塘一带也改建鱼鳞大石塘。

三月十六日，乾隆皇帝从海宁前往杭州。在杭州期间，他曾作《赋得
南坍北涨（得心字八韵浙江试题）》一诗：

绍（兴）海（宁）对相峙，江潮自古今。

中亹诚最美，两界幻难谌。

坍涨事无定，北南势有斟。

兴犹山作御，宁祗岸虞侵（绍兴在浙省迤南，诸山联络，海
潮南注可资抵御。若海宁一带地本平衍，正当北岸之冲，潮水每
虞侵啮，必沙势南坍北涨，始保万全也）。

壬午溜迁后，甲辰水尚深（丁丑南巡时，见海潮大溜尚趋中亹，
己卯以后渐迁北亹，壬午亲临阅视，涨沙犹拥护堤根竹篓，因命
督抚标记尺寸，按月奏报。至庚子前巡，往视塔山塘工，涨沙尽坍。
至癸卯八月，三层竹篓俱露，今甲辰阅视，幸涨沙复将三层竹篓

1 《御制诗五集》，卷二。

上下全行掩护，渐有南坍北涨之机，然水势尚未改趋中亹，石塘
经久之计不容缓耳）。

筑塘图久计（庚子春巡，阅视塘工，饬督抚等于老盐仓旧有
柴塘后一律添建石塘四千二百余丈，上年七月间告竣，兹亲临阅
视，范公塘一带亦必需接建石工，方于省城足资巩护。因再降旨
自新筑石塘工尾起于范公塘内至乌龙庙止一体添建石塘，仍留柴
塘为重门保障，于柴塘后石塘前沟槽内填土种柳，俾柴石连为一
势，即以柴塘为坦水，拨给部库银五百万两，予限五年，陆续修筑，
以期海疆永庆安恬），射弩罢雄心。

无往思不服，斯升（谓北涨）祝彼沈（谓南坍）。

神祠躬致拜，吁佑愧为钦。[1]

诗中，乾隆皇帝回顾起了钱塘江口南北两岸涨沙变迁情节：乾隆
二十二年第二次南巡时，海潮走中小门，乾隆二十四年后渐趋北门，乾隆
二十七年第三次南巡亲临海宁阅视，看到北岸涨沙还能保护海堤根部竹
篓，到了乾隆四十五年第五次南巡至海宁察看时，北岸涨沙均已坍塌，乾
隆四十八年八月，海宁一带海塘塘根三层竹篓均已裸露在外，现在乾隆
四十九年第六次南巡至海宁阅视时，幸亏涨沙又把塘根三层竹篓遮掩了。
乾隆皇帝认为这可能是南岸坍塌、北岸沙涨的表现。不过，海潮尚未走中
小门，乾隆皇帝认为改筑石塘才是一劳永逸的经久之计。

第六次南巡并第四次至海宁阅视海塘后，乾隆皇帝仍然相当关注两浙
海塘事务。乾隆五十一年，建立柴塘专项岁修银制度。乾隆五十四年四月，
乾隆皇帝策试天下贡士："海塘之筑，一劳永逸，要未尝非疏瀹与堤防并
用。朕数十年临视图指，不惜数千万帑金以为闾阎计，大都平成矣。"[2] 显
然，乾隆皇帝认为海塘修筑是自己极其骄傲的功业。乾隆五十五年，乾隆
皇帝谕称："浙省海塘工程，关系民生保障，经朕屡次亲临相度，特发帑金，
改建石工，永资巩固。是该处工程，为浙省第一应办要务。"[3] 强调海塘是浙

---

1 《御制诗五集》，卷六。

2 《清高宗实录》，卷一千三百二十七。

3 《清高宗实录》，卷一千三百六十七。

乾隆帝钦命试题

江省第一要务。不过，此后两浙塘工以小修小补维持现状为主，终乾隆之世不再出现大的海塘工程。

约略统计，乾隆在位的六十年间，用于江浙海塘的岁修、大修银钱共计约达六百万两，在清朝各个皇帝之中居首位。

乾隆皇帝对海塘工程的异常关注并非仅仅只是为了民生，还有借此建立千秋伟业的盘算，他希望通过修筑海塘来建立自己的不朽功勋。后世史家对此有不同看法，孟森先生认为："盖始主柴塘治标，待其接涨沙坚，终改为石塘，以成永久之计，既不退缩以弃已成之田庐，又不卤莽以督难成之工役，持之二十余年不懈，竟于一朝亲告成功。享国之久，谋国之勤，此皆清世帝王可光史册之事。"[1] 给予充分肯定。

而另一位民国史家萧一山则持不同看法："康熙南巡为治黄河，而乾隆南服无事，徒以千百万之库帑，反复于海宁石塘之兴筑，于益何有？乾隆时，黄河漫口于豫、苏凡二十次，未闻弘历曾亲至其地相度形势，乃幸苏杭，观海潮，铺陈辉张，循旧踵新，是知其意不在此而在彼也。"[2] 萧一山认为乾隆皇帝南巡的目的就是游山玩水，修筑海塘则是浪费国帑之举。

现在有历史学者认为，海宁等地海塘改建鱼鳞石塘的整个过程是乾隆皇帝个人意志的产物，无论从技术还是从环境的角度看，均非当时必不可少之举。海宁险工地段石塘的修筑是必要的，但柴塘和范公塘大规模改建石塘的必要性存疑。这是经过综合考量政治较量、技术变革、环境变迁因素，

1　孟森：《海宁陈家》，《中华文史论丛》1979 年第 2 期。

2　萧一山：《清代通史》第二册，华东师范大学出版社 2006 年版，第 56、57 页。

加以深入分析后的结论，或许比此前或全面褒扬或根本否定的观点更值得参考。[1]

　　总之，乾隆皇帝对两浙海塘的关注贯穿始终，而两浙海塘的关键在海宁，因此他亲自四次前往海宁勘察。正如孟森先生所说的："高宗朝海宁塘工为朝廷特意区划之事，几与康熙时之治河同，于是南巡必至海宁。乾隆二十七年为第三次南巡、三十年为第四次南巡、四十五年为第五次南巡、四十九年为第六年南巡，无一次不至海宁，是为高宗四幸安澜园之故。"[2]

1　王大学：《政治、技术与环境：鱼鳞大石塘形成史的考察》，上海教育出版社 2022 年版。

2　孟森：《海宁陈家》，《中华文史论丛》1979 年第 2 期。

二、扑朔迷离的海宁陈家

（一）海宁陈氏

海宁陈氏，据记载原姓高，系出渤海高氏，南宋时渡江入浙之杭州。元末明初，有位名叫高谅的，入赘海宁城东陈明谊为婿，其后遂改姓陈。

明朝正德年间，海宁陈中孚中举，此为海宁陈氏登科之始。后来又有陈与郊、陈与相兄弟，均中举入仕，陈与郊官至提督四夷馆太常寺少卿，陈与相官至贵州左布政使。陈与郊之子陈元晖、陈祖苞，均为万历癸丑科进士。陈元晖官至山东左参政，陈祖苞官至顺天巡抚。陈祖苞之子陈之遴，在明末任中允，入清后累升至大学士，曾颇受顺治帝信任，执掌权柄。陈之遴弟陈之暹子陈敱允，在康熙初年官至工部尚书。陈与相有子陈元成，只是太学生，但其后代官至卿相的不少。陈元成一子陈之闇，拔贡生。陈之闇子陈元龙，官至内阁大学士，之孙陈邦彦，官至礼部侍郎。陈元成另一子之问，岁贡生。陈之问子陈诜，官至礼部尚书；另一子陈论，官至刑

雍正赐陈诜妻子查氏"躬劳著训"匾（海宁博物馆）

部侍郎。陈诜子陈世倌，官至内阁大学士；另一子陈世仕，曾为翰林院检讨。陈世仕之子陈用敷，官至巡抚。此外，还有更多中举入仕者。

于任职而言，康熙、雍正年间，海宁陈氏仕宦显达，中外担任重要官员者极多。由科第而言，康熙年间，海宁陈氏极盛，康熙四十二年（1703）癸未科，陈元龙之弟陈嵩、侄陈邦彦，陈诜之子陈世倌，三人同榜。康熙五十六年乙未科，陈元龙之子陈邦直、陈世倌兄陈世仁，另有一位服属较疏陈氏族人陈武婴，亦三人同榜。一科之中，一族之人中试者三，一时海内传为异谈。另外，陈元龙一家还具有家学渊源。海宁有"查诗陈字"之说，名著海内。"查诗"即查慎行、查升、查揆等之诗；"陈字"则指陈元龙一族中的善书者所写之字。陈元龙善书，为康熙帝所知。陈元龙曾在乾清宫西暖阁侍班，康熙帝对陈元龙说："朕素知尔精于楷书，可写大字一幅。"陈元龙侄陈邦彦的书法，更是名重海内，同样得到康熙帝的赏鉴。当时京城王公大臣，都以得到陈元龙书为荣。

自清初以来，海宁陈氏声名显赫。晚清时陈氏后人陈其元在所撰《庸闲斋笔记》曾记载称，道光年间，他的从祖陈崇礼擢任四川建昌道，在谢恩时，得到道光帝的召见。道光帝垂询陈崇礼的家世，陈崇礼回奏称是陈元龙、陈世倌的后人，道光帝听了，微笑着说："汝固海宁陈家也。"陈崇礼后来被擢任盐运使。看来，道光年间，虽然海宁陈家已经没有在任高官，但道光帝仍然知晓海宁陈氏，足见海宁陈氏的赫赫之名。

陈其元的记载，应该并不是杜撰，现存清宫档案中，就有不少道光帝召见陈崇礼的记载。

道光二年（1822）十二月初七日，时任四川杂谷理番同知的陈崇礼被擢任四川宁远府知府，谢恩召见，道光帝朱笔写下对他的评价："练达。"[1]道光六年，陈崇礼调任成都府知府。道光七年十月十八日，陈崇礼因大计卓异而被引见，奉旨准其卓异加一级，仍注册回任。陈崇礼谢恩请训，被道光帝召见，道光帝对其评价称："在川年久，明练。"[2]很快，陈崇礼擢任

1　中国第一历史档案馆藏宫中朱批奏折，升补四川宁远府知府陈崇礼奏为奉旨升补四川宁远府知府谢恩事，道光二年十二月初七日，档号：04-01-13-0226-024。

2　中国第一历史档案馆藏宫中朱批奏折，四川成都府知府陈崇礼奏为奉旨回任候升谢恩事，道光七年十月十八日，档号：04-01-30-0056-017。

陈邦彦书叶芳林《九日行庵文宴图》题首，美国克利夫兰美术馆藏

四川建昌道。道光十年二月二十六日，陈崇礼因委解要案人证到京，离京之前请训，又得到道光帝的召见，得到"老练可用"[1]评价。但案件的审理需要一段时间，因而陈崇礼在京等候。四月二十三日，奉旨补授长芦盐运使。四月二十四日，陈崇礼上折谢恩，又得到道光帝的召见，道光帝朱笔评价："去得。"[2]道光十三年，陈崇礼升任直隶按察使，道光十六年，又升任直隶布政使，改福建布政使，道光十七年，因病免职。

　　陈崇礼原为监生，嘉庆初年由投效军营而任经历、知县，并非正途出身。最终官至布政使，只是因病免职，仕途也算顺利。虽不能确定海宁陈氏的出身对于陈崇礼的仕途有多少帮助，但作为"名门之后"，毕竟已让陈崇礼在道光帝心中留下印象，这当然有助于陈崇礼的升迁。

　　据学者统计，从明末至清季近三百年之中，海宁陈氏出现的进士、举人、贡生达二百多人，位居内阁大学士者三人，官至尚书、侍郎、巡抚、布政使者十一人，可谓"鼎甲之盛，莫过于此"。

1　中国第一历史档案馆藏宫中朱批奏折，四川建昌道陈崇礼奏为委解伊尔根觉罗氏控案人证官兵张治等到京恭请圣训事，道光十年二月二十六日，档号：04-01-13-0244-004。

2　中国第一历史档案馆藏宫中朱批奏折，新授长芦盐运使陈崇礼奏为奉旨补授长芦盐运使谢恩事，道光十年四月二十四日，档号：04-01-13-0244-014。

（二）"狸猫换太子"

由于海宁陈家显赫的科第与仕宦，于是就有了陈家与皇室关系非同一般的说法。

清末野史说乾隆皇帝是浙江海宁陈氏之后，当时海宁陈元龙与雍亲王两家通好，两家同时生子，海宁陈家生的是儿子，雍亲王家生的是女儿，雍亲王以阴谋手段以己女与陈家之子互换，这个海宁陈家之子就是后来的乾隆皇帝。

当时，排满反清正盛，革命风起云涌，上自缙绅士子，下迄老弱妇孺，流行着乾隆皇帝是海宁陈氏的传说。

此时，一些揭露清宫秘闻的野史小说纷纷出版。有部天嘏所著名叫《清代外史》的书称"弘历非满洲种"，杜撰了乾隆皇帝是海宁陈氏之子的故事。书中称，清代初年，浙江海宁陈氏是海内大族，陈诜、陈元龙等均位极人臣，遭际最盛。康熙年间，皇四子胤禛与陈氏尤其熟识。恰好两家同时生子，胤禛听说了后，命陈氏将新生子抱来，很久以后，才归还。陈家一看，竟然不是自家儿子，且本是男孩，但已被调包为女孩了。陈家很是惊恐，但也不敢剖辨，只得谨守秘密。后来，胤禛继承帝位，就特意将数名陈家人拔擢。到了乾隆时期，皇帝更是优厚地对待陈家人员。乾隆皇帝曾经南巡至海宁，当日即驾幸陈家，升堂而坐，垂问陈家家世。将离开时，至陈宅中门，命令将其封闭，还说："以后如果不是皇帝亲临，这个门不要轻易开启。"甚至还说有一天，乾隆皇帝穿戴好后，召亲近大臣问："我像汉人吗？"

之后，又有钱塘九钟主人所撰《清宫词》推波助澜：

> 巨族盐官高渤海，异闻百载每传疑。
> 冕旒汉制绝难复，曾向安澜驻翠蕤。

于是，这个故事更是广泛传播开来。后来遭到了满人富察敦崇的辩驳："夫以雍正之英明，岂能任后宫以女易男？且皇孙诞生，应由本邸差派太监面见内奏事，先行口奏，再由宗人府专折奏闻，以备命名，岂能迟至数日数月方始声报也？其诬可知。"

陈阁老宅侧面　朱峰摄

　　1925 年出版的许啸天所著《清宫十三朝演义》，也是采用了乾隆是海宁陈阁老之子的说法，还说乾隆皇帝长大后，从乳母那儿得知了真相，便借南巡之名，去海宁探望生身父母，但此时陈阁老夫妇早已去世，乾隆皇帝就到了墓前，用黄幔遮住，行了人子叩拜父母的大礼。随着《清宫十三朝演义》的风靡一时，这个传说更是广为人知。

　　民国年间，有海宁人冯柳堂为此专门写了一本书《乾隆与海宁陈阁老》，据他自序称："世传乾隆皇帝为海宁陈阁老之子，既为南北咸知之事实，而事之为真为假，不经一番检讨，终无以祛人之疑。余自幼习闻其说，蓄疑三十载，今得集所见闻，汇述成书，以供世之留心斯事者，作史料观，作小说读，酒后茶余，相与剧谈，亦快事也。"[1]

　　冯柳堂先是叙述了雍正以女易陈阁老之男的传说，又称曾见某史纲中称："玉牒彰彰可考，稗史所云，绝无确证，不足辨也。"冯柳堂反驳这个观点表示："此则完全深信'官文书'的记载。要知即使有些事，在雍正是不可说的，乾隆是不能说，陈氏更不敢说。何况玉牒是皇家谱牒，如不说是雍正亲生的儿子，那里可以继承大统。不要发生争位的大问题么？故以'玉牒可考'，即认为不足辨，未免太粗疏武断了。"接着，冯柳堂称："因此我积三十年之疑念，常欲求其是则是之、非则非之而不可得，退而求其次，只能就见闻所及者，为之编述，如果能达到事实明白之一日，则稗官野史

1　冯柳堂：《乾隆与海宁陈阁老》，上海书店 1988 年影印版。

之说，亦可不攻而自破。"于是，冯柳堂从多方面"论证"乾隆皇帝为海宁陈家之子的可能性。

到了现代，海宁人金庸从小听闻乾隆皇帝的种种传说，其著名武侠小说《书剑恩仇录》就是围绕乾隆皇帝身世之谜而展开，书中称：

> 原来康熙五十年八月十三日，四皇子允禛的侧妃钮祜禄氏生了一个女儿，不久听说大臣陈世倌的夫人同日生产，命人将小儿抱进府里观看。哪知抱进去的是儿子，抱出来的却是女儿。陈世倌知是四皇子掉了包，大骇之下，一句都不敢泄露出去。
>
> 当时康熙诸子争储夺嫡，明争暗斗，无所不用其极，各人笼络大臣，阴蓄死党。允禛知父皇此时尚犹豫不决，兄弟中如允禩、允禵、允禟等才干都不在自己之下，诸人势均力敌。皇帝选择储君时，不但要比较诸皇子的才干，也要想到诸皇子的儿子，要知立储是万年之计，皇子死了，皇孙就是皇帝。如果皇子英明，皇孙昏庸，绝非长远之策。允禛此时已有一子，但懦弱无用，素来不为皇父所喜，他知道在这一点上吃了亏，满盼再生一个儿子，哪知生出来的却是女儿。允禛不顾一切要做皇帝，凑巧陈世倌生了个儿子，就强行换了一个。允禛于诸皇子中手段最为狠辣，陈世倌哪敢声张？

这个被换的陈世倌的孩子就是后来的乾隆皇帝，该说法更是让乾隆皇帝为海宁陈家之子的说法不胫而走。

世间传说乾隆皇帝为海宁陈家之子，理由主要为以下五点，这里做简单的罗列：

一、皇四子胤禛为皇子时，子嗣不旺，出于争储的目的，有可能不择手段强抢海宁陈家之子作为己子。

皇四子胤禛为皇子时，为争夺皇权，无所不用其极，应该说以夺子之法增加砝码，也不是没有可能。如果真的是这样，那么历史学家还需要加强论证，即如果乾隆皇帝是海宁陈氏之子，这是胤禛的示意吗？当时胤禛年三十有四，已有三子，虽然前两子已早殇，但三子弘时年已八岁，胤禛并不说是没有子嗣。他如何能预知自己必定能继承大统？又怎么能预知海宁陈氏之子必定有福？而且，当时诸皇子为争储而激烈地明争暗斗，向来精明、谨慎的胤禛为何敢去抱养异姓而且还是汉人之子？如何防范走漏风声？

二、乾隆皇帝四至海宁，为何每次都驻跸在陈氏园中？

应该说，乾隆皇帝四至海宁，每次都驻跸在陈氏园中，至少说明乾隆皇帝与海宁陈家有特殊关系。陈氏家族始迁祖墓檀树坟在海宁城东的尖山西北，乾隆皇帝四次至海宁，曾经多次前往尖山观海，檀树坟为辇路所经之地。就有传说称，乾隆皇帝曾至檀树坟祭奠，致祭时坟墓四周均张黄幕，不许人靠近窥视，乾隆皇帝独自一人进入幕内祭祀。

冯柳堂解读乾隆皇帝所作安澜园诗说："'盐官谁最名，陈氏世传清，讵以簪缨赫（应为"吓"），惟敦孝友情，……'不是说'陈氏世传清'代么？即四次至海宁，俱下榻于陈园，纡尊降贵，又安知不知其诗中所云：'讵以簪缨赫（应为"吓"），惟敦孝友情'而来了。且以'他年梦寐游'为未足，还要'安澜易旧名，重驻跸之清，御苑近传迹，（原注）海疆遥系情。……'原注说：'圆明园曾仿此为之，即以安澜名之，并有记。'安澜园何以值得乾隆'系情'如是，并圆明园而亦'仿此为之'，是诚值得称奇。岂以'元臣娱老地'，更使乾隆有了不尽之情思！"又说："'六度南巡止，他年梦寐游'，更写不尽乾隆依依之忱。"不得不让人心生怀疑。

三、有的说海宁陈家有堂匾"爱日堂"，为御笔手书，又有一匾为"春晖堂"，也是御书。唐代孟郊有诗云："谁言寸草心，报得三春晖。"这"爱日""春晖"都是取人子事父母之意。乾隆皇帝如果不是海宁陈氏之子，何必题写有这种报答父母恩情蕴意的匾额呢？

需要指出的是，"爱日堂""春晖堂"两件赐匾，均非乾隆皇帝所书，而是康熙帝手书。据《陈元龙传》记载，康熙三十九年，陈元龙迁翰林院侍讲学士，四十年，转翰林院侍读学士。当年四月，康熙帝御便殿，对内直诸翰林说，你们家中各有堂名，不妨说来，御书以赐。陈元龙奏称，家中老父陈之闇年逾八十，请御题"爱日堂"三字。于是，康熙就手书"爱日堂"赐陈元龙。当时，陈元龙的同乡谕德查升奏请御书"澹远"二字，康熙帝也挥毫题写赐之。"爱日堂"虽然确实是康熙帝御笔，但出自

"爱日堂"匾（海宁文保所）

陈元龙的乞请，表达的是陈元龙不忘父亲之恩的意思。至于"春晖堂"三字，则是康熙五十四年六月，皇帝御书赐予詹事府左春坊左中允兼翰林院编修陈邦彦的。陈邦彦是陈元龙胞弟陈维申之子。陈维申娶妻黄氏后，三载而早卒。黄氏孤苦教子，至于成立。陈邦彦显贵后，黄氏封淑人。康熙四十六年，皇帝就曾御书"节孝"二字旌表。到了康熙五十四年，又御书"春晖堂"赐之。

四、有清一代，海宁陈家科名最盛，出仕高官者众，这自然是由于乾隆皇帝为海宁陈家子嗣，因而雍正、乾隆二帝都对陈家特别关照。

海宁陈氏科第之奇，确实为一时翘楚。海宁陈氏科第最盛之时是在康熙朝，这与康熙帝极力笼络江浙世族，借以消弭江浙一带士大夫的反清意识政策有关。而到了乾隆年间，海宁陈氏任高官的，仍然有陈世倌、陈邦彦等人。乾隆六年，陈世倌由工部尚书任文渊阁大学士，至乾隆二十三年，允准回籍，寻卒。海宁陈园为陈元龙父子之业，乾隆皇帝驻跸安澜园时，

右錄近思錄三段

意

久則自熟矣敬以直內是涵養

義理之養心耳但存此涵養意

息皆有所養今皆廢止獨有

右起居盤盂几杖有銘有戒動

古之人耳之於樂目之於禮左

矣於不疑處有疑方是進矣

之未達每見每知新益則學進

易記所以觀書者釋己之疑已

思不起但通貫得大原後書六

多在夜中或靜坐得之不記則

終有義理不見 書須成誦精里

有懈讀書則心常在不讀書則

以維持此心一時放下則一時德性

讀書少則各由考校得義蓋書

陈世倌书法

时时称美陈元龙父子。

乾隆二十二年，陈世倌以老病乞解任。乾隆皇帝下旨俞允：

> 大学士陈世倌，虽年近八旬，而精力未甚衰迈，简任纶扉，历有年所。今以老病，奏请解任回籍，情词恳切。大臣中齿宿望高，宣劳久任，皤皤黄发，为班联表率，诚熙朝盛事。然因老倦而思故乡，亦常情所有，果其以衰老陈情者，朕自曲加体恤，俾得归荣乡里，以资颐养，初未尝强为羁留。如张廷玉之年力既衰，朕即允其归田，后之辗转获咎，乃其自取，实非朕初意所及料也。且陈世倌奏内既称为其生母修改坟茔，此亦人子未竟之责，自宜及身而为之，著照所请，准其回籍。现在汉大学士原有二人，不必开缺另补，听其自为酌量，如一二年后精神清健，仍可来京办事，以昭优老念旧之意。钦此。[1]

1 《清高宗实录》，卷五百五十二。

五、"公主"的传说。

海宁当地有传说称,雍正帝之女,换易乾隆皇帝后,养于海宁陈氏,后嫁常熟蒋溥,蒋家为她专门盖了一座楼阁,后世称"公主楼"。后来,蒋溥得到乾隆皇帝的宠信,官至大学士。冯柳堂在《乾隆与海宁陈阁老》一书中认为常熟蒋溥确实娶了公主陈夫人。冯柳堂认为,蒋溥父亲蒋廷锡去世,蒋溥却不守制三年,这说明清廷将蒋溥视为满官,可证蒋溥是驸马。乾隆二十六年,蒋溥生了重病,乾隆皇帝还亲自前往慰问,关系并非寻常,亦可作为佐证。冯柳堂还说,据陈氏后裔传述,其家塾师某称,曾看过陈氏家藏有一奁目底稿,记载陈氏嫁女故物有御赐金莲花,而这金莲花,除非公主、郡主不能获得。

此外,冯柳堂还举出了些旁证:

一、乾隆皇帝与嘉庆帝的面貌。如果将康熙、雍正、乾隆、嘉庆四帝的画像放在一起端详,康熙、雍正虽然胖、瘦有不同,但均为通古斯族典型面貌。而乾隆、嘉庆二帝则均为长方面庞,俨然像汉人。

二、顺治帝享年二十四岁,康熙帝六十九岁,雍正帝五十八岁,乾隆皇帝八十九岁,嘉庆帝六十一岁,道光帝六十九岁,咸丰帝三十一岁,同治帝十九岁,光绪帝三十八岁。但陈元龙父子祖孙的年龄,均在八旬以上,分别为陈之闇八十八岁,陈元龙八十五岁,陈邦直八十三岁,与乾隆皇帝的年龄正可联成一系。而乾隆前后的皇帝,从未有享年超过八十岁的。

三、改汉衣冠。有传说称乾隆皇帝曾一度拟改汉衣冠而不果。

四、海宁改称州。凡称州厅的地方,不是军事上的要区,就是政治上的繁邑,或者是地域广袤、兴屯开垦的缘故。而海宁升州,与这些条件都不相干。此外,只有与皇帝有关系的地方,才得升为州。海宁升州是由于乾隆三十八年浙江巡抚三宝的奏请,"遂以为三宝此举,暗中系迎合上意,而明乾隆生有所自,故将海宁改为州"。

五、高天赐。名为《万年青》的有关乾隆下江南的小说里,乾隆皇帝易名为高天赐。"然若《万年青》的作者,也知道乾隆与陈氏的一种传闻,那么,改姓为高,不是故弄玄虚,说他是陈氏子孙?"

因为有以上疑点,冯柳堂才在《乾隆与海宁陈阁老》一书的最后说:"吾海宁得钱塘江水,由徽州源远流长而至之力量,千湾百曲,转折逆朝于坤申，关锁于尖山之乙辰方，江水面积八十里，浩荡汹涌于三里之外，澄潴于明堂之前，虽不见于水光，同属暗朝，纯清不杂，南竹公墓，诚荟萃之中心点矣。故斯茔之下，举贡进士得二百数十人之多，岂三阁老五尚书已也。即言清高宗之所自出，亦固不无根据也。查清高宗之生于康熙五十年八月十三日子时，命格为辛卯、丁酉、庚午、丙子，格成四正，子午为明，卯酉为暗，南竹公墓向属子午，风山公墓向得酉卯，一家茔具子午卯酉四正之向，是宜生子午卯酉大贵之人。故推其年命，及合考陈氏墓之灵异，确有符合之处。观清高宗登极后，四次南巡，均住陈邸，而祭葬文简相国之墓，置上谕碑于右方，而左立无言碑者，及其制汉装御像漆屏八扇，留陈氏宅邸而去，似其本人先已明了其所自出，可为铁证也明矣。"

不论如何，乾隆皇帝面貌像汉人，可能是确实有汉人血统；乾隆皇帝长寿，应是继承母亲这一边的基因；乾隆三十八年，海宁也的确由县升为州。正是由于乾隆皇帝与海宁和海宁陈氏的特殊关系，经过清末排满革命风潮的加持，清朝覆亡后，在文人墨客的推波助澜之下，遂成为人们喜闻乐见的名人逸事了。至于背后的历史真相，也只能有待于读者诸君的自行判断了。

《清高宗实录》里的海宁

《清实录》是清朝官修编年体史料汇编，主要依据上谕、朱批奏折、起居注及其他原始档案经整理加工纂成，内容包括当时的政治、经济、文化、军事、法律、对外关系等各个方面的内容，是"国史"和"正史"的重要史料来源，也是研究清代历史最基本的史料，为治清史者所必读。本附录从《清高宗实录》中全面摘取与海宁相关的记载，以便更为全面地反映乾隆朝时期海宁的政治、经济与社会生活全貌。为方便起见，同卷记载归于同一卷数，不单列卷数及时间。

卷八，雍正十三年十二月上

户部议覆，浙江巡抚程元章疏称，海宁县建筑东西海塘，取土应用，挑动民田地荡共十七顷六十九亩有奇，应征银米准其照数豁免。从之。

卷二五，乾隆元年八月下

谕总理事务王大臣：今年伏秋交会之际，南方雨多，水势甚大，朕深为黄运海塘等处工程系念。昨据江南河道总督高斌折奏，时过白露，黄运湖河各处工程在在保护平稳。且毛城铺北岸于六月间，有天开引河一道，不费人力，自然化险为平，人民莫不欢忭等语。又据大学士嵇曾筠折奏，今年伏秋海塘水势虽大，因先期修整坦水、建筑土戗，得以护卫平安。且江海形势渐向南趋。海宁东西两塘日夕涨沙，将来易于施工，比较上年情形，已不啻径庭之别等语。又据河东总河白钟山折奏，秋汛已过，河东两省、南北两岸，一切埽坝工程均属稳固等语。南北河工与浙江海塘，关系国计民生最为紧要。且当朕即位元年，仰荷神明默佑，数处重大工程俱各循流顺轨，共庆安澜，朕心不胜感庆。理宜虔修祀典，以答神贶。所有应行礼仪，该部察例具奏。此三处总理之大臣督率有方，在事各员殚心防护，俱属可嘉，著分别议叙具奏。

卷四十一，乾隆二年四月下

又议准，大学士总理浙江海塘兼管总督事务嵇曾筠疏言，原设引河通判一员，请移驻海宁，分管柴塘，调拨引河塘兵四百名，一并撤回本汛，以供力作，从之。

刑部左侍郎刘统勋奏报，浙省海塘工程，惟朱轼所建五百丈至今坚固，其余旧塘，俱难经久。至于堵筑尖山、开挖引河，费用浩繁，成功难必。此督臣嵇曾筠所以专主建筑鱼鳞大石塘之议也。我皇上不惜百万帑金，以卫浙民田庐。今岁北岸海沙渐涨，南岸江溜渐通，可望成功。海宁城南石塘五百丈，现已完竣。密签长桩，平铺巨石，灌以米汁灰浆，扣以铁钉铁锔。后来工程，若始终如一，可保永远无虞。查向来保固之法，于塘外签桩铺石，层累而上，作为坡陀之形，名为坦水。此项工程，在今日有不得不修筑之势。窃计海塘与河工形势迥不相侔，河工有应筑、应开、应浚之不同，即有不得不筑、必不可筑之异。海塘之内皆属守土寸金之地，一有冲决，民命攸关。且卤水一入，数年之内必致颗粒无收。既议筑塘捍卫，自不容有两歧之议。此实在情形也。得旨：知道了。久而悉其情形，再久而识其作法，原不可以欲速者也。

卷五〇，乾隆二年九月上

户部议覆，大学士管浙江总督事务嵇曾筠疏报海宁县修筑海塘，取土挑废民田地荡一十五顷四十五亩有奇，应征银米照例开除，从之。

卷五五，乾隆二年十月下

大学士管浙江总督嵇曾筠疏报，海宁县建筑石塘工竣，下部知之。

卷六七，乾隆三年四月下

大学士总理浙江海塘管理总督事务嵇曾筠疏言，海潮入江，有南大亹、北大亹、中小亹三路，迁流无定。考其形势，溜趋北亹，则海宁一带塘工坐当其冲；溜趋南亹，则绍兴一带塘工亦受其险；惟溜趋中亹，庶南北两岸俱获平稳。前因溜走北亹，遂致海宁塘工连年告险。虽欲修筑石塘，而一日两潮，难以施工。幸两年来，东西塘外，涨沙日加，绵亘宽厚，水势中行。不特海宁塘工可筑，即南亹一路，亦可渐次开放。但中亹介于禅机、河庄两山之间，口门仄狭，江海不能畅流。往上则直逼南亹，退下则仍注北亹，皆须及早图维者。臣于本年二月，会同刑部侍郎刘统勋查勘，绍兴府属一带海塘类多残缺。若及时修葺，需帑少而功亦易成。现已发银攒砌完整。再中亹之上游萧山县西兴地方，有大滩横亘江心，挑溜北注。如遽开中亹，则北岸之仁和、钱塘工程亦成顶冲。现亦设法疏切，引溜冲刷，俟水势条顺，方可开放。至鱼鳞石塘工程，原系垂诸久远，臣复指示攒筑，务期坚整。得旨：欣悦览之。海塘工程，一以赖卿。自能先事豫筹，诸凡得宜，以副朕望也。

卷七一，乾隆三年六月下

大学士总理浙江海塘兼管总督事嵇曾筠奏浙省江海塘堰工程，需用土方甚多。经前督臣程元章准部核定各府属州县，每土一方，宽长一丈，厚自一尺至二尺五寸不等，其价自七八分至六钱不等。其多寡厚薄之间，尚未允协。即如杭州府属之海宁、绍兴府属之山阴二县，册定每土一方，厚二尺二寸，价银六钱。今分别远近难易，按宽长一丈厚一尺之例科算，实需银一钱二分至二钱不等，较原定二尺二寸、价银六钱之数，多有盈余，尚应酌减。又如温州府属之平阳县，册定每土一方，厚二尺二寸、价银一钱二分，今分别远近难易，按宽长一丈厚一尺之例科算，实需银八九分不等，较原定二尺二寸、价银一钱二分，每多不足，尚应加增。再查土方尺寸，从前拟定成规，未免厚薄不齐，应请循照河工宽长一丈、厚一尺之例，画一办理。下部知之。

又奏海宁沿海新涨沙地，绵亘宽阔，鱼盐之利日增。民灶人等，不无趋利争竞之事。按其原坍地亩，实系灶户居多。今秉公查勘，除留护塘沙一百丈之外，余地定以七分归灶、三分归民，划给管业。再新涨之地，现系斥卤，仅可煎盐，划给后酌令按滩轮租，留充公用。俟五六年后，淡水浸灌涵濡，可以树艺五谷，再行清丈升科。得旨：如此办理甚善。但令涨沙愈多，则堤工巩固，田庐无恙，则利在是矣，又何必计及升科哉。五六年后清丈为是。

卷八四，乾隆四年正月上

工部议覆，浙江巡抚卢焯奏，仁和、海宁二县，设有草塘岁抢银两，今水势日南，涨沙绵亘，塘在平陆，无藉抢修，应行停止。其原估建石塘五千九百三十余丈，仍令该抚逐段详勘，已筑就者，加谨保固，未完工者，上紧攒筑，未派筑者，酌量兴修，从之。

卷八九，乾隆四年三月下

浙江巡抚卢焯奏，山阴县近因海潮南徙，江溜折回，由西北正港，分流东南，直射丈棚村、寺直河等处，护沙冲刷殆尽，塘身难资捍御。又萧山县西塘，上迎江溜，下捍海潮，洪家庄、丫叉塘、淡家浦三段，篊石土塘，亦甚单薄，至海宁县涨沙渐高，潮溜由南岸入江，折向西北。仁钱二县江塘，俱成顶冲，而三郎庙一处，更系险工。惟在先事图维，以期有备无患。得旨：先事预防，正当及早图维者也。

卷九三，乾隆四年五月下

工部议准，浙江巡抚卢焯疏称，海宁县塘工，向来潮水激塘，藉草盘头挑溜。今水势南迁，涨沙日远，似应改筑。除陈坟港，已筑石堤外，其普儿兜、马牧港、戴家石桥、秧田庙、卖鱼桥、小坟前、郑九皋门前、白墙门、廿里亭九座，长一百六十丈余，应与后身土塘一律改筑石塘，动帑兴工，从之。

卷一〇一，乾隆四年九月下

浙江巡抚兼管盐政卢焯奏，海塘为七郡保障。皇上轸念民生，建筑鱼鳞大石塘工，向由海运石料直达工所，今涨沙一望无垠，石船不能拢塘，不得不熟筹挽运之法。看得尖山迤东海盐县境内，三涧寨高矮石塘之内，旧有河形，可达海宁县。而宁邑之东西土备塘内外，从前取土筑塘，已挖成河形，可达仁和。仁和县之范家木桥至殊胜桥，皆有旧河，若循故道，一律深通，不独石料可运，一应柴草木植，皆可转运，且可溉灌田畴，而盐艘遄行不滞。得旨：知道了，此系应行之事也。

卷一〇四，乾隆四年十一月上

癸丑，户部议覆，浙江巡抚卢焯疏称，浙省钱塘江两壐沙地，节年俱有坍废，今彻底清厘，所有减则升科，以及新涨升科各地亩租银，逐一查明确数，请分别某地应升、某地应除，划定款项，切实办理等语。查从前仁和、钱塘二县，所有应征赤脚光丁银两，久为无着虚额。每当征解之际，将隔属之山阴、海宁两处沙地租银抵补，款项原属未清，应如所请豁除。其沙地之界山阴、界海宁者，各归所属，定址分办，以免牵混。至所称另立官租尽收尽解之处，查地亩租银既归各县经征，若令尽收尽解，岁无定额，易致侵渔，应令照原定科则，按额实征。除归还新升灶课银两外，余俱解司充饷。如有坍缺，照例开除，其新涨之沙在山阴界者，归钱清场；在海宁界者，归许村场。再前项沙地，乾隆三年续有坍没地租，业经题准豁免，应令照数扣除。从之。

卷一二一，乾隆五年闰六月下

谕：据浙江巡抚卢焯奏称，海宁尖山坝工实系全塘锁钥，臣率同兵备道相度指示，自开工以来，未及五月，而全工已竣。此系跨海填筑，不比内地工程，所有承办各员弁，俱能实心实力，克著勤劳，谨分别等次，缮折进呈，可否仰恳天恩，敕部议叙。至悉心赞勷、稽核钱粮工料之布政使张若震，往来督工之按察使完颜伟，与督催运石船只之盐驿道赵侗敦，均系大员，未敢列入等次，相应声明等语。尖山坝工办事人员，俱着照卢焯所请，交部议叙，至卢焯董率有方，张若震、完颜伟、赵侗敦协办尽力，著一并议叙具奏。

卷一二二，乾隆五年七月上

免浙江仁和、海宁二县，修筑海塘，挑废民田地荡无征额赋。

免浙江仁和、海宁二县，修筑塘工，拆迁民房，挑废田地，价银五万五千二百七十七两有奇。

卷一二三，乾隆五年七月下

给浙江海宁县塘工挑弃民田地荡，价银一千四百二十五两有奇。

卷一二五，乾隆五年八月下

浙江巡抚卢焯奏，堵筑海宁县尖山坝口，自本月十三日开工，于五月十一日合龙，闰六月初四日告竣，下部知之。

卷一三〇，乾隆五年十一月上

大学士等议覆，闽浙总督宗室德沛等奏，会勘仁和、海宁二县，自老盐仓以西至章家庵止一带，俱系柴塘，易致坍蛰，请改建石塘四千二百余丈等语。查先经该抚卢焯，以该处沿塘沙涨，奏停岁修，是此项工程，实非急务，应俟内大臣海望前估各工修筑完竣后，再行勘度定议，从之。

卷一三二，乾隆五年十二月上

户部议准，浙江巡抚卢焯疏称，钱塘江两鼍沙地九百三十顷五十一亩，前议界山阴、界海宁者，各归所属分办。现勘无山邑所辖，请将应征租银五千五百七十八两零，悉归海宁县收解，从之。

卷一五三，乾隆六年十月下

赈恤浙江嵊县、东阳、义乌、武义、丽水、宣平六县旱灾，安吉州、玉环厅、仁和、钱塘、海宁、余杭、归安、乌程、长兴、德清、武康、萧山、永嘉、乐清、瑞安、平阳十四县及杭前右二卫、湖州所、仁和钱塘永嘉下砂二三场，被水潮灾贫民。

卷一五六，乾隆六年十二月上

又议覆，左都御史刘统勋奏称，前据闽浙总督宗室德沛奏请，海宁之老盐仓迤西至仁和之章家庵一带柴塘，改建石塘四千二百余丈，约估工料银九十余万两，廷议准行。臣前在浙省学习工程，往来江北之仁和、钱塘、海宁、海盐，以及江南岸之山阴、会稽、萧山、上虞等县，遍阅工程，于彼处地势水形，渐为熟悉。诚见草塘之改建，不必过急，而南北两岸之塘工，有不宜缓者。盖海塘之在浙省，莫冲于海盐，莫要于仁和、钱塘，而今督臣奏改之四千二百余丈，则北岸塘工数大段中之一段也。前此南涨北坍，势甚危险，自建筑草塘，及北岸沙淤之后，前抚臣卢焯，奏停岁修，堤岸平稳。待水势北归，再筹捍御，尚未为晚。至论通塘形势，海宁之潮犹属往来涤荡，而海盐之潮则对面直来，其大石塘建自明季，岁时既久，罅漏已成，若不及早补苴，将来费用不啻万计。仁、钱两县江塘，逼近城垣，增修岁岁不免，臣在浙省，备访前此情形，蠹役奸匠，将塘身石料，或拆旧为新，凿大成小，有增修之名，而转有卑薄之实。又风潮之后，水势南归，既由北而中，必将由中而南，山、会、萧、虞诸县南岸居民，将来必纷纷告急。请饬下浙省督抚，会同查看各处塘工。其海盐之塘，渐就残缺者，如何修补；杭城之塘，被水啮蚀者，如何防护，山、会、萧、虞等处，其汊河支港为患田庐者，如何堵筑。臣以大概计之，动发七十万金，而通塘有苞桑之固、衽席之安矣。至于草塘工段，若以帑金二十万，买备大桩木，收贮江干，复于塘后多积土方，以待不虞，已为有备无患，不必尽此款项，置之可缓之处，而于所急者反遗，等语。查兴建大工，必须斟酌尽善，今左都御史刘统勋奏，与督臣德沛改建石工之议，意见各殊，请钦差大臣一员，前往会同署抚德沛、将军福森、关差伊拉齐，诣各塘逐一确勘酌议。得旨：依议，应差之大臣，该部开列具奏。

卷一五七，乾隆六年十二月下

赈浙江嵊县、宣平、仁和、钱塘、海宁、余杭、安吉、归安、乌程、长兴、德清、武康、萧山、永嘉、乐清、瑞安、平阳十七州县，及仁和场、钱清场、永嘉场、松江南汇县下砂二三场、杭州前右二卫屯田、湖州所被水旱灾民屯、灶户。

卷一六四，乾隆七年四月上

癸卯，户部议准，调任闽浙总督兼浙江巡抚宗室德沛疏报，浙省之仁和、钱塘、海宁、嘉兴、秀水、嘉善、平湖、石门、长兴、安吉等州县，向按米数建仓，现因易谷，不敷存贮，应添建廒座。从之。

卷一六五，乾隆七年四月下

谕军机大臣等浙江海塘改建石工一事。据德沛等奏称，现在抢修柴塘，乃目前之急务。至改建石塘,系经久之图。请将料物豫期备办,俟水缓沙停,乘机兴筑,每年以三百丈为率,分年分限,实料实工,庶可与东西两塘并垂永久等语,现交大学士九卿等议奏。朕思海塘捍御潮汐,保护田庐,攸系綦重。如果改建石工,可垂永久。即多费帑金,亦所不惜。但闻议请分年修筑、次第兴工者,原为试验,并非切实之举。盖以沿海淤沙,虽云艰涩,究之是沙非土,难资巩固。其改建石塘,有无利益,果否可垂久远,并现今海塘实在情形,未能深悉。可寄信与那苏图,令其详细查明,据实奏闻。寻奏,海宁老盐仓迤西,至仁和章家庵一带,柴塘四千二百余丈,潮溜冲刷,坍涨靡常。每岁抢修靡费,但在工人员有称应改石塘,有称柴塘已足抵御,既无一定之议。且柴塘自观音堂迤东一带,春间沙坍无存。今塘外已有涨沙数丈及百丈不等,是情形随时不同。应俟汛过后,再加确勘筹办。惟柴塘险要处所,亟宜豫防。现在相机镶筑,大汛经临,可期保固。得旨:所奏俱悉。

卷一七九,乾隆七年十一月下

闽浙总督那苏图奏,浙江近海宁塘岸者,为北大亹;近上虞塘岸者,为南大亹;南北两山之间,为中小亹。形势横截江海,实为浙省之关阃。若将中小亹乘势开通,使江海畅流,汕刷愈深,则受水益广,所费多不过数万金,北岸之水,可以渐掣而南,海宁一带自无漫溢之虞。即使不建石塘,民生自共登衽席,但须从容相机开浚。臣是以先将柴塘添建石篓,为目前济险之急务,以中亹引河开道,为将来经久之要图。得旨:所奏俱悉。

卷二〇〇,乾隆八年九月上

除浙江钱塘、鄞县、西安、海宁等四县坍没荒废田亩荡地额赋六十八两有奇,粮米、南米八石有奇。

卷二〇一,乾隆八年九月下

浙江巡抚常安奏,浙省海宁县鱼鳞塘工告成。查海塘自雍正十一年起,至乾隆八年止,各案工程共用银二百三十余万两。支销各款,现在清查,其历年效力人七十五员,拟一并送部引见,听候部议。得旨:知道了。

卷二一二，乾隆九年三月上

又议覆，浙江巡抚常安疏称，海宁县境内观音堂、老盐仓柴塘，上年春伏秋各汛逼塘，有间段抽掣蹲矬之处，请拆筑加镶，并堵塞毛洞，应如所请，从之。

卷二二〇，乾隆九年七月上

户部议覆，浙江巡抚常安疏称，乾隆六年，仁和、钱塘、海宁、余杭、归安、乌程、长兴、德清等县，水旱成灾。业经题请分别蠲缓额赋外，其不征漕米之萧山、永嘉、乐清、瑞安、平阳等县被灾情形，与仁和等县相同。请于地丁款内，一体分别蠲缓。应如所请。从之。

卷二二一，乾隆九年七月下

谕军机大臣等：朕闻七月初三日起，至七月初六日止，浙省连雨四日，杭州绕城江塘石条，水冲一二层，相近居民，房屋倾倒，杭州府、嘉兴府、严州府、绍兴府属钱塘、仁和、海宁等处十数县，江海石塘土堤稍有损坏，房田亦被水冲，官船民船伤损，人口亦有淹毙。再严州府属淳安县，绍兴府属山阴县，此二县被灾又稍重，此事常安并未奏闻，尔等可寄信询问，令其据实具奏。寻奏，七月初三四五等日风潮，杭州江塘眉土冲泼，当即填平，民屋并无倾倒，海盐、海宁石塘，亦未损坏，惟老盐仓、观音堂等处柴塘，间有蹲矬，随昼夜抢修，克期告竣。嘉属所辖乍浦城外天后宫一带，曾经进水，旋即消落。绍兴一属被水亦轻，独严州一属山水陡发，人民田庐多有淹没，业经缮折具奏报闻。

又奏，浙省于七月初三四五等日，雨势连绵，东北风潮较大，海宁县老盐仓、观音堂等处柴塘，间有蹲矬，现饬塘工各员昼夜抢修，将次告竣。又乍浦城外天后宫一带土塘，间有冲塌，石塘幸未损伤，亦饬一律修补。又因江南徽州府，山水陡发，严州相距百余里，所属之淳安县溪水骤涨，居民庐舍，多被淹没，现照乾隆七年赈恤玉环营、瑞安、平阳之例，按名散给，加意抚绥。得旨：此等奏报，惟应据实，不可存慰朕之念，而有所粉饰，恐汝不能免此，近已有旨，向大学士处颁发矣。

卷二二四，乾隆九年九月上

户部议覆，浙江巡抚常安疏报，浙省七月初三等日，风雨骤作，山溪江水一时陡涨。又海潮泛溢，所有杭属之仁和、钱塘、海宁、富阳、余杭、新城、于潜、昌化，湖属之安吉、归安、乌程、长兴、德清、武康，绍属之山阴、会稽、萧山、诸暨、余姚、上虞，金属之兰溪、汤溪，衢属之西安、龙游、常山、开化，严属之建德、淳安、遂安、桐庐、分水等三十一州县，及杭州前右二卫、湖严二所，仁和之曹娥、钱清、鸣鹤、石堰、金山，并江南松江府属南汇县之下砂及下砂二三等八场，浸没田禾花豆，冲塌城垣堤岸、仓廒衙署、营房民舍，人口间有淹毙，仰恳一体赈恤。其淳安、建德、常山、开化等四县，被灾更重，业经照例动支公项银米，查勘抚恤外，至被水各州县新旧漕粮地丁，亦请暂停征比，均应如所请。其修葺房屋，补给籽本，统于京饷余平及备公项下，动拨题销。应征额赋，或分年带征，或确勘蠲免，另题请旨。得旨：依议速行。

又议覆，尚书公讷亲勘视浙省海塘情形，奏称浙省江海水潮，向由蜀山之南中小亹出入。其近海宁之北大亹，近萧山之南大亹，悉皆涨沙宽阔。是以杭绍二郡，共庆安澜。迨后中小亹渐就淹塞，江海大溜，悉由蜀山之北，故北岸冲刷漫溢为患。若将中小亹故道，开浚深通，俾潮水江流，循轨出入，分减北大亹之溜势，则上下塘工皆可安堵，无庸多费工筑。即使中小亹不能遽行开通，潮汐衰旺有期，长落亦易。倘乘甫退时将险要处所，多建坦坡木石戗坝，俾得挡浪挂沙，实为捷要之法。盖有高沙，则塘根即资巩固。有新沙，则高沙不致坍塌。若得沙益坚积，水不通流，即老盐仓一带柴塘险工，亦可无忧冲溃等语。查蜀山之南中小亹，雍正十二年随浚随淤，迄无成效。但原有故道可通，不可因淤塞已久，竟行停止。亦不可因淤出之地，悉成桑田场灶，地方官为征输起见，遂致因循迁就。即使所挑之处，逼近山根，土性沙礓，艰于挑挖，亦可渐次疏通，每年可省抢修数万两之费，应如所议，饬该抚设法疏浚。再称老盐仓至华家衖迤西一带，江面狭窄。一日之间，潮汐再至。况南有河庄、葛岙等山，逼临江岸。若再于北岸建筑石塘，两相夹峙，益多激荡之虞。惟柴塘其性柔软，不致与水相激。且北岸既建坝挂沙，即有冲损，临时抢护，亦自无难。再，现在抚臣议用竹篓盛贮石块，间段排筑，以资抵御，如有成效，不必必建石工，徒滋靡费。亦应如所议，饬该抚遵照办理。从之。

卷二二九，乾隆九年十一月下

浙江巡抚常安奏海宁县南门外镇海庙迤西至老盐仓一带塘工，近因护沙坍卸，水临塘根，甚属险要。现于北岸存水刷卸之处，先行兴工，多建木石戗坝。其南岸引水工程，容亲往察验具奏。得旨：知道了。海塘工程，详慎为之。

蠲缓浙江仁和、钱塘、海宁、富阳、余杭、新城、于潜、昌化、安吉、乌程、归安、长兴、德清、武康、山阴、会稽、萧山、诸暨、余姚、上虞、兰溪、西安、龙游、常山、开化、建德、淳安、遂安、桐庐、分水等三十州县，及严州所，被旱被水灾民新旧额征。

赈贷浙江仁和、钱塘、海宁、富阳、余杭、新城、于潜、昌化、安吉、归安、乌程、长兴、德清、武康、山阴、会稽、萧山、诸暨、余姚、上虞、兰溪、西安、龙游、常山、开化、建德、淳安、遂安、桐庐、分水等三十州县，杭州前右二卫、湖州、衢州、严州等所，仁和、钱清、曹娥、金山、石堰等场水旱灾民屯灶，并缓征勘不成灾之金华、汤溪二县，及鸣鹤下砂头二三场，新旧额征。

卷二三三，乾隆十年正月下

浙江巡抚常安奏，海宁南门镇海庙起，迤西至老盐仓一带，现有涨沙，严饬文武汛守各员，分段保护桃汛。至北岸存水处，自宜遵照原议，各建木石土戗，为挡浪挂沙之计。查秧田庙石塘，正迎大溜，普儿兜石塘，又与老盐仓迤西柴塘相近，潮汐冲激，均关紧要，各拟添建盘头一座。其南岸故道，自蜀山迤北，旧有沙淤，以致大溜趋逼北岸，拟就沙嘴开沟引潮，可减南岸之沙以益北岸。得旨：惟应相其机宜以尽人事，涨沙不足恃也。

卷二三七，乾隆十年三月下

户部议准，浙江巡抚常安疏称，浙属上年被水，请将成灾之仁和、钱塘、海宁、富阳、余杭、新城、于潜、昌化、安吉、归安、乌程、长兴、德清、武康、山阴、会稽、萧山、诸暨、余姚、上虞、兰溪、西安、龙游、常山、开化、建德、淳安、遂安、桐庐、分水三十州县，应完乾隆九年钱粮，分别蠲免。其勘不成灾之金华、汤溪二县，及仁和、钱清、曹娥、金山、石堰五场，湖州、衢州、严州三所，应完地赋场课，统请缓征。得旨：依议速行。

卷二四七，乾隆十年八月下

浙江巡抚常安奏，前因拿获拐犯富大等，讯出同伙各犯姓名，臣即饬属查拿。旋据嘉善、乌程、海宁、桐乡、秀水等县先后报获富子文、毛可奇等男妇数十余人，并详加研讯。除富大先经殴毙，富子文、毛可奇续报病故外，余犯按律究治。臣不敢草率完结，亦不敢稍有瞻徇。得旨：虽云未草率，然使重犯未正典刑，而先毙者三人，可云不疏忽乎。戒之，慎之。又批：仍宜速行结案，重处以快人心。

卷二四八，乾隆十年九月上

户部议准，浙江巡抚常安疏称，海宁县许村场分给民三、灶七新涨地亩于乾隆六年被潮冲决，租银无可著追。请自乾隆六年为始，俱予豁免。从之。

免浙江海宁县被潮冲坍钱江地亩无征额赋。

卷二五二，乾隆十年十一月上

工部议准，浙江巡抚常安疏称，海宁县观音堂、老盐仓二汛柴塘，上年秋雨连绵，塘身间段冲陷，请分别修理，从之。

卷二六〇，乾隆十一年三月上

己卯，谕：朕爱育黎元，特降谕旨，将直省钱粮，轮年通免，使之均沾惠泽。查浙江温台二府所属玉环山地方，从前弃置海外，雍正六年设立文武官弁，招徕开垦。现在田地山场，每年额征本色谷一万六千四百九十余石。又海宁县有钱塘江海口，南大亹、中小亹之间，天涨沙地，给佃承种，每年应征银五千五百二十余两。以上二项与腹内地丁无异，因名为租谷租银，是以不在所蠲之内。彼边海之地，土瘠民贫，自当一视同仁，俾免输将，以安作息。丁卯年系该省轮免之期，著将此二项，一体蠲免，该部即传谕该督抚知之。

卷二六九，乾隆十一年六月下

浙江巡抚常安奏，查江海水潮出入之所，凡有三处。近萧山者为南大亹，近海宁者为北大亹，蜀山之南有中小亹一道，向来江海汇流，由此出入。南北两亹，涨沙宽阔，杭、绍俱庆安澜。自中小亹湮塞，南大亹淤出之地，已成平陆，于是溜势直趋北大亹，而海宁始虞泛溢，议修议筑，岁费帑金无算。乾隆九年，尚书公讷亲勘视海塘情形，拟将中小亹故道开浚深通，分减北大亹溜势，令臣相机办理。臣查蜀山迤北，向有积沙，宽至四五百丈，横亘中间，先就沙嘴开沟四道，均成坎形，以引潮水攻刷。嗣后不时疏通，节经大汛攻刷积沙。上年冬间，渐觉坍卸，溜缓潮平，开沟已有明验。臣思趁此水势顺利，正宜及时疏浚深通，即不能全溜直达中亹，而水势南分，北岸塘工不致受患，节次专派员弁，督率兵目挑挖。本年春汛伏汛已过，南沙坍卸殆尽，蜀山已在水中，倘秋汛不复涌沙，则大溜竟行中小亹矣。得旨：此言安可轻出，亦再看三五年后何如耳，如果全行中小亹，固可喜之事也。

卷三〇一，乾隆十二年十月下

赈恤浙江海宁、海盐、平湖、鄞县、慈溪、奉化、镇海、象山、定海、会稽、余姚等十一县风潮等灾，永康、西安、松阳等三县旱灾，石堰、鸣鹤、穿长、龙头、玉泉并江南青村、下砂头二三场等八场潮灾饥民，分别给予籽本，并葺屋银两。

卷三〇八，乾隆十三年二月上

大学士议准，钦差大学士高斌等奏称，会勘仁和、海宁二县，自章家庵起，至尖山脚止，新旧大石块石柴草土塘，并皆巩固；塘外新涨淤滩，绵亘四五十里，中小亹引河，导引江溜，畅流直下，全塘得保无虞，但得后边土堰挡护周匝，则塘后坡土不伤。除八仙石起，至章家庵老土塘四千七百余丈，另有外护土堰，无须加筑外，应将前项塘工顶上后边，一律加筑土堰，底宽一丈二尺，顶宽八尺，高四尺，共长一万四千数百余丈。再自仁和县江塘迤东至章家庵民筑土堰六千二百余丈，原为八仙石迤东老土塘之外护，高下厚薄不齐，应通体加高培厚。从之。

卷三一〇，乾隆十三年三月上

免浙江海宁、余姚、永康、西安、松阳等五县潮灾田地本年漕粮项银米，及蠲剩旧欠漕项银。

卷三一七，乾隆十三年六月下

户部议覆，升任浙江巡抚顾琮疏称，浙省上年被灾县场蠲赈事宜。一、海宁、余姚、永康、西安、松阳等五县，石堰、鸣鹤、下砂并下砂二三等四场被灾田地，应征钱粮，按分蠲免。蠲剩南秋米石，除余姚县已经全完，其余应分年带征。石堰等场蠲剩钱粮，并未完场课，俱分别缓征。一、海宁等五县被灾扣蠲役食等项银两，于备公银内拨给。一、岱山、崇明二处，被潮冲失盐斤帑课请豁。一、石堰等场赈米，于余姚县存仓米动拨，折赈银两于盐道库给发。一、勘灾查赈盘费等项，先于各县库动拨，事竣于藩司盐道库拨还。一、下砂并下砂二三场极次贫民，加赈两月，所需米照价概给折色。一、各属道府督察赈务，各项动用银米，应定限题销各等语，均应如所请。从之。

卷三二七，乾隆十三年十月下

谕：各省漕船帮丁行月、漕截等项银米，如遇截漕留减，其给过各项钱粮分年扣追，此定例也。浙江乾隆八年截留运闽案内之绍兴后帮，乾隆九年截留临清案内之台州前帮、海宁所帮，乾隆十年截留本省备用案内之杭前后、杭右后二帮，皆有应追未清之项。若按限扣追，丁力未免拮据。著将绍后帮应完一限银两、海所帮应完两限银两，俱分作三年扣还。台前帮应完两限银两，分作四年扣还。杭前后、右后二帮应完一限银两，分作二年扣还，俾丁力宽纾，以示朕体恤旗丁之意。该部即遵谕行。

卷三四八，乾隆十四年九月上

豁除浙江海宁、松阳二县水冲沙压田地额赋银一千六百两有奇，米一石有奇。

卷三五八，乾隆十五年二月上

军机大臣等议奏酌裁各省卫所武员、分隶州县事宜。除陕西、云南二省已于康熙、雍正年间陆续裁并；山东、江西、湖北、湖南、甘肃、贵州六省，据各该抚奏无缺可裁，仍循旧制；直隶、四川二省所奏移驻添建，率多纷扰，均无庸议。其应裁缺省分，如江苏省，则据督臣黄廷桂、抚臣雅尔哈善奏，缺有繁简不同，当酌量裁并。请将仪征卫归并扬州，金山卫归并镇海，各裁守备一。扬州卫并四帮入三帮，镇江卫并中帮分入前后，各裁千总二、随帮一。安徽省则据抚臣卫哲治奏，请将凤中卫归并凤阳，宿州卫归并长淮，各裁守备一；安庆卫并前后两帮为一，宁国太平帮并两为一，各裁千总二、随帮一。浙江省则据督臣雅尔哈善、漕臣瑚宝、抚臣永贵奏，杭州前卫与右卫同城，请并右归前为杭州卫，裁守备一；海宁卫与嘉兴所同隶嘉兴，请并嘉兴所归海宁，即改海宁卫为嘉兴卫，裁千总一。俱应如所请。其裁缺俸工养廉，各充饷归公。地方分隶州县，即未裁缺卫所，凡命盗户婚田土事件，归州县管理。如实有州县窎远，势难兼顾者，各督抚另奏。议裁各员，赴部另补。从之。

卷三六九，乾隆十五年七月下

兵部议覆，漕运总督瑚宝奏请改卫守备千总繁缺，仪征、宿州、金山、凤阳中卫等守备归并扬州、长淮、镇海、凤阳等四卫守备兼管。又扬州卫四帮并入三帮，镇江卫中帮并入前后两帮，安庆前后两帮并为一帮，建阳卫宁太两帮并为一帮。杭州右卫守备、嘉兴所千总并入杭州、海宁二卫守备兼管在案，以两卫之事并入一卫，两帮之船并入一帮。应如所请，除扬州、杭州二卫守备员缺，业经改为繁缺，均毋庸议外，应将江南镇海、凤阳、长淮三卫，及浙江海宁卫改为嘉兴卫守备员缺，扬州卫三帮、镇江卫前后两帮、安庆卫帮、建阳卫宁太帮领运千总员缺，均改为繁缺。遇有缺出，于事简卫守备千总内，拣选才具优长、并无事故之员，具题调补，所遗员缺归部铨选。从之。

卷三八一，乾隆十六年正月下

兵部尚书舒赫德、闽浙总督喀尔吉善等奏，会看浙江海塘工程稳固，中小亹畅行无滞，江海安澜，民灶乐业，现在情形可无亲临阅视。且杭城候潮门外观潮楼，地临江海上游，潮汐往来，塘工捍御，及沿江滨海情形皆可得大概。若自杭省过海宁至尖山，往返路长，中途又无立大营处，一切应豫备处，未经举行。报闻。

卷三八五，乾隆十六年三月下

兵部议准，署浙江巡抚永贵疏称，杭州前、右二卫，向系各分前后帮。嗣右卫归并前卫，改为杭州卫，应将原设杭州前后帮改为头二帮，杭州右卫前后帮改为杭州卫三四帮。至嘉兴所海宁卫，原系统嘉海二属卫所为一帮，并未另行各设帮次。嗣嘉兴所归并海宁卫，遂改为嘉兴卫，应将嘉海卫所帮改为嘉兴帮。并按各卫名，一体改给印信。从之。

卷三九四，乾隆十六年七月上

户部议覆，闽浙总督喀尔吉善、浙江巡抚永贵奏称，浙省杭、嘉、湖、三府收漕公费浩繁，雍正六年原定每石收钱自八文至二十一文不等。因州县办公不敷，前请分别加耗二升三升，以为修仓铺垫、人工饭食之用。嗣部议以加耗过多，且恐启大升量收之弊，不若照江苏省每石加漕费钱四十八文至五十二文之例，于原定钱数外量加。今请将前议仁和、钱塘、海宁、富阳、余杭、安吉、归安、乌程、长兴、德清、武康等十一州县，每石加耗二升者改收钱二十文。嘉兴、秀水、嘉善、海盐、平湖、石门等六县，每石加耗三升者，改收钱三十文。桐乡原定额钱二十一文者，加收钱五十一文。较江省尚属有减无增，官民亦得两便。应如所请。督抚饬属示谕，俾民间照数纳钱，不得额外浮收。从之。

卷三九六，乾隆十六年八月上

赈贷浙江海宁、富阳、余杭、临安、昌化、安吉、乌程、长兴、鄞县、慈溪、奉化、镇海、象山、定海、萧山、诸暨、余姚、上虞、嵊县、临海、黄岩、太平、宁海、天台、仙居、金华、东阳、兰溪、义乌、永康、武义、浦江、汤溪、西安、龙游、江山、常山、开化、建德、淳安、遂安、寿昌、桐庐、分水、永嘉、乐清、平阳、瑞安、丽水、缙云、青田、松阳、遂昌、云和、龙泉、庆元、宣平五十七州县，及玉环一厅，杭、台二卫，湖、严、衢三所，大嵩、清泉等场旱灾民灶，并缓征本年地丁场课、新旧漕粮。

卷四〇四，乾隆十六年十二月上

缓浙江海宁、富阳、余姚、临安、昌化、安吉、乌程、长兴等八州县本年旱灾应征粮银，并分别蠲缓漕项米折等银，及未完旧欠。

卷四一三，乾隆十七年四月下

蠲缓浙江乾隆十六年分原报续报旱灾之海宁、富阳、余杭、临安、昌化、安吉、乌程、长兴、鄞县、慈溪、奉化、镇海、象山、定海、萧山、诸暨、余姚、上虞、嵊县、临海、黄岩、太平、海宁（原文如此，重复）、天台、仙居、金华、兰溪、东阳、义乌、永康、武义、浦江、汤溪、西安、龙游、江山、常山、开化、建德、淳安、遂安、寿昌、桐庐、分水、永嘉、乐清、瑞安、平阳、丽水、缙云、青田、松阳、遂昌、云和、龙泉、庆元、宣平、仁和、钱塘、海盐、归安、孝丰、山阴、会稽、新昌、泰顺等六十六州县，玉环一厅，杭、嘉、台三卫，湖、衢、严三所，大嵩、龙头、穿长、清泉、玉泉、杜渎、黄岩、长亭、仁和、鲍郎、钱清、永嘉、双穗等场额赋有差。

卷四一七，乾隆十七年六月下

浙江巡抚觉罗雅尔哈善奏，今年春夏雨多，海潮汹涌，海宁县石塘外积沙，间被冲卸；将军殿之柴盘头，亦有坍塝。幸蜀山一带，涨有新沙，塘工无碍。臣查浙江海塘情形，若溜趋南大亹，则绍属山、会、上虞被其患，或溜趋北大亹，则杭属海宁、仁和受其侵，惟由中小亹出入，则两岸田庐，俱受安澜之庆。而中亹山势仅宽六里，潮汐往来，浮沙易淤，且南岸文堂山脚，涨有沙嘴百三十余丈，挑溜北趋；北岸河庄山外，亦有沙嘴五十余丈，颇碍中亹大溜。现酌将此两处涨沙，挑切疏通，俾免偏碍阻滞之患。再，将军殿之柴盘头系顶冲要工，坍塌处速应补葺，以护塘根。得旨：所见颇得领要。

卷四三九，乾隆十八年五月下

蠲缓浙江仁和、海宁、山阴、萧山、诸暨、上虞等六县，仁和场，乾隆十七年水灾额赋，并予赈恤有差。

卷四六三，乾隆十九年闰四月下

议政大臣来保等议覆，闽浙总督喀尔吉善等奏称，浙省海塘现在沙涨，每日两潮，并不到塘，与塘工无碍，无需道员专管等语。应如所请，将海防道裁汰，仁和、海宁、海盐、平湖四县塘工，归并杭嘉湖道兼管，萧山、山阴、会稽三县塘工，归并宁绍台道兼管，各加养廉银五百两，即在裁去海防道养廉内动给。从之。

卷四九三，乾隆二十年七月下

浙江巡抚周人骥奏，乾隆十四年仁和县垦地一百六十七顷零，海宁县垦地一千六十三顷零。海宁认户多系豪强外籍，从不到地垦种。现在垦种者系沿海无业民灶，各认户勒令纳租。垦户不甘，纷纷赴控。臣彻底查清，悉归垦户报升。认户原系垦户，仍准丈给。得旨：好。办理甚公当也。

卷四九五，乾隆二十年八月下

豁除浙江仁和、海宁、鄞县等三县乾隆十九年坍没田地二百八顷六十六亩有奇银一百七十五两有奇，米八石六斗有奇。

卷五〇六，乾隆二十一年二月上

谕：上年浙省杭、湖各属，间有被灾之处，业经加恩蠲缓。其余灾地接壤各州县，虽勘不成灾，收成究属歉薄。现既完纳漕粮，而地丁钱粮复按限催征，民力未免拮据。著加恩将杭州府属之钱塘、海宁、余杭、富阳、临安，嘉兴府属之嘉兴、秀水、嘉善、海盐、平湖、桐乡、石门，湖州府属之孝丰等十三州县，并已报被灾之仁和等十三州县内例不缓征各户，所有应征乾隆二十年分未完地丁钱粮，一并缓至今岁蚕收麦熟后完纳，以纾民力。该部遵谕速行。

卷五〇八，乾隆二十一年三月上

闽浙总督喀尔吉善奏，近年海塘因水势南趋，北塘稳固。而险工在绍兴一带，连被风潮，老塘全塌，子塘新工，更不足恃。岁修既费帑金，且恐水势骤至，堤薄沙浮，为害甚大。拟于宋家溇杨树下一带，自大池后真武殿东首田由坚土处所起，跨河以南，直至陈金声盐舍后止，照海宁鱼鳞大条石塘，排桩建四百丈。其西平稳处，接筑土塘二十丈，筑土戗于后以护塘身。其旧土塘柴塘，可为外护，即坍损亦与新增无碍，无庸再修。山、会等县，永资捍卫。估计筑费，较岁修土塘为省，且于偏灾穷民代赈有裨。得旨：如所请行。

卷五三四，乾隆二十二年三月上

谕：江浙二省积欠地丁银两，前已有旨蠲免，而浙省所免独少，足见黎庶素属急公。今巡省莅止，因命悉查各项，则尚有十八、十九、二十等年各属未完缓征及蠲剩漕项银十八万九千余两，二十年分杭、嘉、湖、绍四府属县场未完借欠籽本银三万七千八百余两，十八、二十年分各卫所未完屯饷银六千四百余两，并海宁县未完沙地公租银二千余两，著加恩概行蠲免。该督抚等其董率属员，实力奉行，无令胥役里长侵蚀中饱，副朕曲体惠鲜之至意。

又谕闽浙总督喀尔吉善、浙江巡抚杨廷璋，西湖之水，海宁一带田亩藉以灌溉，今闻沿湖多有占垦。若将垦熟之田，挖废归湖，小民未免失业。如任其占垦，将来日渐壅塞，海邑田亩有涸竭之虞，于水利民田均有未便。除已经开垦成熟者，免其清出外，嗣后不许再行侵占。寻奏，西湖旧址三十余里，雍正二年清查时，仅存二十二里四分有奇；至今三十余年，小民复渐占垦。现委员将湖址逐段勘丈，凡现存湖面及淤浅沙滩，俱丈量标志，绘图存案，侵占依律惩治。至现在小民栽荷蓄鱼之荡，止许用竹箔阑隔，以通水道，禁其私筑土埂。仍责地方官于每岁水落时，按图勘丈，具结申报。其现已垦熟田亩，虽蒙恩免其清出，但究系私占官湖。俟丈出占垦确数，如果无碍水源，当另请旨酌量征输，归入西湖岁修项下，为挑浚之用。得旨：是。

卷五三五，乾隆二十二年三月下

谕：浙海之神自雍正八年海塘告成时，特加褒封，敕于海宁县地方建庙崇祀。迩年以来，海波不扬，塘工巩固。朕省方浙中，亲临踏阅，见大溜直趋中小亹，两岸沙滩自为捍御，滨海诸邑得庆安澜，利及生民，实资神明显佑。应于杭州省城之观潮楼，敬建海神之庙，以昭朕崇德答佑至意，应行事宜，该部查例具奏。

卷五七二，乾隆二十三年十月上

赈浙江钱塘、海宁、山阴、会稽、萧山、诸暨、余姚、上虞等八县，仁和、曹娥、东江、石堰、金山、青村、下砂、下砂二三等八场本年水灾饥民。

卷五八四，乾隆二十四年四月上

蠲免浙江钱塘、海宁、山阴、会稽、萧山、诸暨、余姚、上虞八县，曹娥、东江、石堰、金山、青村、下砂、下砂二三八场，乾隆二十三年秋禾风灾额赋，并予加赈。

卷五八五，乾隆二十四年四月下

兵部议准，闽浙总督杨应琚奏称，浙江海塘向设守备、千把、马步守兵防捍护，于乾隆十九年经前督臣喀尔吉善以中亹引河畅流，塘工平稳，奏请裁改，设堡夫一百八十三名。今中小亹之下口门，因雷、蜀二山，涨沙连接，水势仍致北趋，海宁一带为全塘要区，抢修防护，在在需人，请酌复千总一员、把总二员、外委三员、马兵二十名、步兵六十名、守兵一百三名，自海宁分设二汛，每汛派拨把总一员专防，外委一员协防，尚余千总、外委各一员，驻扎宁城北岸，裁堡夫以抵酌复兵丁之数，所需兵饷及千、把等养廉工费，即于原裁俸饷内支给。得旨：依议速行。

卷五九一，乾隆二十四年闰六月下

工部议准，浙江巡抚庄有恭疏称，浙省老盐仓迤西之华家衕等处，江溜海潮现俱北趋，虽塘外老沙尚未坍动，一经盛涨，水风相击，不无冲夺之虞，请发帑给富、建、桐、分四县采办柴䕷运贮，俟秋汛后将应行拆修之处，分别办理。又海宁石塘近城一带，护沙日见冲卸，倘遇异常风汛，泼塘之水，亦复堪虞。该处起止共长二千三百十一丈有奇，请于现存矬蛰土上加高三尺，帮宽二尺，所需银两，并前应用款项，统于节省引费内动支。得旨：依议速行。

卷五九四，乾隆二十四年八月上

免浙江海宁县乾隆二十三年潮坍沙地额赋。

卷五九五，乾隆二十四年八月下

浙江巡抚庄有恭奏，海宁县自曹殿盘头，由城南迤东至九里桥一带，塘外护沙刷去无存，潮水近逼塘脚，坦基半露，或间段残缺，或成片泼卸，其大石塘外，或塘根蛰陷，或并无旧塘基址，计应修应建坦水，共一千一百四十余丈，分别缓急，攒料兴工。下部知之。

卷五九七，乾隆二十四年九月下

浙江巡抚庄有恭奏，海宁县塘坦最要工程，业经奏明办理。兹查海宁绕城一带，桩石残缺之六十五丈应行议修，曹殿以西向未建坦之八十二丈，应行议建，请归前案，一并乘时赶修，以防春汛。翁家埠至老盐仓一带柴塘，当此江海全趋北大舋之时，诚为紧要。但老沙尚宽二千余丈，似可无虞，应否拆修，俟明春酌议。又东防同知所属之韩家池，有柴塘四百六十一丈，附近外沙，日见汕刷，渐为回溜浸逼，酌拨柴薪六十万䕷，分贮该处，以备不虞。得旨：诸凡甚妥，如所议行。

卷五九九，乾隆二十四年十月下

抚恤浙江嘉兴、秀水、嘉善、平湖、石门、桐乡、安吉、归安、乌程、长兴、德清、武康、永嘉、乐清、瑞安、仁和、钱塘、海宁等十八州县，嘉兴卫、湖州所，双穗、芦沥、永嘉、横浦、浦东、下砂、下砂二三场、青村、袁浦等九场，本年被水、被虫贫民，并给籽种口粮，停征额赋如例。

卷六〇八，乾隆二十五年三月上

蠲缓浙江仁和、钱塘、海宁、嘉兴、秀水、嘉善、平湖、石门、桐乡、安吉、归安、乌程、长兴、德清、武康、永嘉、乐清、瑞安等十八州县，并嘉兴卫、湖州所，及双穗、芦沥、永嘉、横浦、浦东、下砂、下砂二三、青村、袁浦等九场，乾隆二十四年水灾、虫灾田荡额赋，分别赈恤。

卷六一一，乾隆二十五年四月下

浙江巡抚庄有恭奏，海宁东南有大小尖山，横踞海口，向建石坝一道，掣溜南趋，北岸塘堤藉无冲突之患。近因贴坝老沙，南面刷去五十余丈，北面刷去二十丈，应用竹篓，填贮块石，兼用篾缆联络，以挡潮势，并护塘根。得旨：好。

卷六一三，乾隆二十五年五月下

是月，浙江巡抚庄有恭奏，据海宁县报称，胡家兜迤东海塘外，于三月初至四月，涨沙渐盛。自胡家兜至南门外，计长十八里，南北宽一千二百丈，其势长狭，向东亦约有九百余丈、五六十丈不等。臣于五月亲往查勘，较之四月涨沙，丈尺更有加增。水底之沙，亦俱凝实。东塘一带塘脚，得有外沙拥护，自可长资巩固。得旨：此实佳兆也。应虔诚往观潮楼海神祠致祭，并绘图奏来。

卷六一八，乾隆二十五年八月上

谕：献岁恭逢皇太后七旬万寿，拟于新春敬奉安舆，时巡南服，俯慰士民颂祝之忱，并顺道阅视徐州石堤及海宁塘工。因降旨令该省地方官修整道路桥梁，照例豫备。今岁大江以南，在在丰收。惟夏间雨水稍多，河湖盛长。高、宝、兴、泰一带低处所，颇有漫溢。前因河臣等先后折奏，特传谕尹继善，查明下游被水之区，豫筹抚绥。复恐地方有司承办南巡差务，转于赈恤事宜，不能尽心经理。是以谕令该督将实在情形，确查具奏，候朕降旨酌缓巡幸。今据奏到高、宝等处被水较重，该处既现已成灾，亟宜以赈务为切要。南巡一事，原不妨酌量改期。该督身任封疆，自当权其缓急，早为奏请。何必待朕询及，始以入告耶？所有南巡应办差务，暂行停彻，改于壬午春恭奉慈辇，以慰舆情，仍可揽民风而昭盛典。大差既经停止，自可专心办理赈务。该督等务宜仰体朕怀，董率僚属，确按灾地情形，实力妥办，勿使穷黎稍有失所，以副朕疴瘝在抱之意。该部即遵谕行。

卷六二一，乾隆二十五年九月下

豁免浙江钱塘、仁和、海宁三县坍没荒地一百四十七顷九十五亩额赋。

卷六二七，乾隆二十五年十二月下

豁除浙江海宁县乾隆二十四年分被潮冲塌地七十五顷十四亩有奇额赋。

卷六三一，乾隆二十六年二月下

浙江巡抚庄有恭奏，杭州府属之东西两防塘工，自上年霜降后，江流弱小，不能冲刷南沙，以致逼溜北趋，将北岸涨沙刷卸。现在西塘境内之翁家埠、老盐仓、马牧港一带，刷去老沙自三十丈至一百三十余丈不等。东塘内自胡家兜以下，新涨沙涂被刷无存。其南岸涨沙，自蜀山西至文堂山脚，河宽五百丈至九百七十丈不等。又岩峰山脚涨沙之外，复起中河一道，宽二百余丈。其文堂山西脚中河一道，宽长丈尺，较上冬又有加增，逼溜日益向北。幸本月上游各属连得透雨，江水迅驶，足抵潮头。将来江流旺发，南沙日渐冲刷，仍可期掣溜向南。惟是北岸与岩峰斜对之老盐仓，为柴石两塘交接之区。虽直出老沙，尚有一千八百余丈；而自柴塘头斜向东南，抵潮溜埽湾处所，仅宽二百七十四丈。细察情形，大潮由海宁城外逼于蜀山脚外堰沟，东北新涨阴沙，潮头由曹殿盘头折向西北，则老盐仓实为潮溜顶冲。该处柴塘停修十有六年，今去埽湾处所不及三百丈，自应先事豫防。现饬属采运柴薪，并购办桩木器具，豫解工所，以资抢护。得旨：览奏俱悉。

卷六三二，乾隆二十六年三月上

兵部等部议准，浙江巡抚庄有恭奏称，海塘营伍，原以修护堤防。现在江海正溜，全由北大亹出入，额设千总一员、把总二员、外委三员、兵一百八十三名，不敷调遣，请将原拨杭协中营守备一员、千总一员、把总二员、外委四员、兵二百名，均行彻回，再添设外委一员，内以千总二员，各带外委二员，分驻最要之尖山、翁家埠二处，其该处前设把总二员、外委二员，移驻次要之念里亭、戴家石桥二处，各设一汛，再拨把总一员、外委一员，一驻海盐之澉浦，一驻平湖之乍浦，守备一员，带同把总一员、外委一员，驻海宁城，专责修防，各汛员弁，均听杭防道统率。从之。

卷六四三，乾隆二十六年八月下

浙江巡抚庄有恭疏报，定海、上虞、龙游、永嘉、缙云、海宁等六县，乾隆二十五年分开垦田地涨沙地二十顷二十二亩有奇。

卷六四四，乾隆二十六年九月上

豁除浙江海宁、仁和、钱塘、平湖等四县坍没沙地，及营兵义冢田地一百六顷三十四亩有奇额赋。

卷六四九，乾隆二十六年十一月下

浙江巡抚庄有恭奏，海宁柴石二塘交接处，水已临塘，迤西老沙仍多坍卸，本月朔汛仅存护沙二十九丈，亟应续镶。得旨：览奏俱悉。

卷六五一，乾隆二十六年十二月下

壬午，谕军机大臣等：朕前者载举南巡，问俗省方，无非民事，而河工海塘，尤为捍卫民生之重计，是以淮徐一带，临视不惮再三。惟尖山塘工，跸路稍纡，未经亲勘，比年以来，中亹潮势渐次北移，殊萦宵旰，已拟于明春赴浙时，详阅情形，与地方大吏讲求规画。适览庄有恭奏，现在攒办工程，俟来年临阅请训一折，意似待朕巡浙，已届回銮，始于该处豫备者然。果称则是朕于西湖左右游览既毕，乃旋施及之，于勤民之义谓何？在该抚昕夕侍朕，断断不设是想，即江浙士庶亦不皆好生议论者，然此既非朕心所能安，即非巡典所宜有。今定于初抵杭州行宫次日，朕即前往阅塘，圣母皇太后留憩省城，先可近览吴山，仰承慈豫，不越三昔，朕即回奉安舆，幸西湖行宫，则于典礼人情，均为允惬。而自杭城之海宁，水陆皆通行之路，较之原议由石门何家桥过坝取途周折，尤为近便，著传谕庄有恭知之。

卷六五六，乾隆二十七年三月上

是日，驻跸杭州府行宫。

乙未，上至海宁，阅海塘。

是日，驻跸海宁县行宫。翼日如之。

丙申，上阅海塘石堤。

谕：朕稽典时巡，念海塘为越中第一保障。比岁潮势渐趋北大亹，实关海宁、钱塘诸邑利害。计于老盐仓一带，柴塘改建石工，即多费帑金，为民间永永御灾捍患，良所弗惜。而议者率以施工难易，彼此所见纷歧。昨于行在先命大学士刘统勋、河道总督高晋、巡抚庄有恭前往工所，签试桩木。朕抵浙次日，简从临勘，则柴塘沙性涩汕，一桩甫下，始多扞格，卒复动摇，石工断难措手。若旧塘迤内数十丈许，土即宜桩，而地皆田庐聚落，将移规石工，毁斥必多，欲卫民而先殃民，其病甚于医创剜肉矣，朕心不忍。且并外塘弃之乎，抑两存而赘疣可乎？以兹蒿目熟筹，所可为吾民善后者，惟有力缮柴塘得补偏救弊之一策耳。地方大吏，其明体朕意，悉心经理，定岁修以固塘根，增坦水石篓以资拥护，庶几尽人事而荷神麻，是朕所宵旰廑怀，不能刻置者。至缮工欲固，购料不得不周。现在采办柴薪，非河工秫苇之比。向为额定官价所限，未免拮据，应酌量议加，俾民乐运售而官易集事。其令行在户部会同该督抚，详悉定议以闻。朕为浙省往复咨度之苦心，其详具见志事一诗。督抚等可并将此旨于工次勒石一通，永志遵守。毋忽。

谕：尖山、塔山之间，旧有石坝。朕今亲临阅视，见其横截海中，直逼大溜，犹河工之挑水大坝，实海塘扼要关键。波涛冲激，保护匪易。但就目下形势而论，或多用竹篓加镶，或改用木柜排砌，固宜随时经理，加意防修。如将来涨沙渐远，宜即改筑条石坝工，俾屹然成砥柱之势。庶于北岸海塘，永资保障。该督抚等其善体朕意，于可兴工时，一面奏请，一面动帑攒办，并勒石塔山，以志永久。

大学士公傅恒等议奏，查海宁柴塘工程，从前柴价每百斤部定则例准销六分，乾隆七年复因不敷购办，奏请加增银三分，今酌于原定九分之数再加一分，每百斤统以一钱报销，将来柴价渐平，该督抚随时酌减报闻。

卷六五九，乾隆二十七年四月下

闽浙总督杨廷璋奏，臣送驾后，即驰赴海宁，至塔山查勘坝外涨沙，标记三处均有增涨，至老盐仓一带柴塘，工长九百四十五丈，已修过二百七十丈，其未修者，现面谕海防道赶办，务于秋泛前，一律修固。塘外遵旨安设竹篓，以护塘根，可无烛蛰。再前修竣之柴工，近日蹲矬一二三尺不等，因少用腰底面桩，不能签钉，现在拆修之柴工，俱加增桩木，修筑坚实，以免渗漏。至旧大石塘，未筑坦水之处，俱遵旨增建条石坦水，以期塘方巩固。报闻。

卷六六〇，乾隆二十七年五月上

又谕：据庄有恭奏，三官堂迤西一带老沙，每汛仍多坍刷、而尖、塔二山坝外涨沙，现在日益高宽一折。新涨之沙，日见增长，尖山坝工，虽足资巩固，但迤西老沙，更有坍刷，通计彼此长落分数，不知孰多孰少，其势是否相当，抑或有所得不偿所失之处，该抚未经详悉声明，著将原图寄庄有恭，此时两处涨落实在丈尺多少，各自分晰补贴细注，即行奏闻。寻奏，石坝为篓工外卫，三官堂老沙为柴工外卫，以丈尺计，石坝所涨，不敌柴塘所坍，以得失计，则石坝为海宁城东扼要横截海口，必沙涨而后坝固，柴塘则增修篓坦，可为内固之谋，且不受顶冲，其坍亦将有止，谨将两处涨落丈尺，绘图签注具奏。报闻。

卷六六八，乾隆二十七年八月上

豁免浙江海宁县乾隆二十六年被潮坍没民灶沙地并新涨沙涂地共四百一顷有奇额赋。

谕军机大臣等：庄有恭奏七月初七日风大潮涌，致将海宁县缓修抢修石塘内有揭落面石，并间段坍卸之处等语，虽经该抚驰赴查勘，俱各平稳，并无妨碍，但现届秋潮大汛，从前冲卸堤岸，有无接续加坍，其抢修处所，是否足资抵御，并现在秋汛情形若何，著传谕庄有恭，速即据实驰奏，以慰廑念。寻奏，各塘抢修处所，镶筑坚实足资抵御，此外并无接续加坍之处，得旨：览奏稍慰。

卷六六九，乾隆二十七年八月下

浙江巡抚庄有恭奏，七月初七日东西两塘猝被风潮，石塘坍卸，盘头泼损。查勘海宁县城东自四里桥至郑家衙一带，塘工外用条石包砌，内填块石，本非坚实，应改建大石塘一百四十三丈七寸，每丈建筑一十八层。又陈文港东抢修石塘在内，缓修石塘在外，其工头两不相接之处，计宽三丈五尺，应仿照条块石塘另建裹头一道。至陈文港秧田庙泼卸盘头三座柴土工程，难御潮汐，请一律改建三层石坦，以省频年镶办之烦。得旨：如所议行，但期工固，毋致浮冒可也。

卷六七一，乾隆二十七年九月下

又谕：浙江海宁一带塘工，最关紧要。今春巡幸抵杭之次日即赴老盐仓、尖山等处，相度指示，饬令修筑柴塘，并建设竹篓坦水各工，用资保护。今据庄有恭奏查勘工程俱已陆续完竣，余工并皆稳固等语。该抚督率各员，攒办葳工，甚属尽心，深可嘉予，庄有恭着交部议叙，所有在工勤事各员，并著查明分别咨部议叙，以示奖励。

卷六七三，乾隆二十七年十月下

赈恤浙江仁和、钱塘、海宁、余杭、石门、桐乡、安吉、归安、乌程、长兴、德清、武康、孝丰、山阴、会稽、萧山、诸暨、余姚、上虞、杭州、湖州等二十一州县、卫所，仁和、曹娥、钱清、金山、青村、下砂二、下砂三等七场，本年水灾饥民灶户，并借给籽种。

卷六八〇，乾隆二十八年二月上

江苏巡抚庄有恭、浙江巡抚熊学鹏奏，海潮入尖山，斜趋西北而来，海宁城东至念里亭向有土堰，以抵潮而遏泼塘之水，现勘明接筑篓工，酌加新土。乍塘之独山，东至茆竹寨东，向有石塘，岁久水啮，根石外游，塘面内矬，应摘段及时拆筑。从之。

卷六八三，乾隆二十八年三月下

缓征浙江仁和、钱塘、海宁、余杭、石门、桐乡、安吉、归安、乌程、长兴、德清、武康、孝丰、山阴、余姚、萧山、诸暨、上虞、杭州、湖州等十八州县卫，并仁和、曹娥、钱清、金山、青村、下砂二三等七场，水灾额赋。

卷六八四，乾隆二十八年四月上

加赈浙江钱塘、仁和、海宁、余杭、乌程、归安、长兴、德清、武康、安吉、萧山、诸暨、余姚、上虞等十四州县，仁和、钱清、金山等三场，乾隆二十七年分水灾饥民。

卷六八八，乾隆二十八年六月上

谕军机大臣等：据杨廷璋奏海宁县盐枭拒捕案内，窝犯殴官之梅世英等先后拿获审拟等语，办理甚为迅速。梅世英等以衿监窝匿私枭，复率族拒捕抢犯，直伤官役，且胆敢挈眷窜逸，为藐法肆恶，行同枭獍。似此顽蠢凶徒，充其伎俩，何所不为。若不尽法惩治，何以儆凶顽而申法纪。著传谕杨廷璋等，按其情罪，速即严审定拟，不得援首从常例，致济恶之逆党稍稽显戮。其缉拿要犯之员，能于旬日悉行弋获，不致免脱，颇属急公奋勉。著该督抚查明首先拿获之员，出具考语，送部引见，不可循外省习气，以协缉多人，笼统开报，庶实在出力者，得以有所奖劝；而因人成事之员，不致妄希非分，并将此传谕知之。

卷七〇三，乾隆二十九年正月下

江苏巡抚庄有恭、浙江巡抚熊学鹏会奏，查海塘情形，如海宁城东之念里亭，城西之戴家桥、大石塘外，向未建有坦水处所，地当冲要，应估筑坦水共长一百七十七丈七尺，令一律完整，春汛前分段赶筑。报闻。

卷七〇五，乾隆二十九年二月下

工部议覆，浙江巡抚熊学鹏疏称，萧山县境内孔家埠、渔浦街二处，当上游山水顶冲，兼遇海潮逆流湍激，塘外涨沙日坍，水逼塘根，请照海宁塘工，用竹篓贮石堆叠，应如所请。从之。

卷七一八，乾隆二十九年九月上

豁免浙江仁和、海宁二县坍没民灶沙地六十四顷有奇，又海宁坍没钱江公租地十一顷有奇额赋。

卷七三〇，乾隆三十年闰二月上

是日，御舟驻跸石门镇。

庚戌，赐扈从王公大臣并浙江大小官员等食。

又谕：海宁石塘工程，民生攸系，深廑朕怀。连年潮汛安澜，各工俱属稳固，兹入疆伊始，即日就近亲临相度，先行阅视。绕城石塘五百三十余丈，实为全城保障，而塘下坦水，尤所以捍卫石塘。但向来止建两层，今潮势似觉顶冲，外沙渐有汕刷，三层之外，应须豫筹保护。该抚等上年所奏，加建三层坦水六十余丈，止就尤险要处而言，于全城形势尚未通盘筹划。若一律普筑三层石坦，则于护城保塘尤资裨益，著将应建之四百六十余丈，均即一例添建，其二层旧坦内，有桩残石缺者，亦着查明补换。该督抚等其董率所属，悉心筹办，动帑兴修，务期工坚料足，无滥无浮，以收实济，副朕为民先事豫筹之至意。

是日，驻跸安澜园行宫。翼日如之。

辛亥，上阅海塘。

卷七四四，乾隆三十年九月上

豁除浙江海宁县坍没沙地六顷七十亩有奇额赋。

卷七六八，乾隆三十一年九月上

豁除浙江归安、乌程、海宁三县坍荒田地九顷十亩有奇额赋。

卷七七九，乾隆三十二年二月下

浙江布政使觉罗永德奏，浙省仁、宁二邑塘工，向系每二十丈按千字文编为一号，嗣因海宁县东西鱼鳞石塘陆续修筑改建，委员分段承办，一切估报文册遂指为某员原修之某段。现查每段或数丈数十丈及百余丈不等，多寡悬殊，且先后派修，员名屡易，又或年久之员节次委修多段，遇有保固限内坍损应赔工程，难免蒙混支饰，请仍照旧编号立碣，造具字号清册送部，凡有应修工程文册，均令指明某号塘工，并将某号原修系何人及完工日期，报部存案。得旨：如所议行。

卷七九一，乾隆三十二年闰七月下
豁除浙江海宁县坍没钱江公地二十六顷三十八亩有奇额赋。

卷八一八，乾隆三十三年九月上
豁除浙江钱塘、平湖、龙游、江山、乌程、海宁等六县捐置义冢、建造火药局，并坍没冲废，减征改则各田地二十八顷有奇额赋。

卷八一九，乾隆三十三年九月下
又谕：先据永德奏，德清县慈相寺僧人悟伦，图夺虞元山观音殿香火，捏称虞元山有石匠埋煞书，写招贴惑人。现在查出，从重究拟等因。昨又据彰宝奏称，据差往浙省委员禀称，春间德清建造城桥，初有海宁石匠郑元臣、毛天成包揽不遂，嫉妒德清县石匠吴东明、郭廷秀承揽独造，在虞元山埋煞图害。其时慈相寺僧人，乘机谋夺虞元寺香火，遂以虞元山有石匠埋煞，不如慈相寺清净之语，写贴各处等语。在永德所奏是石匠埋煞之事，出之慈相寺僧人捏造，并非实有其事。而江苏委员所查石匠埋煞之事，则实有郑元臣等姓名可指，似非尽属风影浮谈。且该委员既以此禀覆上司，自必确有见闻可据。永德现在查办此案，著传谕彰宝，即选派明干道员一员，带同原访委员前往浙省，会同永德详讯确查，据实具折奏闻。并将此传谕永德知之。

卷八三〇，乾隆三十四年三月上
工部议覆，闽浙总督署浙江巡抚崔应阶疏称，海宁县城西石塘工程，经前抚臣永德奏明饬估具题，今勘海宁境内曹将军殿西首鱼鳞石塘十一丈，应行复筑；镇念二汛内鱼鳞缓修塘外坦水一百一十八丈八尺，应修二坦一层,又五十九丈五尺,向无坦水,应添建坦水二层,戴念镇三汛内,应补钉桩木一千六百余根;又西塘曹殿东,应镶柴塘四百七十五丈,估需银,请于司库塘工经费款内动给,应如所题。从之。

卷八三七,乾隆三十四年六月下

又谕曰:永德奏浙省查获小钱一案,据供有广东潮阳县人陈茂荣,于上年十二月从粤省航海带至乍浦等语。已传谕李侍尧、钟音照该抚咨开住址,实力严行查缉,彻底根究矣。但广东距浙甚远,陈茂荣所有小钱无难就近行使,何必远涉海洋,赴浙销售?此必吴七事发到官,捏招远省无赖之人,希图狡饰,亦未可定。且积钱至数百千之多,其中必有本地奸徒,伙局私铸,并销毁官钱情事。江浙地面犯案最多,则销铸之犯自必潜匿该处。即如去年江苏巡抚彰宝查办私铸案犯,供出行家铺户,俱在浙江海宁县长安镇翁家埠等处,乃其明验。著传谕永德,一面将案内各犯悉心推鞫,务得确情,并设法严密查拿,使私铸窝贩要犯均无漏网,毋任藉词狡展,致稽延时日。

卷八四一,乾隆三十四年八月下

蠲免浙江海宁县乾隆三十三年被潮坍没冲废沙地公地六十三顷四十亩有奇额赋。

卷八五四,乾隆三十五年三月上

又谕:据熊学鹏奏应发新疆改发烟瘴之窃犯陆贵珑,在司监收禁,越狱脱逃,现经拿获正法,请将管狱各官分别革职议处一折。司狱华灿于司监所禁要犯,任其乘间脱逃,实属有乖职守,罪应褫革,固不待言。至按察使为通省刑狱总司,凡所属囹圄,并宜申严防禁,毋稍疏虞,方为无忝厥职,乃于专管之司监,毫无防范,致有越狱之犯,尚复成何事体。则其平时之阘茸玩公,更可概见。曾曰理向为道府时,尚知黾勉,自擢任臬司以来,即意存满足,不肯实心出力,闻其近日办事,声名甚属平常。今复有此越狱之案,非寻常疏防可比。曾曰理即著革职,熊学鹏等著交部分别议处。至折内于禁卒定罪一节,援狱卒不觉失囚律,有限内能自捕得及他人捕得旨皆免罪之语，殊属未协。禁卒拘管狱囚，理应严密防守，乃漫无检束，致监犯得以乘间潜逃，典守之责安在？即讯无贿纵情事，而其蔑法误公，罪已难逭。设系限内自行捕获，犹得云情有可原，若他人获犯，与彼奚涉，亦竟得邀宽免，何以杜弊惩顽。昨因解员中途失鞘之案，经地方官获贼者，解员即予开复，旧例未为公允，曾谕吏部改议。此狱卒失囚律，他人捕得免罪，其不当事理与解员开复例何以异？著刑部另行核改具奏。此案禁卒等即照新例办理。其海宁县知县曾一贯，于司监越狱之犯，即能缉获，自应量予议叙。该抚折内竟未声明，亦属疏漏，并著该部议奏。寻议，监犯越狱，狱卒蔑法误公，罪无可逭，嗣后除限内本卒捕获外，其他人捕得及囚死与自首者，与狱卒无涉，仍照失囚减囚原犯罪二等律治罪。其军流徒犯配所主守及中途押解人，不觉失囚者如之。从之。

卷八六九，乾隆三十五年九月下

署浙江巡抚熊学鹏奏，仁和、海宁二县一带海塘，时届九月，水落潮平，查得北岸河势日渐涨宽，南岸蜀山外之沙日渐坍卸，似于中亹有渐开之势，其通塘柴土石各工，悉皆平稳。得旨：好消息，知道了。

卷八七〇，乾隆三十五年十月上

又谕曰：熊学鹏奏请于萧山、山阴、会稽一带改建鱼鳞大石塘，及条块石塘坦水之处，所奏非是。浙省海塘情形，朕南巡时屡经亲临阅视，知之最悉。海潮大势趋北亹之时居多，是以北岸塘工不得不加修护。其趋中小亹，已属仅见。数十年来，惟乾隆十六年一至中亹，彼时南塘并不闻有碍。目今潮势正趋北亹，即中小亹潮尚未到，与南岸渺不相涉，何必如此鳃鳃过计乎。况现在潮势常趋北塘，已不得不时加培护。若于潮势未到之南塘，亦创议兴筑，殊属无谓。且南北两塘同时并修，于理既觉非宜，于事更为无益。而国家经费，亦岂可不悉心筹画，无端糜耗乎。若因今岁萧山等处偶被风潮起见，其事本不常有，但当视旧时塘工间被冲塌者量为修复，何必援照海宁之例，兴举大工。总由本朝工作与前代不同，前代遇有力役，一切派自里下，小民自皆闻风裹足，即有司亦多视为畏途。至于本朝办工物件，照时值购买，口食并按日支给，间阎多藉以赡其身家。即地方官经手承办，亦不无资其余润。且有不肖官吏借端浮冒者，皆所不免。是以利于兴工，并有从而恣恵，亦未可定。而封疆大臣则宜持以慎重，不应遽为浮论所惑也。朕勤求民隐，凡关系民生必应修举之事，即工费浩繁，亦所不靳。似此无裨实济妄费工作，徒使墨吏奸胥藉为开销地步，则断不能为所蒙混。熊学鹏尚属晓事之人，何竟未筹度及此。所奏不准行。将此传谕知之。

卷八七六，乾隆三十六年正月上

丙午，谕：上年浙江滨海州县猝遇风潮，间有被灾处所，业经饬令该抚加意抚恤，分别议赈。至被灾五分六分之处，虽例不加赈，但当青黄不接之时，贫民口食未免拮据。著加恩将海宁县之南沙公地，仁和、安吉、长兴三州县，仁和一场，查明被灾极贫，除例给籽本外，于本年三月内加赈一月口粮，俾资耕作。其勘不成灾之各县场歉收田地贫民，有愿借仓谷籽本者，并酌量借给，于秋成后免息还仓。该抚其董率各属，实心经理，务使均沾恺泽，以副朕轸念穷黎至意。该部遵谕速行。

卷八七七，乾隆三十六年正月下

谕军机大臣等：据富勒浑奏钱塘县贡生吴士洪控海宁县漕书吕启闻等折价浮收情弊，并称漕粮例应红白兼收、籼粳并纳，分别丰歉，并以漕截耗羡皆属民累，貌抗成例，语多狂悖，现在严审定拟等语。吴士洪所控折价浮收一款，既经该抚委员前往查办，谅无不水落石出。如果官吏人等有通同舞弊情事，自应按例重治。若该犯挟嫌诬告，亦自有反坐之条。惟阅该犯原呈内，词句悖诞不经，必系赋性狂妄、不守本分之人，恐其平日尚多不法字迹。著富勒浑即赴该犯家中，将所存字迹等项，通行严密搜查，毋任隐漏。如查有悖逆字迹，即据实奏明，尽法处治。即查无别项不法之处，并所告亦属实情，而此等肆口妄谈摇惑众听之徒，岂可复留内地，致贻风俗人心之害，即应改发乌鲁木齐等处，以示炯戒。该抚将来定拟时，可照此办理。著传谕富勒浑知之。

浙江巡抚富勒浑奏，仁和、海宁二县海塘于本年正月分望汛后，自西塘老盐仓起至海宁县城东四里桥一带，塘外涨沙较前增高；至蜀山南面之沙，因冬月潮水甚微，坍势稍缓，经相机挑切，共坍七百四十余丈。若再向岩峰山西南坍宽三百余丈，则中亹可有复开之机，因饬海防道督兵尽力挑切，乘此春潮之期，冀有成效。得旨：好！应致祭海神，以祈显祐。

卷八七八，乾隆三十六年二月上

蠲浙江海宁、安吉、长兴、萧山四州县乾隆三十五年被水灾地应征漕项额赋，并缓蠲余及各项旧欠银米各有差。

卷八七九，乾隆三十六年二月下

蠲缓浙江仁和、海宁、安吉、长兴、山阴、会稽、萧山、上虞八州县，仁和、钱清二场，并坐落安吉州之湖州所，乾隆三十五年被水灾地应征本年及带征未完民赋各有差，并赈恤借贷如例。

卷八八五，乾隆三十六年五月下

浙江巡抚富勒浑奏，仁和、海宁二县海塘工程，小文前西起至尖山脚下一带，涨沙渐高，其蜀山南面沙堋，日渐坍宽，今五月朔望两汛，大溜直抵蜀山南面第一段沙尖，与中亹东口相近。臣饬令将中亹内挖水堰一道，近得大雨，冲成引河，宽有十丈至十二三丈不等，深有四五尺至六七尺不等。惟海沙坍涨，原非人力能施，今机有可乘，人事宜尽，将冲开之引河，不致再有淤垫，可冀复还故道。得旨：知道了。又批：八月大汛，或可望喜信也。

卷九〇〇，乾隆三十七年正月上

又谕：本年轮蠲浙江省，普免地丁钱粮，该省温、台二府所属玉环厅，每岁额征租谷一万一千八百五十余石，又海宁县天涨沙地，应纳租银一千二百二十余两，向例不在蠲免之内。第思此项租谷租银，原并出于田亩征输，与阖省地丁无异，自当一视同仁，俾得并免输将，以安作息。著加恩将此二项应征银谷一体蠲免，副朕爱养群黎至意。该部即遵谕行。

卷九〇三，乾隆三十七年二月下

谕军机大臣等：据富勒浑奏海塘潮水大势，自正月望汛以后，分溜渐逼北面涨沙而行，现在饬属于西口门内外，加紧开沟挖宽，俾经中亹引河，畅行无滞等语，浙省海潮溜水，趋向靡常，朕两次亲临阅视，令将海宁一带柴塘坦水加意培修，用资防护。至尖山等处涨沙形势，惟令较原勘篆志，按月报闻，验其消长，深知潮汛迁移，乃其嘘吸自然之势，非可以人力相争，施工于无用之地也。迩年渐欲循赴中亹，固为可喜，今复改趋向北，亦其溜逼使然。惟当于北岸塘工，勤加相度修缮，俾无冲啮之虞，濒海田庐藉其保障，方为切实要务。若开挖引河，虽亦寻常补苴之策，而当溜趋沙激，岂能力挽回澜。正恐挑港凿沙，徒劳无益。况浙潮灵奇，非他处可比。必有神默司其契，岂宜强施人事，妄与争衡。富勒浑止当实力保卫堤塘，以待潮汐之自循旧轨，不必执意急为开沟引溜之计，必欲以人力胜海潮也。将此传谕知之。仍将此后潮势情形，逐月详晰具奏。

卷九〇七，乾隆三十七年四月下

浙江巡抚富勒浑覆奏，绍兴府属山阴、会稽、萧山、上虞、余姚等县石土塘工，遇有残缺，即当修筑。上年秋汛后，经臣分饬各道府相机筹办，向系民修者督令民修，官修者确勘估修。其萧山县应修塘工，该处士民等因本年麦禾丰收，又轮应蠲免，情愿合力增改捐修。兹查得萧山县井亭、徐至芦赖河、富家池、长山头一带土塘外，所存老沙，自二三百丈至一百五六十丈不等，虽去海稍近，但坚土板沙，较海宁北塘浮沙不同，复将土塘丈量，共长八百六十丈。现据该处士民加高培厚者四百一十丈，镶砌条块石工者二百五十余丈，其余接续趱办，可冀克期竣工，此段工程非实在险要，似可毋庸更张。得旨：览奏俱悉。

卷九一六，乾隆三十七年九月上

升任浙江巡抚富勒浑疏报，乾隆三十六年分开垦慈溪、临海、海宁、分水等四县田地沙涂八顷十五亩有奇。

卷九四〇，乾隆三十八年八月上

吏部议准，浙江巡抚三宝奏称，杭州府属海宁县系海疆要地，赋重差繁，兼有塘工修筑，应升为州；其事简之湖州府属安吉州，应降为县，并各改铸印信。从之。

卷九五二，乾隆三十九年二月上

吏部等部议准，浙江巡抚三宝疏称，海宁县前经奏准改为海宁州，并改安吉州为安吉县。海宁旧设县丞，应改为海宁州州判，典史改为吏目，教谕改为学正；安吉旧设州判，应改为县丞，仍驻梅溪镇，吏目改为典史，学正改为教谕，均以现任各官调补。除海宁州判仍照旧在外升用，余均归部铨选，一切应办事件，俱照原缺管理，并分别铸给印信钤记。至海宁学额原进二十五名，安吉十六名，毋庸议改。惟廪生额缺，海宁应增为三十，三年两贡；安吉减为二十，二年一贡。安吉现多廪生十名，应俟陆续缺出，拨归海宁补数。从之。

卷九六〇，乾隆三十九年六月上

吏部议覆，浙江巡抚三宝疏称，海宁州城西北三十里之长安镇，居民稠密，为来往米布货物聚集之区，又为私盐出没要隘，素多窃匪，巡缉宜严。该处虽设有千总一员，专司巡缉私盐。因系武弁，民人非其所属，请将该州州判移驻该镇，俾其就近弹压，以资佐理。仍照旧定为在外请补之缺，并铸给印信，其衙署即将该州判现在之署变价移建。应如所请。从之。

卷九六一，乾隆三十九年六月下

吏部等部议覆，浙江巡抚三宝奏称，杭州府属之翁家埠坐落仁和、海宁两州县适中交界，距省城五十余里，人民稠杂，必需专员弹压。查杭州府西海防同知于乾隆三十年将衙署移建该处，专司塘务，请嗣后一切地方事件，责令该同知管理。其人命、盗案、户婚、田土词讼，仍令行知地方官查办。应如所请。从之。

卷九八八，乾隆四十年八月上

乙酉，浙江巡抚三宝疏报，仁和、余杭、嵊县、兰溪、开化、乐清、瑞安、海宁等八州县，乾隆三十九年分开垦田地山池二百四顷四十四亩有奇。

卷一〇一四，乾隆四十一年八月上

谕军机大臣等：据三宝奏报仁和、海宁二州县海塘工程沙水情形一折，并照例绘图贴说进呈。据称时值秋汛，潮水稍旺，南岸河庄、岩峰两山之北，阴沙逐渐衰延涨起，以致水势直向北趋等语。潮势既向北趋，则老盐仓一带塘工最关紧要。潮信迁移无定，固非人力所能强为。而塘岸抵御潮头，不可不尽人事以为防卫。其华家衕及镇海塔各处，俱值回溜顶冲，尤为险要。所有一切塘工，务须上紧镶筑坚固，以资保障。仍著将何时修补完竣及现在沙水情形，迅速覆奏。将此传谕三宝知之。寻奏，遵勘本年潮汛坍卸各工，自华家衕东白字号起至华家衕西伏字号止，镶修柴工三百丈，业于七月二十六日完工。嗣因华家衕之西护沙，又经潮刷低七十余丈，所有新修柴塘其未经水临塘脚者，尚有六十余丈。惟恐溜势上提，应再豫为镶修，随于伏字号起至道字号止，又接修二百丈，业经开工，不日完竣。其东塘镇海塔至四里桥，现在涨沙仍长九百余丈。又四里桥至陈文港一带，现在阴沙已露，计长一千九百余丈。与镇海塔迤东、陈文港迤西老沙，俱已联络保护，塘工大为有益。报闻。

卷一〇一六，乾隆四十一年九月上

豁免浙江仁和、钱塘、海宁、乌程等四州县乾隆四十年分坍没田地一百三十四顷五十亩有奇额赋。

卷一〇四〇，乾隆四十二年九月上

豁免浙江乾隆四十一年仁和县坍没沙地一十九顷三十九亩、潮冲沙压地三十六顷七十八亩，海宁州坍没沙地六顷七亩有奇，瑞安县坍没田地沙涂三十五顷四十一亩有奇额赋。

卷一〇五六，乾隆四十三年五月上

癸亥，谕：据德保奏，四月二十一日未时，淮安地方陡起暴风，雷雨交作，势甚猛烈。所有渡黄漕船安庆前、安庆后、镇海后、扬州头、泗州后、太仓前、江淮头、苏州白粮、兴武五、太仓后、杭严二、杭严四、湖州白粮、海宁所等十四帮内，共沉溺船三十四只，沉溺驳船二十六只，碰损风艄天篷等项折损头桅大桅船二百十一只，淹毙男妇八名口等语。漕船陡遇暴风，致遭沉溺，所有淹毙人口，著查明照例抚恤。其沉溺米石，虽例应买补，但暴风伤损船只，实属人力难施，若再令赔偿，情殊可悯。著即查明确数，据实具奏，加恩豁免。余著照该署督所议行。

卷一〇六七，乾隆四十三年九月下

工部议准，浙江巡抚王亶望疏称，海宁境内鱼鳞石塘被潮冲刷，请筑坦水二层，从之。

卷一〇七三，乾隆四十三年十二月下

丙子，谕：明岁浙江省系轮应蠲免钱粮之年，该省温、台二府所属玉环厅，额征租谷二万二千六百一十九石四斗七升有零；又海宁州沙地，应纳租银二千五百六两八钱五分有零，本不在应免之例。第念此项银谷，按亩输将，实与地丁无异，若照旧征收，小民未免向隅，著加恩将前项租谷租银一体蠲免，俾濒海黎民，均沾实惠，该部即遵谕行。

卷一〇八三，乾隆四十四年五月下

大学士管闽浙总督三宝、浙江巡抚王亶望奏，乾隆庚子春，圣驾南巡，沿途地方须设厂售钱以平市价。查乙酉年之例，留钱五万串，已敷售卖。今次应比照办理，将宝浙局现存十三万余串之数，酌留五万串。届期在杭城内外，及嘉兴入境至桐乡、石门、海宁、仁和抵省沿海一带，设局出售。至搭放兵饷，尚有拨存余钱及续铸钱文，尽足敷用。报闻。

卷一〇八九，乾隆四十四年八月下

浙江巡抚王亶望奏，仁和、海宁一带海塘，大汛已过，均属稳固。惟尖山石坝东南面老沙，现刷低二十余丈，底层中层竹篓，俱系阴沙拥护，而上层已经显露。查此项竹篓坝工，外逼潮势，内护塘根，最关紧要，年久朽坏，须加砌面篓一层，拟乘冬令水涸时赶筑。至坝工向备块石一千余方，陆续动用，亦应购足，庶几有备无患。得旨：甚是。即将来沙涨，亦属有益，不可惜费。

卷一〇九一，乾隆四十四年九月下

浙江巡抚王亶望奏，仁和、海宁一带海塘内，东塘韩家池逍字号至莽字号，共长二百八十丈，年久柴桩朽坏。本年夏秋，塘外护沙被刷，柴埽抽卸，请动项修整。报闻。

卷一〇九九，乾隆四十五年正月下

是月，浙江巡抚王亶望奏，仁和、海宁二州县一带海塘，时届孟春，潮汐尚属平缓。西塘章家庵至潮神庙之西一带老沙，现长五百四十余丈。东塘韩家池塘外阴沙，现长八十余丈。尖山石坝东南面老沙现宽十五丈，外接阴沙宽二十余丈，计斜长一百余丈，底层、中层竹篓各二百，俱系阴沙拥护，上层竹篓显露二百。芡塔山口从前起有中沙一道，约长三千四百余丈，今春水稍旺，逐渐刷低九百余丈，现在水势南北两路分行，一切柴土石塘，工皆稳固。报闻。

卷一一〇二，乾隆四十五年三月上

是日，御舟驻跸石门镇。

辛巳，上幸海宁州，观潮。

遣官祭海神庙。

是日，驻跸安澜园行宫。翼日如之。

壬午，上幸尖山，赐扈从王公大臣及浙江官员等食。

谕：海宁州石塘工程，所以保卫沿海城郭田庐，民生攸系。从前四次亲临，指授机宜，筑塘保护，连年潮汛安澜，各工俱为稳固。今朕巡幸浙江，入疆伊始，即亲往阅视。石塘工程尚多完好，惟绕海宁城之鱼鳞石塘，内有工二十余丈，外系条石作墙，内填块石，历年久远，为潮汐冲刷，底桩霉朽，兼有裂缝蹲矬之处。又城东八里之将字号至陈文港密字号，止有石塘工七段，约共长一百五六十丈，地当险要，塘身单薄，亦微有裂缝，此塘为全城保障，塘下坦水，所以捍护塘工，皆不可不豫为筹办。著将两处塘工均改建鱼鳞石工，俾一律坚稳，并添建坦水，以垂永久。该督抚即派妥员，确勘估计具奏。又石塘迤上，前经筑有柴塘四千二百余丈，现尚完整，究不如石塘之巩固。虽老盐仓，有不可下桩为石塘之处，经朕亲见，然不可下桩处，未必四千余丈皆然。朕于民瘼所系，从不惜帑省工，俾资保护。著该督抚，即将该工内柴塘，可以改建石塘之处，一并派委诚妥大员，据实逐段勘估，奏闻办理。如计今岁秋前可以办竣，即拨帑赶紧兴修；若秋间不能完竣，则竟俟秋后办理。该督抚其董率所属，悉心经画，以期工坚料实，无滥无浮，务期濒海群黎，永享安恬之福，以副朕先事豫筹至意。

癸未，御书杭州风神庙扁，曰"扬和底绩"。

遣官祭禹陵，南镇之神。

遣官祭海潮神庙、江潮神庙，并唐臣钱镠祠，宋臣岳飞墓，明臣于谦墓，故大学士徐本、梁诗正、尚书徐潮等墓。

又谕：朕自三十年南巡以后，迄今十有五年，东南土俗民风，易趋华靡，每勗督抚大吏，谆谆化导，务期返朴还淳，以臻郅治。而江南之陶庄清口、浙江之海宁塘工，其修举尤关民瘼，因允两省督抚吁请，于今春再举时巡之典。乃自启跸以来，所过直隶、江南，一切行营供顿，不过就旧有规模，略加修葺，办理尚为妥协。而从事浮华，山东已开其端，至浙江为尤甚，朕心深所不取。现在陶庄及海塘各工，经朕亲临指示，所有应行修理工程，特命颁发帑金，交该督抚等，悉心妥办，将来工程完竣后，朕自当再亲莅阅视。恐后任督抚，见此次所办差务已多粉饰，未免踵事增华，从而加甚，势将伊于何底。朕临御四十五年，无日不廑念民依，乃以省方问俗之殷怀，转贻口实。是诚督抚大吏之不能善体朕心，而朕亦将引以为愧矣。著再通饬各督抚，以后务宜黜奢崇俭，于地方诸大政实心经理，毋得徒事繁华，致滋浮费，以称朕惠爱东南黎庶之至意。

卷一一〇四，乾隆四十五年四月上

谕：朕此次巡幸浙江，由海宁阅视塘工，至杭州老盐仓一带，有柴塘四千二百余丈。虽因其处不可下桩为石塘，然柴塘究不如石塘之坚固，业经降旨，将可以建筑石塘之处，一律改建石塘，以资永久保障。兹忽忆及该地方官及沿塘居民，见该处欲建石塘，或视柴塘为可废之工，不但不加防护，甚或任听居民，折毁窃用，致有损坏，则石塘未藏工之前，于该处城郭田庐，甚有关系。且改建石塘，原为保卫地方之计，若留此柴塘，以为重关保障，俾石塘愈资巩固，岂不更为有益。况当石工未竣以前，设使潮水大至，而柴塘损坏，无可抵御，不几为开门揖盗乎。著该督抚即严饬地方文武官，将现有柴塘，仍照前加意保固，勿任居民拆损窃用，将来石工告竣，迟之数年朕或亲临阅视，尔时柴工倘有损坏，惟该督抚是问。

卷一一五〇，乾隆四十五年四月下

又谕：前据三宝奏浙江海宁州一缺，系属海疆，例不准以试用知州题署，所有试用知州二员，候缺无期，请以知县缺出，通融借补一折。尔时颇以三宝所奏为是，随批该部议奏，并令军机大臣，俟部覆时提奏。初意原欲准行，本日吏部题驳，朕复详加披阅，据称该省虽无选缺知州，而通判共有十缺，尽可通融补用，其佐贰中与知州品职不甚悬殊之布政司经历、理问等项，均可酌量借补等语，所驳甚是，已降旨依议。该省既有通判、理问等缺，与知州品级相近，自可通融借补，不致得缺无期，又何必令借补知县，始为调剂耶。朕办理庶务惟求其是，从不设以成心，即此可见，勿谓朕忘三宝所奏，而率依部议也，将此传谕三宝知之。

卷一一一一，乾隆四十五年七月下

浙江巡抚李质颖奏，仁和、海宁二州县海塘，当大雨时行之后，上游山水旺发，潮溜湍激，逼近范家埠一带，所有暑字号柴工之尾，护沙日渐刷卸，请自暑字号至宿字号接筑柴塘一百丈；又藏字号篓工迤西，柴塘之外护沙亦多刷卸，请自藏字号往字号接筑竹篓六十五丈。得旨：知道了，妥固为之。又奏：调字号起至藏字号止，柴塘长一百五十三丈零，前经总督三宝，请建竹篓以为外护，嗣因水大溜急，不能施工，柴塘亦有矬折；臣屡勘情形，须用大桩签钉入土方有关键，即饬员赶办，每根约长三丈内外不等，于柴塘边口内，密排深钉，将底柴压实，随于上面加镶柴薪，不致矬折。俟秋汛一过，再为镶砌竹篓。得旨：好，知道了。

卷一一一三，乾隆四十五年八月下

（浙江巡府李质颖）又奏仁和、海宁二州县一带海塘，目下大汛已过，工程稳固。查西塘调字等号柴塘，前因潮溜湍激，间有矬蛰，现饬备贮料物，俟霜降后，将竹篓赶砌。又前请接建暑字等号柴塘，所有底柴腰柴已经镶砌签桩，现在加镶面柴。其藏字等号接建竹篓工程，该处底沙尚高，亦陆续下篓，签钉关桩，八月内俱可完竣。得旨：览。三宝所称涨沙之法，汝等试行否，何总未奏及。

卷一一二一，乾隆四十五年十二月下

丁卯，谕：浙江海宁改建石塘，以王亶望曾为浙抚，且肯担当其事，因命在工督办，但伊在服中，不令与地方之务，此朕用人不得已之苦心，屡经降旨，中外共知。近因王亶望与李质颖有意见不合之处，兹李质颖来京召对时，奏及改建石塘后柴塘土塘仍须岁修，以资保护等语。朕从前亲阅塘工，老盐仓一带难以下桩，素所深悉，但思难以下桩处所，其长不过数里，非数十里之柴塘皆不可下桩改石也。其余可以下桩处所，若一律改石塘，岂不为一劳永逸之计。乃李质颖今有是奏，此事关系重大，朕亦不能悬断。著大学士阿桂同李质颖驰驿前往，会同富勒浑将李质颖、王亶望所见不同之处，秉公确勘，据实覆奏。至王亶望实丁忧之人，朕因一时不得其人，是以令其驰驿回籍治丧，事毕即至浙办理塘工，原为公务起见。其家属自应即回本籍守制，以尽私情。乃据李质颖奏，伊家属仍住杭州，安然聚处，朕闻之为之心动。王亶望并非无力令眷属回籍之人，似此忘亲越礼，实于大节有亏。为大臣者如此，何以表率属员，维持风教。从前伊父王师，品行甚正无负读书，不应有此等忘亲越礼之子。养心殿暖阁恭悬皇祖圣训，有孝为百行之首，不孝之人断不可用。朕每日敬仰，天语煌煌，实为万世准则，王亶望著革职，仍留塘工自备资斧，效力赎罪。若再不知自咎，心怀怨望，不肯实心自效，图赎前愆，朕必重治其罪矣。至三宝以大学士管理总督，为维持风化之首，今日当面问彼，乃称实知其事，亦不以为怪。富勒浑现为总督，于此等有乖名义之事，何不据实参奏？均著交部严加议处。李质颖到浙已久，亦并未奏及，直待降旨询问，始据实具陈，亦著一并交部议处。至科道于寻常细故，往往撮拾具奏，似此为大臣之人，于名教攸关者转更缄默不言。设如有贪酷擅权者，亦将寒蝉矣。国家又何藉此言官为乎？其籍隶浙省之科道，尤不应毫无见闻，何以并无一人入告，斯岂风闻所弗闻乎。著令该省科道等明白回奏。

卷一一八七，乾隆四十八年八月下

闽浙总督富勒浑等奏，仁和、海宁二州县海塘情形，西塘坝根坚固，面石加砌全竣。查东塘牧字用字号，缓修石工共十八丈七尺有余，历年久远，潮水冲刷，附土蹲趖，应一律改建鱼鳞石塘，以资抵御。至范公塘一带埽工，因春汛汕刷，每有趖蛰，节经建筑石坝二座，先用船石铺底，上安木柜，外用竹篓，周围复用块石，堆出水面，现经伏秋大汛，均属平稳。报闻。

卷一二〇〇，乾隆四十九年三月上

是日，御舟驻跸嘉兴府北教场大营。

戊戌，遣官祭海宁海神庙，并唐臣张巡、许远祠，故大学士陈元龙墓、陈世倌墓。

是日，御舟驻跸石门镇大营。

己亥，上幸海宁州，诣海神庙行礼。

是日，驻跸安澜园行宫。翼日如之。

上幸尖山观潮，阅视塘工。

赐扈从王公大臣及浙江官员等食。

卷一二〇一，乾隆四十九年三月下

谕军机大臣等：浙江杭州海宁一带于十五、十六两日连得透雨，见云气皆向东北，江苏各属似应一律均沾。本日据萨载奏报，苏州于十四、五两日得有微雨数阵，十五夜间得雨二寸等语，看来尚欠需透，不如此间优渥。江南如此，则山东、直隶此次雨泽，未能一律普遍可知，朕心深为廑念。著传谕萨载，将现在江南各属是否续得透雨，并谕明兴、刘峨将山东、直隶曾否得有雨泽之处，查明迅速覆奏，以慰悬注。将此由四百里各谕令知之。寻萨载奏，苏城得雨后，据常州、镇江、扬州、淮安、徐州各府属报到，得雨自二三寸至五六寸不等。宿迁界连山东，该县得雨六寸，山东、直隶当已普遍。得旨：览奏稍慰。明兴奏省城于三月十五日得雨二寸，各府州属具报十五六日各得雨一、二、三、四、五寸不等。得旨：但俟二十八日之雨信如何耳。刘峨奏，省城于三月十四日得雨寸许，复据保定、顺天、河间、正定、永平、顺德、宣化、广平、天津各府，易、冀、赵、深各州属报三月十一二及十四五等日，各得雨自一二寸至四五寸不等。得旨：究非渥泽，何足为慰。但伫望二十五等日之信耳。

卷一二〇三，乾隆四十九年闰三月下

甲戌，谕：据萨载、李奉翰奏，江南河工豫筹修防蓄泄机宜，办理工程三处，绘图贴说具奏，已于图内详晰批示，并面谕该督等遵办矣。天然闸下既旧有引河，年久淤垫，理应一律疏浚深通，以备盛涨之年开放分泄，自当首先办理，方为有备无患。其所奏外河顺黄坝堤工后深塘，用土填平，并于迤下估筑新堤一道，自应次第办理，以资保障。至该督等所称高堰石工，子堰尾土尚矮，须一律加高培厚一节，高堰石工既经加高层数，其土堰间有卑矮之处，自应一律加高培厚，接成一势，并应栽种柳树，俾根株盘结，更可永远巩固。此事与前在海宁令将柴塘石工中间积水沟槽垫平，以资重障之旨，事同一例，应定为再次办理，将此分晰指示。该督等其仰体朕意，遵照妥办，所需钱粮，著照所请，于两淮运库拨用。

卷一二二二，乾隆五十年正月上

谕：据福崧奏，海宁州民顾均玉现年一百一岁，顾武恭现年一百四岁；又天台县民林均治现年一百二岁，请旨旌表等语。顾均玉等年逾百龄，精神矍铄，洵为升平人瑞，其应行旌表及赏给缎匹银两之处，著该部照例具题。

卷一二四〇，乾隆五十年十月上

丙戌，谕曰：福崧奏仁和等十七州县，并杭严、嘉湖二卫，田亩歉收，请将应征漕米钱粮等项分别缓征等语。本年浙西一带雨泽愆期，田禾间有被旱之处，收成不无歉薄，民力未免拮据。所有仁和、钱塘、海宁、余杭、临安、嘉兴、秀水、海盐、于潜、石门、桐乡、乌程、归安、长兴、德清、武康、安吉等十七州县，并杭严、嘉湖二卫，歉收田亩应征地漕钱粮，著加恩缓至五十一年麦熟后征收。其漕米及新旧漕截等银，亦著缓至次年秋成后征收带运，以纾民力。该部即遵谕行。

卷一二四六，乾隆五十一年正月上

又谕：上年浙西杭、嘉、湖三府属之仁和等十七州县，并杭严、嘉湖二卫，得雨较迟，收成歉薄，业经降旨将应征地丁漕项银米，缓至次年分别带征，以纾民力。第念今春东作方兴，农民播种翻犁，未免尚形拮据。著再加恩将杭、嘉、湖三府属之仁和、钱塘、海宁、余杭、临安、于潜、嘉兴、秀水、海盐、石门、桐乡、乌程、归安、长兴、德清、武康、安吉等十七州县，并杭严、嘉湖二卫，再行缓至秋收后按例征收，并查明实在贫民，酌借口粮籽种，以资接济。该抚务董饬所属，实力奉行，使茅檐蔀屋，均沾实惠，以副朕轸念黎元、普锡春祺之至意。该部即遵谕行。

卷一二四七，乾隆五十一年正月下

又谕：据毓奇覆奏本年应运通漕数目一折，尚未明晰。各省起运正供，本年因灾蠲缓，虽比较每年定额共短少一百八十二万八千余石，而例应起运之正耗漕白米尚有二百七十九万七千石零，若令岁雨旸时，河水充足，自当全数趱挽抵通。但阅该督折内奏称，现督饬各省粮道，慎选干洁好米，受兑来淮盘验等语。上年江浙等省俱被有偏灾，其所收米色，自不能如向年之干洁，毓奇宁不知之？前据福崧奏，浙省海宁等州县漕粮请红白兼收，籼粳并纳，朕以该抚所奏，自系实在情形，当即批允。岂毓奇亦未接准福崧咨会，而尚有此慎选好米之奏，殊未明晰。著传谕该督于各省漕粮受兑、人抵淮盘验时，如果有搀杂潮湿等弊，自应查明办理；其米色稍减，及颗粒未能纯净，尚可备供支放者，即当兑收盘放，不必过事苛求，以示朕体恤灾区至意。

卷一二八六，乾隆五十二年八月上

又谕：据毓奇奏江苏省领兑华亭、娄县、奉贤等三县，浙江省领兑海宁、临安、新城、于潜、昌化、嘉兴、海盐、嘉善、平湖、秀水、石门、桐乡、归安、乌程等十四州县漕米，各帮米色霉变，不堪交纳，将行月耗米抵补；再加交仓赠耗行粮外，不能复有余米，请将此次应交三升八合余米，俟下运分作两年买补带交等语。各帮领运漕米，例有余米，以资该丁等回空饭米之需。此次抵交外，若再令买补余米，分年带交，恐近年丁力疲乏，转形支绌。所有江苏省华亭等三县、浙江省海宁等十四州县各船应交三升八合余米，竟著加恩宽免，以示朕体恤丁力至意。

卷一三四九，乾隆五十五年二月下

庚辰，谕：本年朕八旬万寿，业经特降谕旨，将天下钱粮普行蠲免，浙江省温州府所属玉环厅额征租谷及杭州府所属海宁州沙地租银，本不在应免之例。第念此项银谷，按亩输将，实与地丁无异，若照旧征收，小民未免向隅，著加恩将玉环厅租谷二万二千余石，海宁州沙地租银二千八百余两，一体蠲免，俾濒海黎民均沾实惠。该部即遵谕行。

卷一四四六，乾隆五十九年二月上

谕军机大臣等：据吉庆奏海塘石坝一折，内称范公塘十二座石坝内，第二坝、第十坝、第十二坝均系贴近要工，挑护尚属得力。其余九坝，应听其废去。至东塘海宁州石坝二座，亦应暂留，统俟应修时一律改做柴盘头等语。此事昨据长麟覆奏，海塘石坝与水争地，自应遵旨办理一折。朕以海塘为浙省要务，必须筹画尽善，以资经久。吉庆现任浙江巡抚，是其专责。是以复经降旨，令吉庆将是否应照前议，酌减废去之处，详悉查奏，不可存拘泥迁就之见。但此次奏到之折，未经绘图呈览，于该处情形，尚欠明晰。著传谕吉庆即将此项石坝，何处应留、何处应废及塘工溜势情形，总具一图，贴说进呈。寻奏，海塘形势，多系弯曲，大溜由尖山入口，自东南斜向西北直趋，是以范公塘江海神庙迤东弯曲处所，均关紧要。凡遇塘身突出之处，修筑坝工挑溜，俾水势不能入弯，方不致冲激损工。查西塘十二坝内，惟第二坝、第十坝、第十二坝均系迎溜之区，洵属得力。其余九坝，均在塘身弯进处所，且相隔甚近，有占水势，应听废去。至东塘海宁州石坝二座，贴近州城左右，塘身亦系突出，藉以挑护，是以并请暂留，以资捍卫。谨绘具图说呈览。报闻。

卷一四九三，乾隆六十年十二月下

谕曰：吉庆奏明年普免天下钱粮，所有玉环同知额征租谷、海宁州沙地租银，可否一体蠲免等语。此项租谷租银本不在蠲免地丁之内，但按亩输将，亦与地丁无异，著加恩将玉环同知应征租谷二万二千余石、海宁州沙地租银二千八百余两，一体蠲免，以示朕普惠闾阎，湛阖均沾至意。

附录二 （乾隆）《海宁州志》相关史料摘抄

（乾隆）《海宁州志》，战效曾纂修，清乾隆修，道光重刊本。

卷首·宸翰

雍正十年六月，世宗宪皇帝御制海神庙碑文

国家虔修祀典，以承上下神祇。岳渎海镇之神，秩祀惟谨，视前代为加隆焉。朕临御以来，夙夜以敬天勤民为念，明神之受职于天而功德被于生民者，昭格荐歆，敬礼尤至。其为民御大灾捍大患合于祭法所载，则尊崇庙貌以昭德报功，盖所以遂斯民瞻仰之愿，而动其敬畏祇肃之心，使毋敢慢易为非，以得永荷明神之嘉贶，意至远也。皇舆东南际大海，而浙江海宁居濒海之冲，龛山、赭山列峙其南，飓风怒涛，潮汐震荡，县治去海不数百步，资石塘以为捍蔽。雍正二年潮涌堤溃，有司以闻。朕立遣大臣察视修筑，且念小民居恒罔知敬畏，慢神亵天，召灾有自，爰切谕以修省感应之道，命所司家喻户晓，警觉众庶。比年以来，徵明神麻佑，塘工完固，长澜不惊，民乐其生，间井蓄息。越七年，秋汛盛长，几至泛溢，吏民震恐。已而风息波恬，堤防无恙，远近欢呼，相庆谓惟大海之神昭灵默佑，惠我蒸黎，以克济此。朕惟沧海含纳百川，际天无极，功用盛大，神实司之。海宁为海堧剧邑，障卫吴越诸大郡，海潮内溢则昏垫斥卤，咸有可虞。神之御患捍灾，莫此为大。特发内帑金十万两，敕督臣李卫度地鸠工，建立海神之庙，以崇报享。经始于雍正八年春三月，洎雍正九年冬十有一月告成。门庑整秩，殿宇深严，丹雘辉煌，宏壮巨丽，时展明禋，典礼斯称，爰允督臣之请，勒文穹碑，垂示久远。俾斯民忻悚瞻诵，共喻朕钦崇天道，祇迓神麻，怀保兆民之至意，相与向道迁善，服教畏神，则神明之日监在兹，顾答歆飨。其炳灵协顺，保护群生，奠安疆宇，与造物相为终始，有永勿替，

朕实嘉赖焉。

雍正十年六月十一日

雍正十一年二月，世宗宪皇帝遣内大臣海望、直隶总督李卫等致祭海神文

明神受职于天，恩覃泽国，御灾捍患，利赖宏深。凡兹东南黎庶所得保室家而安耕凿者，神之赐也。朕躬膺天命，抚驭寰区，夙夜敬共，以承上下神祇之祀，所期海宇苍生永蒙庇佑。惟兹浙西郡邑实为濒海要冲，比年以来，仰荷神灵嘉贶频昭安澜共庆。乃者风潮鼓荡，冲溃堤防，近逼民居，使人震恐。朕恫瘝在念，轸恻惟殷，专遣重臣周行相度，涓日鸠工，为海疆图久远奠安之计。用是洁诚致祷，虔命在工大臣敬展祀事，昭告悃忱。伏维明神，俯念海壖亿万生灵城郭田庐于兹托命，堤工木石皆出脂膏力役所需民众劳苦，伏冀弘昭福佑默相大工，绥静白灵风恬波息，俾工作得施长堤孔固，克底厥绩护卫烝民，保聚生全安亨乐利，则东南列郡溥被麻祥，朕实拜明神之功德于无疆矣。谨告。

乾隆二年七月，御制尖山观音庙碑文

我皇考世宗宪皇帝廑念浙江海塘为濒海诸郡保障，先后遣大臣相度形势，鸠工庀材，动发帑金二百余万，缮旧葺新，俾居民有所倚恃。尖山者海隅之一山也，以石为址，矗立沧涛，朝潮夕汐必经其麓，因即其上建大士庙，用以栖神灵来景贶。经始于雍正十三年冬十月，越乾隆元年八月告成，所司以勒石记事上请。朕惟海于天地间为物最巨，非有神灵默相，人力将无所施功，而佛法不可思议，恒能赞助造化，庇佑苍黎，有感必通，捷于影响。释氏所称观音大士以慈悲为体，以救度为缘，普济众生，随声应现，其功用大矣。我皇考为民祈福之心，无乎不至，神之能为民御大灾捍大患者，敬而礼之，浙中名山若普陀若天竺，皆大士道场，灵应夙著。尖山之名虽未显于古，而与灵鹫落伽远近相望，层岩巀嵲，近接潮音，实为神明之宅。宝坊既建，将见风樯琛舶出入于烟波浩渺之中，云旗翠旌往来拥护，而冯夷息警飓风不兴，并海之民安居乐业，熙熙然耕田凿井，以咏歌皇考之圣

泽于无疆者，神之庥也。爰镌之贞珉，以志缘起。

乾隆二年七月二十日

乾隆五年七月，御制海宁县尖山坝工告竣碑文

浙之海宁县东南滨海之境有尖塔二山，相去百有余丈，临流耸峙，根基毗连，为江海门户。海潮之自三门入者为最大。二山其首冲也，旧有石坝捍御洪潮，积久渐毁。我皇考世宗宪皇帝廑念濒海生灵，特命重加修筑。厥后，以湍激暂停。朕仰承先世，勤恤民依，谆谕封疆大吏尽心筹划。迩年以来，沙之坍者日以涨，潮之北者日以南，度可兴工，爰命抚臣及时修整。兹乾隆五年夏，抚臣奏自二月间庀材兴役，子来云集，踊跃争先，兼以风日晴和，程工倍速，届今闰月之初，工已告竣。一望崇墉，屹如盘石，向之惴惴恐惧虑为波臣者，安耕作而荷平成，恭请勒石纪载，垂诸无穷。夫御灾捍患，贵先事而为之，防海波浩瀚际天，潮汐出入，高如连山，疾于风霆，瞬息数千百里，非人力仓促所可御，居民恃石塘以为安，石塘恃二山以为障，而联络二山之势，延袤横亘，若户之有阃，关之有键，紧坝工是系。今者堤岸坚完，沙涂高阜，藩蓠既固，石塘可保无虞，庐舍桑麻，绮分绣错，东南七郡，咸登袵席之安，非特宁邑偏隅而已。是役也，施力于烟涛不测之区，奏功速而民不劳，良用嘉慰。继自今守土之臣其益属勤奉职，共体此事事有备之意，以保我蒸黎海疆，其永有赖诸。

乾隆五年庚申秋七月十八日

乾隆十六年，遣左副都御史胡宝瑔致祭海神文

惟神障卫东南，奠安民物。灵昭于越百川于是朝宗，利擅江湖万汇资其润下。挹波光之澄澹潮汐无虞，宜庙貌之巍峨馨香弗替。朕观风吴会，税驾钱江，览井邑之阜宁，庆风涛之恬息，捍灾御患瞻灵爽以非遥，崇德报功在经临而不废。神其歆格，鉴此明禋。

乾隆二十二年二月，遣散秩大臣昭毅伯永庆致祭海神文

惟神惠安南纪，奠定东瀛。德著朝宗翕受用承乎百谷，功归润下灌输

兼利首三农。嘉清晏之蒙休沧波久靖，念闾阎之托庇报飨宜虔。朕法古观风，载临浙水，睹此安澜之有庆，益征神贶之无涯，于豆于登稽旧仪而勿替，以妥以侑当时迈而弥殷。尚冀居歆，永绥兆庶。

乾隆二十七年，遣散秩大臣永福致祭海神文

惟神灵毓东瀛，惠兹南服。潮真有信式彰日母之神，海不扬波永奠天吴之宅。峰连龛赭乾坤轩豁其端倪，水界桐庐子午均调夫节候。金堤巩固丕荷鸿庥，贝阙澄清允怀显佑。朕时巡越国，载览胥江。万顷镕银天净鱼龙之气，一奁皎镜岸融梅柳之春。俾展馨香，用酬利济。山川望秩稽旧典于虞书，河岳怀柔协彝章于周颂。神其昭格，歆此苾芬。

乾隆二十七年三月，圣驾阅视海塘
御制观海塘志事示总督杨廷璋巡抚庄有恭

明发出庆春，驾言指海宁。
海宁往何为，要欲观塘形。
浙海沙无常，南北屡变更。
北坍危海宁，南坍危绍兴。
惟趋中小亹，南北两获平。
然苦中亹窄，其势难必恒。
绍兴故有山，为害犹差轻。
海宁陆且低，所恃塘为屏。
先是常趋南，涨沙率可耕。
两度曾未临，额乎谢神灵。
庚辰忽转北，海近石塘行。
接石为柴塘，易石自久经。
费帑所弗惜，无非为民生。
或云下活沙，石堤艰致擎。
或云量移内，接筑庶可能。
切忌道旁论，不如目击凭。

活沙说信然，尺寸不可争（塘边试下木桩，始苦沙涩，用二百余斤之
碬一筑，率不及寸许，待桩下既深，又苦沙散，不能啮木桩，摇摇无着也）。

移内似可为，间阎栉比并（柴塘向内数十丈，其土似宜桩，可以即工，
然所在皆田庐，此处为塘，必致毁弃田庐，患未至而先殃民，心复有所不忍）。

其无室庐处，又复多池坑。

固云举大事，弗顾小害应。

然以卫民心，忍先使民惊。

且如内石建，宁听外柴倾。

是将两堤间，生灵蹰沧瀛。

如仍护外当（去声），奚必劳内营。

以此吾意决，致力柴塘成。

坦水篓石置，可固堤根撑。

柴艰酌加价，毋俾司农程（命行在户部及该督抚详议加柴价）。

补苴示大端，推行宜殚诚。

御制题土备塘诗

土备塘云海望修，意存未雨早绸缪。

石柴诚赖斯重障，是谓忘唇守齿谋。

御制观海潮作歌

辛未观潮潮已奇，杭人犹称其力微。

丁丑观潮潮未至，作歌高楼聊记事。

似神而非者曰三，逮兹三度潮真酣。

却非江楼观约略，觌得乃在柴塘尖。

我阅柴塘筹御海，讵图快览惊涛骇。

因缘大汛三月三，洪澜有若将予待。

跋马指东向盐官，一条银线天际看。

卷江倒海须臾至，迎来底藉江山船（江山船迎潮见前诗）。

色犹未睹先闻声，礌硪磅礚輷匌訇。

徐行按辔揽其状，大哉观矣谁与京。

胥母弭节倏奔泻，并驱素车而白马。

淋淋汩汩浩汤汤，逾趾配藜白鹭下。

一空前此初遇奇，既欣渐复生愁思。

长芨厚石弗预固，秋来转瞬奚当之。

御制阅海塘记

隆古以来，治水者必应以神禹为准。神禹乘四载随山浚川，其大者导河导江胥入于海。禹之迹至于会稽，会稽者即今浙江之区，所谓南北互为坍涨迁徙靡常地。神禹亲历其间，何以未治，岂古今异势，尔时可以不治治之乎？抑海之为物最巨不可与江河同，人力有所难施乎？河之患既以堤防，海之患亦以塘坝。然既有之，莫能已之。已之而其患更烈，仁人君子所弗忍为也。故每补偏救弊，亦云尽人事而已。施堤防于河已难，而况措塘坝于海乎。海之有塘坝，李唐以前不可考，可考者盖自太宗贞观间始，历宋元明屡修而屡坏。南岸绍兴有山为之御，故其患常轻，北岸海宁无山为之御，故其患常重。乾隆乙丑以后丁丑以前，海趋中亹，浙人所谓最吉而最难获者。辛未、丁丑两度临观，为之庆幸而不敢必其久如是也。无何而戊寅之秋雷山北首有涨沙痕，己卯之春遂全趋北大亹，而北岸护沙以渐被刷，是柴塘、石塘之保护于斯时为刻不可缓者。易柴以石，费虽巨而经久，去害为民者所弗惜也。然有云柴塘之下皆活沙不能易石者，有云移内数十丈则可施工者，督抚以斯事体大，不敢定议。夫朕之巡方问俗非为展义制宜，措斯民于衽席之安乎？数郡民生休戚之关，孰有大于此者。可以沮洳海滨地险辞而不为之悉心相度，以期乂安吾赤子乎？故于至杭之翼日，即减从趱程，策马堤上，一一履视测度，然后深悉夫柴塘之下不可施工，以其实系活沙，桩橛弗牢，讫不可以擎石也。柴塘之内可施工而仓促不可为，以其拆人庐墓，桑麻填坑堑，未受害而先惊吾民也。即日成大利者不顾小害，然使石塘成而废柴塘，是弃石塘以外之人矣。如仍保柴塘，则徒费帑项，为此无益而有害之举，滋弗当也。于是定议修柴塘增坦水加柴价，一经指示，而海塘大端已具，守土之臣有所遵循，即随时入告，亦以成竹素具，便于进止也。议者或曰所损者少而全者众。柴固不如石坚，何为是姑息之论？然吾闻古人云：井田善政，行于乱之后是求治，行于治之时是求乱。吾将以是为折中，而不肯冒昧以举者，此也。踏勘尖山之日，守塘者以涨沙闻，后数日沙涨又增，命御前大臣志石篆以验之，果然（自初三日亲临阅塘后，即命都统努三、额驸福隆安立标于石篆之上，以验增长，今复遣往视，回奏云，十日以来沙涨至五尺余，土人以为神佑）！斯诚海神之佑耶。但丁丑以前已趋中亹者尚不可保，而况今数尺之涨沙乎。然此诚转旋之机，是吾所以默识灵贶，益励敬天勤民之心也。是吾所以望神禹而怵然以惧，惭无奠定之良策也。至海宁日即虔谒海神庙，皇考御制文在焉。因书此记于碑阴，以识吾阅塘咨度者如是。固不敢以己见为必当也。

御制谒海神庙瞻礼有作

盐官驻马先虔谒，庙貌枚枚皇考修。
捍患御灾宜祀典，恬风静浪赖神庥。
即今南涨方坤北，尚此春逢况值秋。
黍稷非馨在明德，是吾所愧敢忘愁。

御制驻陈氏安澜园即事杂咏六首

名园陈氏业，题额曰安澜。
至止缘观海，居停暂解鞍。
金堤筑筹固，沙渚涨希宽。
总廑万民戚，非寻一己欢。

两世凤池边，高楼睿藻悬（楼中恭悬皇考"林泉耆硕"御书，是编修陈邦直之父原大学士陈元龙予告时赐额也）。

渥恩赉耆硕，适性惬林泉。
是日亭台景，春风角徵弦。
观澜遂返驾，供帐漫求妍。

隅园旧有名（以是园为暂憩之所，因赐今额，隅园其旧名也），岩壑窈而清。

城市山林趣，春风花鸟情。
溪堂擅东海，古树识前明。
世守犹陈氏，休因拟奉诚。

别业百年古，乔松径路寻。
梅香闻不厌，竹静望偏深。
瑞鹤舞清影，时禽歌好音。
最嘉泉石处，抚帖玩悬针。

元臣娱老地，内翰肯堂年。
赌墅棋声罢，木天砖影捐。
竹堂致潇洒，月阁挹清娟（竹堂月阁皆园内名胜）。
信宿当回跸，池边坐少延。

天朗惠风柔，临溪禊可修（是日上巳）。
趣真如谷口，姓不让冈头。
意以延清水，步因觅韵留。
安澜祝同郡，宁为畅巡游。

御制睡醒

睡醒恰三更，喧闻万马声。
潮来势如此，海晏念徒萦。
微禹乏良策，伤文多愧情。
明当陟尖峤，广益竭吾诚。

御制塘上四首

西塘尚有沙涂护，既至东塘沙总无。

石不能为柴欲朽，防秋要计可徐图。

盐官从不晓迎銮，古朴民风致可观。
却胜杭嘉多饰礼，彩棚鼓乐满河干。

苫庐灶户日煎盐，辛苦蝇头觅润沾。
嘘燉胼胝耐燥湿，厚资原是富商兼。

堤柳青青畦菜黄，村梅遮坞远闻香。
徐行咨度周防计，懒惰无心问景光。

御制尖山礼大士作

秋水精神满月相，峰巅妙演海潮音。
普陀天竺何遥近，无碍随缘应感心。

御制登尖山观海作

舆图早已识尖山，地设天开障海关。
东北冈峦捍犹易，西南柴石御为艰。
虔心所祝资坍涨，蒿目无方计刜襄。
大吏载咨补偏策，尽吾诚耳敢云闲。

御制视塔山志事诗

尖山实捍海，塔山舒右翼。
翟埘当凫湾，赖此雄潮逼。
条石未可筑，块石先救急。
其下布石篓，射溜图根立。

策马视履痕，云沙涨数尺（浙抚臣言竹篓贮石下护坝基，数日来沙涨掩篓四尺许，遂命立标以验增涨尺寸）。

是为转旋机，其然谈何易（叶）。

诅当恃天佑，而弗尽予责。

叮咛示方伯，吾意知应悉。

斯时工难施，沙远当易石。

鱼鳞一例接，方为经久策。

御制阅海塘迭旧作韵

今日海塘殊昔塘（丁丑南巡时，海塘大溜尚走中亹，巳卯以来潮势复趋北亹，现饬大吏相度修缮，以为民卫），补偏而已策无良。

北坍南涨嗟烧草，水占田区竟变桑。

父老常谈宁可诿（土人以三亹海潮之行，不南即北，此因任之论，与河徙天数语同，非治水者所宜出也），明神显佑诅孤庆（雍正七年海宁敕建海神庙，近复命钱塘崇饰祠宇以昭灵贶）。

尖山跋马非探胜，万井安全虑不遑。

御制上巳

尖塔（二山名）揽全角，陈园跸暂停。

佳时逢上巳，随地可稽亭。

绿水澄而照，春梅静以馨。

托波杯不泛，恶旨有芳型。

乾隆三十年闰二月圣驾巡幸浙江
御制自石门县跋马度城易轻舟至陈氏安澜园即景杂咏

舣舟跋马度由拳，心喜观民缓着鞭。

更有阅塘予正务，遂循溪路易轻船。

夹溪万姓喜迎銮，桑柘盈郊入画看。

廿四桨过风帆（去声）驶，片时新坝到长安（即坝名）。

坝隔高低换彩舟，彩舟致重橹声柔。

仍图迅利策予马，蓄眼韶光面面酬。

盐官三载重经临，两字安澜实廑心。

驻辇春风弃清暇，果然城市有山林。

遣工部侍郎范时纪致祭海神文

惟神惠普南邦，灵昭东海。受百川而积润信有常期，汇万壑以为宗量惟并纳。澄光如镜风清伍相之江，静影沉山日丽钱王之地。鸿庥丕著，永固金堤，显佑常昭，弥滋玉甸。朕虔修茂典，载举时巡，睹万顷之安澜，鱼龙效顺，当三春之和日，节候均调。用展明禋，良酬翊赞。怀柔河岳诵祷允协乎彝章，望秩山川披图克绍夫旧典。神其昭格，式此馨香。

御制驻陈氏安澜园迭旧作即事杂咏六首韵

如杭第一要，筹奠海塘澜。

水路便方舸（前巡抵杭城，由陆路赴海宁阅塘，今年舟次石门即从别港水道前进，先驻是园，取便程急先务也），江城此税鞍。

汐潮仍似旧，宵旰那能宽。

增我因心惧，惭其载道欢。

隔园城角边，新额与重悬。

意在安江海，心非耽石泉。

乔柯皆入画，好鸟自调弦。

有暇诗言志，雕虫不尚妍。

盐官谁最名，陈氏世传清。

讵以簪缨吓，惟敦孝友情。

春朝寻胜重（去声），圣藻赐褒明（原任大学士陈元龙请老时，皇考书赐"林泉耆硕"额以宠其行，今恭奉园楼正中）。

来日尖山诣，祈庥尽我诚。

书堂桥那畔，熟路宛知寻。
既曲越延趣，惟幽不碍深。
风翻花动影，泉出峡留音。
古栝无荣谢，森森青玉针。

园以梅称绝，盘根数百年。
古风度迥别，时世态都捐。
春入香惟净，月来影亦娟。
闲吟将对写，消得意为延。

溪泛橹声柔，溪涯有竹修。
獭时看伏翼（是园水中有獭），鱼并育槎头。
似此真佳处，无过信宿留。
观塘吾本意，讵可恣遨游。

御制海神庙瞻礼迭旧作韵

庚辰之岁潮趋北，柴石塘工重（去声）事修。
亟吁施仁斯益切，不更（平声）为患即贻麻。
涨沙虽纵闻增渚，汛水无过幸晏秋。
庙貌钦崇缅皇考，中霪未复只怀愁。

御制命添建海宁县城石塘前坦水石诗以志事

柴石两塘工，前巡大端定（前巡阅视海塘时，有以老盐仓一带柴塘恐难经久请易柴为石者，及亲临度试则塘内沙活不可下桩，再移内数十丈，虽工作可施，势必毁弃旧庐，未弭患而先殃民，又岂保卫之道。因决意修筑柴塘，敕部议增薪值，俾采购裕足，并命添置坦水篓石捍护堤根）。
兹来重相视，事无不用敬。
念兹古县城，万民所托命。
城南即石塘，鱼鳞固绵亘。

但潮今北越，已近塘根迎。

坦水纵两层，潮来惟一剩。

设使久荡激，塘根将致病。

去岁虽添建，六十丈而竟。

尚欠久安策，俾增一律称（去岁抚臣请建坦水六十余丈，止就险要而言，于全塘形势尚未筹及，因命增建四百六十余丈，并视二层旧坦之桩残石缺者令补易缮完，使护塘根，永资巩固）。

杀（去声）势护石工，费帑吾宁听。

何当复中亹，额手斯诚庆。

御制塘上三首

尖山将往阅潮淤，塘上清晨发步舆。

一带堤根皆啮水，抚斯安得暂心纾。

鱼鳞诚赖此崇堤，堤里人有屋春齐。

土备却称守重障（土备塘，海望所修，欲以为重关保障。夫石塘外如果可为重障尚可，今为之塘内，且置人家于外，岂有土更坚于石之理。譬之防盗者舍墙门而扃屋扉，甚无足取也），一行遥见柳烟低。

灶户资生釜海存，刮沙煎卤事牢盆。

茆棚苹窭何妨览，欲悉吾民衣食源。

御制登尖山观海

岧峣净土普门凭，观海固之栈道登。

愧我敢云希绩底，奠兹惟是赖仁能。

台临上下空无际，舟织往来波不兴。

俯视塔山资射浪，谩言沙涨有明征。

御制视塔山志事迭旧作韵并示地方督抚及司事者

壬午视塘后，沙涨伸如翼。

不久复致坍，溜仍塘根逼。

自兹月据报（坝基下有护根石篓，前巡临阅时沙涨掩篓痕四尺许，因命标志其处，验增涨尺寸，浙抚每月奏报），时缓亦时急。

即今石篓下，又见涨沙立。

较之昔立标，乃更增五尺（沙涨时有赢缩，兹亲临勘验，较旧志复增五尺，大吏皆谓江海效灵，然坍涨靡常，实不敢即以为慰也）。

效灵谩致颂，安保无更易。

夫惟君与臣，均有安民责。

为民筹保障，可弗此心悉。

何时沙坂坚，鱼鳞易条石。

惟俟天默佑，斯实乏良策。

御制阅海塘再迭旧作韵

依旧潮头近逼塘，贻谟昔日计深长（自乾隆戊寅后潮势复渐趋北矗，恃鱼鳞大石塘及坦水竹络坝为巩护，益仰皇考定制，实为万世永赖）。

成规敬守修柴石（先是，建议者拟易柴塘为石工，壬午亲临相度，塘下活沙既汕涩不受桩，而内徙又妨田庐，因命专修柴塘，且增料值，其条石各工随宜加甃，俾资捍御），古语诚符变海桑（南坍北涨，北坍南涨，惟浙省为然，盖无有百年不易之事）。

思复中矗亦过（平声）望，便由故道也私庆。

尽人事俟神庥耳，蒿目一劳念未遑。

御制观潮四首

镇海塔傍白石台，观潮那可负斯来。

塔山潮信须臾至，罗刹江流为（去声）倒迴。

橐钥堪舆呼吸随，混茫太古合如斯。
　　　　　　　伍胥文种诚司是，之二人前更属谁。

　　　　　　　候来底藉鸣鸡伺，朔望六时定不差。
　　　　　　　斫阵万军驰快马，飞空无辙转雷车。

　　　　　　　当前也觉有奇讶，闹后本来无事仍。
　　我甫广陵辨方域（枚乘《七发》观涛广陵之曲江，注未详其所，在后世乃指浙江为曲江，以浙江涛、广陵涛溷而为一，盖未深考《汉书地理志》，余杭属会稽而不属广陵，相习传讹耳。且如篇内伍子之山胥母之场，并在吴境，于扬于杭皆风马牛不相及，尤难强为比附，因作《广陵涛疆域辨》以正之），漫重七发述枚乘。

　　康熙六十一年，钦颁潮神庙御书匾额"协顺灵川"。
　　雍正十一年正月，钦颁海神庙御书匾额"福宁昭泰"。
　　乾隆四年六月，钦颁海神庙御书匾额"清宴昭灵"。
　　乾隆二十七年三月，圣驾亲阅海塘，谒海神庙，御题正殿匾额"澄澜保障"，御题柱联"百谷归墟泽汇江湖资利济，三叠循轨潮平宅绪麇发恬"。
　　圣驾临幸安国寺，御题佛殿匾额"法海安禅"。御题柱联"香水护须弥功德常澄一镜，妙华现优钵庄严合证三轮"。
　　上驻跸原任大学士陈元龙别业，御题曰"安澜园"，御题匾额"水竹延清"。
　　圣驾阅视东塘，至潮神庙，御题匾额"恬波孚信"，御题柱联"池爱潮汐安江裔，川障东南护海门"。
　　圣驾临幸尖山观音庙，御题匾额"补陀应现"，御题柱联"耳观海潮音非彼非此，心源甘露品大慈大悲"。
　　乾隆三十年闰二月，圣驾重临海塘，御题尖山观海阁匾额"海阔天空"，御题柱联"台临上下空无际，兵织往来波不兴"。
　　御题安澜园联"筠含籁戛金石韵，花湛露霏锦绣香"。

赏赉臣工御笔谨附载

康熙三年赐刑科掌印给事中杨雍建御书匾额"从直建言可嘉"。

康熙二十九年赐兵部左侍郎杨雍建御书匾额"松乔堂"。

康熙三十八年三月赐日讲官起居注右春坊右庶子兼翰林院侍讲陈元龙御书匾额"凤池良彦"。

康熙四十一年三月赐日讲官起居注翰林院侍读学士陈元龙御书匾额"爱日堂"。

康熙四十二年二月特赐诰封奉政大夫翰林院侍读陈之閜御书匾额"鸠杖庞眉"。

康熙四十四年三月赐翰林院编修提督山东学政顾悦履父伯揆母程氏御书匾额"椿萱眉寿"。

康熙四十四年四月赐都察院左副都御史陈诜御书匾额"玉篔堂"，御书堂联"存心惟志道，勉力事依仁"。

康熙四十四年四月赐经筵日讲官起居注詹事府詹事兼翰林院侍读学士陈元龙御书匾额"南陔日永"。

康熙四十四年四月追赐詹事府詹事陈元龙母陆氏御书匾额"慈教贻庥"。

康熙四十九年赐礼部尚书许汝霖御书匾额"清慎勤"。

康熙五十四年六月赐詹事府左春坊左中允兼翰林院编修陈邦彦御书匾额"春晖堂"。

康熙五十年赐国子监司业卢轩御书匾额"日堂"。

雍正元年十一月赐原任礼部尚书陈诜妻封一品夫人查氏御书匾额"躬劳著训"。

雍正元年十一月赐翰林院侍讲学士陈世倌御书匾额"载笔清时"。

雍正十一年八月赐太子太傅文渊阁大学士兼礼部尚书陈元龙御书匾额"林泉耆硕"。

乾隆十六年三月赐太子太保文渊阁大学士兼工部尚书陈世倌御书匾额"纶扉耆宿"。

乾隆二十三年二月赐予告太子太傅文渊阁大学士兼工部尚书陈世倌御制诗一章："夙夜勤劳言行醇，多年黄阁赞丝纶。陈情无那俞孔纬，食禄应教例郑均。自是江湖忧未忘，原非桑梓隐而沦。老成归告能无惜，皇祖朝臣有几人。"

卷二·山川

东南之山三十一

小尖山，许志，石墩东一里，高五十五丈，周十里，上有烽堠。

大尖山，咸淳志，尖山在县东南六十里。许志，高九十九丈，周一十里，北距智河岭，山有白鹇文雉峚崒崛起亚千金牛，南临大海，上有高峰，周一里，最为险要，建烽堠墩台于上。外志，其山出云必雨，谚云尖山戴帽。按，山西北与智河岭相距者，俗呼龟山。明徐渭《游尖山松茂桃复盛开诗》："万松滴千山，妙翠不可染。割取武陵源，固是天所遣。秦人迹有无，云中叫鸡犬。夜泊渔舟来，下山寻不见。"

塔山，《海塘通志》，尖山西一小山俗名塔山，相去百余丈，水底根址相连。按塔山乃尖山余气，上有塔，故名。两山之间，今筑石坝其上。

卷五·海塘

浙东西濒海诸县，惟海宁潮势直射塘堤，故溃易而筑难。又地形最高，据嘉湖苏常等郡上游，利害所系非但一邑。自唐中叶迄于有明，潮患塘工历历可考。其间非无值大灾耗巨万者，未有如圣朝之诚求保乂也。康熙初年以来修筑频仍，始犹循袭前规，继则因地制宜，因势利导。我世宗宪皇帝诏令谆笃，务期衽席咸登，不惜帑费千万。我皇上御极之初，即慎简督臣，悉心综理，嗣又屡遣重臣会同勘议，咨询批答睿念时殷。迨壬午、乙酉两次銮辂南巡，皇上皆亲临海堧，周详指画，大小臣工咸得遵循集事，以故安耕凿奠室家，庆安澜而歌乐土者，正不独在一方也。海塘故有专志，所载者非止海宁。兹就本州形势潮汐与修防之工程兵役悉纪焉。圣谟洋洋，固盘石于亿万斯年矣。

修防（程序附）

修防之道，险则攒筑要工，平则绸缪未雨，固无时可释也。前代之兴筑，每因险而施工，惟国朝轸念民依，无论为险为平，工无或辍，循环相度，永保安澜。兹胪列自昔迄今修筑工程，用备稽核，其洪涛为患，蠲租给赈，参入修防恐致错杂，另载灾祥条下。

…………

雍正十三年八月十三日，今上皇帝龙飞御极，大学士朱轼奉旨留阁办事。二十六日奉旨将浙江海塘工程事务交与内阁大学士江南河道总督嵇曾筠总理。十一月大学士嵇曾筠奏请于旧塘后相度基址建筑石工，并请将旧塘帮筑里戗修补坦水块石旧塘改用条块大石，再择险抢修塘身加镶草塘，又于南门外首险处先筑石工五百余丈。疏上，下王大臣等议覆，奉旨允行。十二月初八日又奏请用借水攻沙法于南岸疏挖陡岸，并将需用条石桩木柴土各项俱立章程给发工价。疏上，奉旨允行。同日又请停止引河疏浚，下部议行。同日又奏请停止尖山坝工，下部议行。

乾隆元年八月，大学士嵇曾筠题报帮筑沿塘土戗修补坦水择险抢筑石塘等工告竣，计仁宁二邑沿塘土戗共长一万三千九百九丈，用工料银八万七千三百六十两零，修坦水共长八千四百九丈八尺，用工料银七万五百三十三两零，择险修砌石塘共长一千十二丈三尺五寸，用工料银五万八千二百四十六两零，以上三项通共用工料银二十一万六千一百三十九两零。于雍正十三年十月开工，乾隆元年五、六月一律报竣。同月又题称，鱼鳞大石塘之建前因海势趋北，万难临水施工，故议于旧塘后另度基址建筑，今海势渐向南趋，东西塘根涨有护沙，所议石塘应即在旧塘基址整砌，不必择基另建。下部议行。十二月题请建造运石海船，下部议行。

二年三月，大学士嵇曾筠咨请将石草各塘照千文编立字号，部覆准行。六月题明浙省海塘自浦儿兜大石工起至尖山段塘头止，应建鱼鳞大石塘共五千九百三十丈二尺。闰九月题称，南门外绕城险工五百五丈二尺，业经告竣，但绕城石塘捍御潮汐全赖坦水保护，请加筑条石坦水。下部议行。

计南门外绕城大石塘工料银八万二千七百二十四两零，坦水五百五丈二尺，工料银一万五千五百九十二两零，又帮筑镇海庙塔根围墙并马头踏步一座，工料银五百二十九两零，以上共报销银九万八千四十六两零。

四年正月，巡抚卢焯题称，石塘完工已有一千余丈，水势日南，涨沙绵亘数十里，刮卤煎盐已成原野，每年草塘犹事岁修，殊属靡费，应请停止。下部议行。四月又题称，乾隆二年改建石塘时潮水尚激塘身，藉草盘头挑溜，是以水缓之地皆建石塘，其有草盘头处所仍是土塘，未在题估之内，今水势南迁，涨沙日远，塘根之外皆成平陆，则无溜可挑，草盘头已属无用，而每年于旱地上镶填柴草，殊属无谓，请将草盘头停止加镶，其后身土塘一律改建石塘，东西两塘大工可以接连，为一劳永逸之计。下部议行。十月又题请将尖山石坝未竣工八十丈续行接筑，下部议行。五年二月开工，六月报竣，用银一万六千一十三两零。因请将修筑节省银两留在县库为久远岁修计。十二月题请开浚备塘河，奉旨允行。

五年十一月，总督德沛奏请将老盐仓一带草塘统建石工，下部议。部覆宁邑草塘前经该抚卢焯奏称水势日南，涨沙绵亘，每年岁修，殊属靡费，应请停止，柴塘之岁修犹且可停，石工之改建尤非急务，应俟现建石塘各工完竣后，再行勘议。

六年三月，总督德沛续请将草塘改建石工，不必俟大工完竣后举行，下部议行。寻因左都御史刘统勋奏称改建石工不必过急，廷议请钦差大臣一员亲往确勘，随奉旨命刘公来浙会同督抚议奏。

乾隆七年四月，刘公覆奏柴塘改建石工诚经久之图，但须宽以时日，请将料物预期备办，俟水缓沙停可以施工之候乘机兴筑，每以三百丈为率。部议以新任督臣那苏图将次抵任，应令一并查勘明确，如果意见相同，自应准其改建。是年六月，总督那苏图奏请先于老盐仓汛至东石塘界内最险之观音堂等处，间段排筑石篓，共五段长二百七十九丈七尺，外捍潮汐，内护塘基，俟石篓根脚坚实，再照原议建筑石塘。部覆准行。又于乾隆九年吏部尚书公讷亲奉命来浙勘视海塘，奏称仁宁二邑柴塘外护沙宽广，实属稳固，石工不必改建，若虑护沙坍涨无常，第将中小亹故道开浚，俾潮水循规出入，上下塘俱可安堵，经部议覆，事遂寝。

九年二月，巡抚常安疏报海宁县鱼鳞大石塘于乾隆二年四月初七日开工，至八年六月初九日一律告竣，通共建筑大石塘计长六千九十七丈六尺八寸，加帮土戗计长一百一十二丈，应销银一百一十二万七千一百一十两有零，督抚诸臣及绅衿士民奏谢。

十二年二月，护巡抚唐绥祖咨报中小亹引河故道开挖工竣。先是乾隆九年史部尚书公讷亲来浙，奏请将中小亹故道开浚深通，随经部议中小亹原有故道，不可因淤塞已久停止。是年巡抚常安于蜀山南用切沙挑沟引溜以顺水势，于北岸竹篓石坝挑溜挂淤，至十一年挑挖工竣，河道共长一千二百四十七丈五尺，面宽三四五六丈，底宽二三四丈，深六七尺不等，实用工料银一千一百七十七两零。又以河身虽已开成，应随时挑切疏浚，咨部于引费项下动支银两，为逐年疏浚工费，照例造册报销。

十三年正月，大学士高斌来浙查勘海塘，因奏善后事宜。请自章家庵起至尖山脚下加筑土堰一万四千数百余丈，再自仁和县江塘迤东至章家庵民筑土堰量长六千二百余丈，限以二年为期，于农隙时陆续筑成，以资保卫。下部议行。三月，巡抚顾琮奏自乾隆十二年十一月以后中小亹冲开引河，大溜经由故道，其附近村庄民田猝被冲坍者，请于冬底查明户口，给以口粮，奉旨允行。四月，大学士公讷亲来浙勘阅海塘，题奏善后事宜，奉旨交巡抚方观承查办。九月，巡抚方观承覆奏，请于北岸设竹篓碎石滚坝以杀汛势，俾水退沙留，易于淤积，三里桥、掇转庙两处塘外俱有潮沟，请亦于口门处设立竹篓碎石滚坝，以御汛水冲刷，共约需银一千一百四十余两。又小尖山至大尖山、大尖山至石宕山二处各有民筑土堤一道，共长一千一百五十六丈，每于秋潮大汛辄多泛溢，请改建石塘，以资捍御，以垂永久。及云现在潮神庙前议筑竹篓滚坝，其不过坝之潮水回溜趋东，则大小山圩正当其冲，应请于二处各建碎石一道，与滚坝工程同时并举，约估需工料银二千八百二十余两。又请于河庄山分驻弁兵，巡视中小亹水势情形。并经大学士等会议准行。

二十四年六月，巡抚庄有恭奏请预备柴塘料物及帮筑附塘土堰酌筹新旧坦水。闰六月十六日奉上谕：庄有恭奏东西海塘柴石塘工豫备事宜一折，已批该部速议具奏矣。江溜海潮全势既趋北大亹，则一切应行修筑事宜正关紧要，现在时届立秋，防汛不宜迟缓，而部臣议覆不无尚需时日，且定议谅无可驳诘者，着传谕该抚速就勘明筹办之处一面即行发帑兴工，上紧赶筑，无庸听候部覆，迟误要工。钦此。是年六月加筑南门外迤东薛家坝迤西至西土备塘头塘面上堰工长三千二十三丈一尺，用工料银一千九百三十九两零。七月修筑曹将军殿前盘头，用工料银七百九十两零。十月估建城东九里桥起西至曹将军殿盘头迤西条石坦水六百二十三丈三尺，用工料银一万八千八十五两零十二月。因秧田庙盘头护沙日卸临水柴桩年久霉朽加镶，用工料银七十四两零。

二十五年二月，总督杨廷璋、巡抚庄有恭会奏东西两塘最要坦水并韩家池一带柴塘分别修筑，奉旨允行。建筑东塘十三段工长三百十五丈三尺，西塘九段半工长二百二十九丈五尺，又西九段半工长二百三十三丈，拆修韩家池柴塘自断塘头东起至大盘头西止工长二百八十丈，共用工料银一千七百九十一两零。春汛尖山坝工竹篓护沙刷去边石剥落，奏明迭砌东南岸竹篓工长五十丈，又加砌竹篓工长六十丈，用工料银三千二百十两零（疏略：查该坝为全塘关键，急须设法防护。该处桩木难施，惟有造用宽长竹篓填贮块石，并用篾缆联络顺贴坝身，挡浪护根无善于此。今大汛已届，工难宽待，随饬集料鸠工，并饬海宁县知县刘纯炜住宿工所，刻期督办，庶保无虞）。七月陈坟港东盘头念里亭西盘头塌卸，照旧修复，用工料银一千二十二两零。

二十六年三月，估修小坟前缓修条块石塘改建鱼鳞石塘二十丈，白墙门东缓修石工拆筑条块石塘四丈，念里亭盘头西侧缓修条块石塘二十五丈加高面土一尺，及小坟前念里亭随塘坦水并白墙门坦水十丈，共用工料银二千九百九十两零。四月因老盐仓一带柴塘潮溜顶冲，外沙日渐坍卸，先拆镶二百丈接西续镶一百丈，又接镶七十丈，共用工料银四千九百六十六两零。又修马牧港盘头，工料银五百五十两零，霉汛尖山坝工竹篓复被潮溜冲激底沙搜剔，以致竹篓矬陷数尺至丈余不等，工长一百十丈，东南岸坝身边石及雁翅等工先后共坍长一百七十一丈，又西北岸边石卸长二十七丈，照前仍用竹篓装石迭砌紧贴坝身高出水面篓后修砌边石，共用工料银三千九百二十八两零。五月水大，曹将军殿盘头两边雁翅蹲矬面桩欹斜柴埽外游根底刷空拆镶，用工料银七百二十两零。九月拆镶韩家池柴塘二百八十丈，用工料银四千三百二十一两零。又修胡家兜残缺坦水六段工长一百二十三丈八尺，用工料银四千五百九十二两零。十月拆筑薛家坝前条块石塘长三丈，并修塘外坦水长四丈五尺，用工料银二百九十六两零。又修戴家石桥汛内坦水二段长四十六丈七尺，用工料银一千八百八十三两零。

二十七年春，皇上南巡，亲阅海塘。三月初三日，奉谕一道，勒石柴塘工次。又同日奉上谕一道，勒石塔山（并恭纪卷首）。大学士忠勇公傅恒遵旨会同督抚议增柴价（疏略：伏查海宁柴塘工程从前柴价每百斤部定则例六分，乾隆七年钦差刘统勋会同前督抚德沛等因柴价不敷购办，恐误要工，奏请加增银三分，每百斤统以九分报销，经部覆准在案。是该处料价业已较前加增，今蒙圣恩念及迩日柴价稍昂，恐小民购办装运或为额定官价所限，不无拮据，特沛恩纶，令臣等会同酌议加增。臣等面为商确，应请于原定九分之数再加一分，每百斤统以一钱报销。惟是发价运料全在地方，承办之员经理得宜，果能使购运交纳民间无守候扰累之烦，给价接收吏胥绝胶剥抑勒之弊，则恩加价值得以实惠在民，倘调剂未能妥协，即使倍增其价，亦恐不能悉归实用。臣杨廷璋、庄有恭当严饬工员实心承办，务使吏无侵渔而工资储备，以仰副圣主加惠海疆优恤小民之至意。如有浮收短价等弊，即行从重惩治。自此办理加增之后，或将来柴价渐平，该督抚即随时酌减核实报销，勿使稍有浮冒。等因）。奉旨依议。五月巡抚庄有恭题估老盐仓石塘头迤西至观音堂止柴塘九百四十五丈，除已修外拆修六百七十五丈，又柴塘外安设护塘竹篓九百四十五丈，并旧建大石塘外建坦水四百六十丈，共估用工料银六万五千二百九十九两零（疏略：切照海宁老盐仓一带柴塘水临塘脚工程紧要，仰蒙我圣主廑念民生，绸缪未雨，亲勤万乘，面示机宜，洞若观火，实保卫久长至计。臣于本月十六日先往塔山查勘坝外涨沙，勘得原标记第一竹篓自十三日努山、福隆安续勘除增涨外露高一尺一寸五分者，今复增涨六寸五分，仅露出竹篓五寸；其第二竹篓续勘除增涨外露高一尺三寸五分者，今复增涨一寸五分，尚露出竹篓一尺二寸；其临水之第六十九篓则仍照前尺寸未有增涨。十七日臣即查勘老盐仓一带柴塘外护沙日渐汕刷，势益过西，而塘面亦日见蹐矬，诚如圣谕须以修至观音堂为度。臣现在遵奉圣明指示详细传述，俾令共知遵守兴工，则自东而西一面多方集料，一面分手程功，除已修竣外，接修至观音堂，尚有应拆修柴塘六百七十五丈，务于秋汛前完工，以资保固。至柴塘之下本系活土浮沙，若修条石坦水关桩难施，石料易陷，自当遵照谕旨即以竹篓作坦水，或二层或三四层，务使柴塘根脚不至游矬。至前抚臣朱轼所修之大石塘四百六十丈，蒙圣谕亦应增条块石坦水，臣履行塘下逐段查勘。缘从前俱未建有坦水，此时底桩露出者自二三尺至四五尺不等，且有底桩欹斜空虚须拆开重修者，臣现在督同各员通盘佑计分别缓急，以便次第兴修。又疏查老盐仓柴塘自旧建大石塘头起迤西至观音堂止，共计工长九百四十五丈，内除修竣二百七十丈，实应拆筑六百七十五丈，该塘原高二丈三尺阔二丈，今请筑高二丈，除顶土二尺外，镶柴高一丈八尺，顶宽二丈，底宽一丈四尺，牵宽一丈七尺，虽较之原高二丈三尺阔二丈之数量从节减，然核之上年修竣柴塘，其宽厚均属有加，足资捍御。所有需用桩数仿照原案，每丈签钉紧密，共估工料银一万八千四百一十三两零。又柴塘外应安设护塘竹篓九百四十五丈，一律估建竹篓二层，底篓用长一丈二尺，面篓用长一丈高宽各五尺，内有塘工二十丈塘外底沙冲刷最深应加篓一层，共估工料银二万一千九百九十二两零。又旧建大石塘四百六十丈塘外尚未建有坦水，现在塘身底桩呈露，今新建坦水，须砌过塘身底石二尺，方足以资保护，估用工料银二万四千八百九十三两零。以上三项工程统估工料银六万五千二百九十九两零，实与成例相符）。六月修建东西两塘坦水并念里亭白墙门盘头改坦共九段，工长一百八十三丈二尺，用工料银八千三百四十五两零。七月普儿兜旧建大石塘四百六十丈，内大隆号舍前十丈折底重修，工料银九百九十六两零。修柴塘六百七十五丈，工料银一万八千四百十三两零，竹篓九百四十五丈，工料银二万一千九百九十二两零，坦水四百六十丈，工料银二万四千八百九十三两零。秋潮大汛前修竹篓内有低陷处二十四丈，用边篓镶填整平，用工料银八十二两零。九月间奉上谕：浙江海宁一带塘工最关紧要，今春巡幸抵杭之次日，即赴老盐仓尖山等处相度指示，饬令修筑柴塘，并建设竹篓坦水各工，用资保护。今据庄有恭奏查勘工程俱已陆续完竣余工并皆稳固等语，该抚督率各员攒办蒇工甚属尽心，深可嘉予。庄有恭着交部议叙，所有在工勤事各员并着查明分别咨部议叙，以示奖励。钦此。是年十月庄有恭调补江苏巡抚，熊学鹏调补浙江巡抚，钦奉谕旨海塘工程仍听庄有恭专司其事，是后塘务两抚协同筹办。十月四里桥石塘前因风潮泼损间段坍卸改建鱼鳞石塘，工长一百四十三丈，又华岳庙东拆筑条块石塘五丈，又陈坟港东西盘头并秧田庙盘头三座改建坦水，共工长六十丈，又陈坟港东添筑裹头一道工长四丈八尺，共用工料银二万七千五百三十三两零。再续镶观音堂迤西柴塘三百丈，用工料银八千一百八十三两零。

二十八年正月，因上秋风潮泼损修筑东塘间段面土工长一千九百四十七丈一尺，又曹将军殿马牧港普儿兜盘头三座并西塘间段泼损埽工一百四十八丈四尺，共用工料银二千三百三十五两零。二月接筑观音堂迤西篓坦四百丈及念里亭至薛家坝加培土堰一千四百四十五丈五尺，共用工料银一万六十六两零（庄、熊合疏略：查前此所筑篓工九百四十五丈，紧靠塘身，故塘脚安稳柴无外移抽掣之患，今此续修之四百丈，自应一律照办。又海宁城东至念里亭等处塘面向有土堰，常时似无甚益，然上秋风潮泼塘之水实资捍遏，不致漫入附塘河中。臣等会勘虽通塘俱有土堰，高低厚薄不一，但细察情形，海潮入尖山斜趋西北而来，海宁城东塘面土堰尤为紧要，则先事预防，自当筹办，总以自塘面量起高五尺面宽六尺为度，其有实系塘面太狭始准在塘后身加帮盖。此等土堰只取阻遏泼塘之水，俾得速退，若于塘后加帮，不惟靡费，且留塘面太宽，反不得力）。四月建筑东塘小坟前坦水十六丈，用工料银九百五十两零。秋大汛，尖山坝工篓头破碎石块卸出另编小篓镶砌长五十二丈五尺，用工料银一百五十五两零。七月接筑观音堂等处柴塘一百丈，用工料银二千七百二十七两零。八月因风潮泼损镇念二汛塘面眉土修筑，用工料银五十一两零。九月改建念里亭汛内小坟前第六十八段条块石塘三十五丈五尺，又东首第七十段十三丈二尺，又戴家石桥汛内第四十七段二十九丈五尺悉改建鱼鳞石塘，并修补第四十七段随塘坦水，共用工料银一万三千九百八十五两零（合疏略：臣等伏查从前缓修抢修二项石工，皆内用块石堆填，外用条石包裹，工本不坚，年又经久，故迩来凡有泼卸之工悉在此等工内。今臣等确勘凡根脚有膨凸后矬之势，亦应仰体我皇上厪念民生至意，趁此九十月内一律改建鱼鳞大石塘，以资永固）。十二月接镶翁汛内柴塘一百丈，用工料银二千七百二十七两零。是年遵旨岁修自老盐仓起至观音堂止柴塘工长九百四十五丈逐段低矬，估工料银五千五百八两零（工部题定柴塘岁修章程疏略：据该抚疏称，该处沙土松浮，恐经年累月，潮汐往来汕刷，塘根虽有篓坦捍卫不致外游，而底沙虚松，易于低陷，加以行人践踏，雨雪淋漓，未免间有蹲矬，自应遵例岁修，以资捍卫等语。应如所题，准其岁修。至保固限期，查定例加镶柴塘保固三月，拆筑柴塘保固半年，其竹篓并未定有保固例限。今该抚称柴塘之外俱有篓坦卫护毋庸分别保固，请将加镶拆筑俱定保固半年，其竹篓虽系临水施工，然竹不性坚，应与塘身一例保固等语。亦应如所题办理。仍行令该抚等遇有应修工段委员据实查勘，如限内损坏之工，责令原办工员照例赔修，如在限外，应修工段即行核实估计，每年于霜降后汇造清册具题估销，并将所需银两在于引费项下动支之处声明，仍报明户部查核可也）。

乾隆二十九年二月，东西两塘戴念二汛建筑坦水七段，计长一百七十七丈七尺，共用工料银五千九百六十七两零。六月修南门外绕城坦水二十七丈，共用工料银三百七两零。七月修绕城坦水东西二段六十八丈九尺，共用工料银八百三十一两零。又念汛补钉坦水桩木，用工料银二百四十八两零。九月修戴镇念三汛坦水九十八丈六尺，又添建绕城坦水一层计六十二丈，共用工料银四千九百四十四两零。十月念里亭汛缓修石塘二十九丈，改建鱼鳞石工，并修随塘坦水，共用工料银五千六百九十两零（疏略：查通塘险要处所塘外坦水有接筑至三四层不等，海宁县南门外绕城塘工近日形势顶冲汕刷，内有二层坦水六十余丈，桩木高悬，必须于二层坦水之外加筑一层，以资巩固。臣等会商应趁此初冬农隙天时晴暖之候，添筑三层坦水六十二丈，以御来年春汛。核计工费无多，当经饬委杭州府知府刘纯炜领办兴工，并将应用夫工桩木等项撙节估计，照例造册题报，送部核销。此六十二丈之外，如有续经刷露者，臣等当即随时亲赴勘明，照此办理）。十一月镶筑韩家汆柴塘二百八十丈，又拆镶曹殿前柴盘头一座，共用工料银一千七百五十一两零。又修老盐仓等处柴塘一千四百四十五丈，及普儿兜马牧港盘头两座，共用工料银八千四百三十八两零。十二月自老盐仓起至三官堂西止间段接实，计长一百四十五丈，塘外修换竹篓三百十四个，共用工料银七百二十两零（疏略：查华家衖迤东老盐仓一带柴塘外竹篓间段虽有破损，俱在限外，理应请修。但现在涨沙日渐增高，内有底篓全护，止露面篓二三尺者，更有底面二篓全行沙护者，臣等相度该处情形，会同商酌，所有破损竹篓既经沙护足以保护塘身，现在只宜将露石堆砌整齐，似可毋庸估修.靡费帑项。仍随时察看，如有沙走应修之处，核实再行陆续估办，不至迟误）。是年九月望汛起至岁底止，修南门外绕城坦水五十丈一尺及添建三层坦水六丈五尺，共用工料银九百五两零。

乾隆三十年闰二月，圣驾重幸海宁，钦奉上谕一道，恭纪卷首。向导大臣努三遵旨将塔山原建立标记涨沙丈尺、新建立标记涨沙丈尺具奏，奉旨交熊学鹏照新定标记办理。钦此（新定第一标记仍立方竹篓，计四层，共高八尺涨沙高九尺沙护一尺；第二标记长竹篓第四十个，计三层，共高一丈二尺涨沙高一丈一尺一寸，篓露九寸；第三标记长竹篓第八十个，计三层，共高一丈二尺涨沙高一丈一尺二寸，篓露八寸；第四标记长竹篓第一百二十个，计三层，共高一丈二尺涨沙高一丈一尺二寸，篓露八寸）。闰二月绕城添建三层坦水四百六十五丈七尺，并二层坦水补桩，共用工料银一万二千八百八十两零。五月添筑镇汛第十段鱼鳞塘外二层坦水五十丈，共用工料银二千一百五十七两零。九月修补戴镇念三汛坦水，共用工料银八百七十一两零。十月西塘戴家石桥缓修石塘二十九丈八尺，改建鱼鳞石工并修随塘坦水，又迤东第四十九段鱼鳞塘外添建坦水一层，共用工料银五千七百九十五两零。

乾隆三十一年三月，老盐仓迤西柴塘外间段修换竹篓，计工长三百二十四丈，底面竹篓一千二百九十六个，共用工料银一千九百四十五两零。四月拆镶韩家池柴塘二百八十丈，共用工料银三千四百四十四两零（疏略：韩家池坐落尖山坝右，势居腋下，原系平缓之工，当年止筑柴薪，未建石塘柴脚，现在松朽，自应预为修整，以御春汛）。九月念汛内缓修石塘四十丈，改建鱼鳞石工，并修随塘坦水，又镇汛大石桥□筑坦水二层，共用工料银八千四百六十五两零。十月念汛内各段补针坦桩，共用工料银一百五十六两零。

乾隆三十二年五月，拆镶老盐仓自柴石塘题〔堤〕起至林茂舍止，计长三百八十丈，又七月修曹殿马牧港普儿兜盘头三座，共用工料银七千八百八十四两零。八月念汛缓修石塘五十八丈六尺五寸，改建鱼鳞石工，并修随塘坦水二层，又镇念二汛添建坦水六十九丈七尺，共用工料银一万一千九百六十九两零。

乾隆三十三年四月，曹殿东首塘外添建坦水四十四丈，并内二层补钉桩木，及老盐仓迤西拆镶柴塘三百丈，共用工料银五千一百五十两零（疏略：查海宁县城西曹将军殿前有盘头一座，形势凸出，自盘头东首沛字号起至情字号止塘外止有二层坦水四十四丈，形势稍凹，再过东首即系海宁南门外绕城石塘，此处前已荷蒙圣恩加筑三层坦水在案，独沛字号至情字号坦水凹进不齐，今三里桥塘外新沙日涨，虽甚于塘工有益，但潮水由沙外自东南趋而西北，该工正当顶冲，向止二层坦水，潮溜逼近塘根，间有桩残石阙之处，应于沛情二字号旧有坦水之外再添建三层坦水一层，与东西二工一律齐平，俾东来潮水既得顺流而过，即西来回溜亦可免湍激之虞，其头二层坦水内有残阙处所亦应间段补钉新桩。又西塘新涨中沙近与贴塘旧有涨沙接连，一望绵亘，沙势甚好，但潮满之时，沙面尚有水漫。伏秋大汛向来水势较大于往常，似宜先事豫防。查老盐仓一带柴塘除上年修过工长三百八十丈现在整齐外，其迤西之工系乾隆二十六年镶筑，二十九年加镶，经今五载，桩木糟坏，柴埽霉朽，察看情形，应于丝字号起至彼字号止，计工长三百丈，再行拆镶，以资巩固）。十月修曹殿西首鱼鳞石塘十一丈并镇念二汛缓修石塘外坦水，内应修一百十八丈八尺，添建五十九丈五尺，戴镇念三汛补钉坦桩及曹殿东首拆镶柴塘四百七十五丈，共用工料银一万二千三百八两零。

乾隆三十四年十一月，抢修镇念二汛石塘一百十五丈五尺一寸，并添建随塘坦水二层，又镇汛补钉坦桩，共用工料银五千六百九十八两零。

乾隆三十五年二月，加镶老盐仓等处柴塘间段工长二百三十七丈五尺，共用工料银七百四十五两零。七月风潮泼卸曹殿马牧港普儿兜盘头三座并泼刷尖山石坝面土等工分别拆修，共用工料银一千三十八两零。九月补钉城西隐字号起至城东令公堂楼字号止坦桩，共用工料银八百八十二两零。

乾隆三十七年正月，绕城坦水桩石冲损二百二十丈二尺，补钉桩木，其沙性艰涩处用木柜十四个，共用工料银二千四百八两零。五月修城西秧田庙至城东七里庙间段坦水一百六十五丈一尺五寸，又补钉戴汛至东土备塘头坦桩，共用工料银七千五百五十六两零。九月镶修马牧港普儿兜盘头二座，共用工料银一千二百六十四两零。十一月修镇汛三里桥迤东至念汛坦水，凑长一百八十四丈七尺，补桩添石，共用工料银四百八十五两零。

程 序 附

鱼鳞大石塘

自尖山至老盐仓，共长七千一百二丈八尺八寸。内老盐仓至浦儿兜五百丈，康熙五十九年大学士朱轼巡抚浙江时所建，自浦儿兜石工尾至尖山段塘头长六千六百二丈八尺八寸，雍正十三年大学士嵇曾筠奉命来浙建筑。宁城迤东地势卑下，筑塘高十八层共四千六百二十丈一尺七寸，迤西地势稍卑，筑十七层一千四百七十七丈五尺一寸，绕城地势稍平，筑十六层五百五丈二尺。砌法塘高十八层者，每丈用厚一尺宽一尺二寸之条石一百一十八丈三尺三寸三分，石有厚薄不等，以丁顺间砌参差压缝，计高一丈八尺为准，顶宽四尺五寸，底宽一丈二尺，盖面一层俱用丁砌（其十六层十七层盖面者同）。内除收顶盖面石及铺底盖桩石各一层不留收分外，自第二层至十二层每层外收分四寸内收分一寸，自十三层至十七层每层外收分三寸内收分一寸，共收分七尺五寸，外口钉马牙桩二路以御潮刷。桩缝中心重石之下担负全力，亦钉马牙桩一路，及后一路共四路，每路用桩二十根，共桩八十根，尚余底空钉梅花桩七路，每路用桩一十根，共桩七十根，二共桩一百五十根。马牙桩用围圆一尺五寸长一丈九尺之木，梅花桩用围圆一尺四寸长一丈八尺之木。塘身九层以下外砌坦水保护，不扣锭锔。其十层十二层十四层十六层每层每丈扣砌生铁锭二熟铁锔二，又收顶盖面石一层，前后扣砌生铁锭一十六。每条石一丈用砌灰五斗，每砌灰一石用汁米五升，此嵇公所筑塘法也（详见《海塘通志》）。至朱公所筑五百丈之石塘，每塘一丈砌作二十层，高二十尺，用长五尺阔二尺厚一尺之大石，石之纵铺侧立两相交接处上下凿成槽笋嵌合联贯，使互相牵制，又每石合缝处用汕灰抿灌铁襻嵌口。塘身内培筑土塘，塘基根脚密排梅花桩三路，用三和土坚筑，较嵇公所筑，工费尤巨。其工料细数年久案牍无存，不能详矣（金志按，旧志载黄公光升五纵五横塘，杨公瑄坡陀塘，皆盐邑塘，无与宁邑事也。旧志言石囤木柜仅御一时，故附载纵横坡陀塘式，使后之从事斯塘者有考焉。此前人用心所以为斯邑及斯民计者甚深且远。今自世宗宪皇帝命统建鱼鳞大石塘，我皇上命阁臣嵇曾筠总理成功，金堤屹立巨浸安澜，沿海苍生万世永赖。工程物料具有成书，班班可考，今撮举其要着于篇后，有从事斯塘者，成法可守，前事可师，似不必更取则于纵横坡陀为也）。

条石坦水

宁塘旧有坦水，然皆块石甃砌，易于冲泼。乾隆元年八月，大学士嵇曾筠题请修补，共长八千四百九丈八尺，于绕城五百五丈二尺险工外，铺砌条石坦水二层，里高外低斜披而下，每丈每层宽一丈二尺，下用块石砌高，上用条石盖面，每层石口各钉排桩二十根，以围圆尺四五六之长木间钉下砌块石，每层牵高三尺，计石三方六分，每方重一万四十斤，二层共一十万八百斤，上盖条石，每层宽一丈二尺，用厚七尺宽一尺二寸条石，十路计折正石七丈二层，共一十四丈。乾隆八年大功告成，议请一律铺砌，会塘外沙涨停止。二十四年潮溜仍趋北大霉，石塘根脚尤资保护。巡抚庄有恭遵旨于旧建大石塘四百六十丈外俱增筑条块石坦水，又修补东西两塘旧坦，并陆续改念里亭白墙门陈文港秧田庙等处草盘头为坦水。二十八年巡抚熊学鹏奏请小坟前鱼鳞石塘外建筑坦水十六丈，又戴家桥江镇海汛念里亭汛内有未建坦水者六段请一律添建二层，以护塘脚。二十九年又勘得海宁近城工段势尤顶冲，请于原筑二层之外添建一层，计长六十余丈。三十年闰二月，圣驾亲临相度，以绕城石塘实为全城保障，而塘下坦水尤所以捍卫塘身，上年加建三层上有六十余丈，特旨着将应建之四百六十余丈一律普筑三层石坦。

土 戗

自尖山石塘马头起至仁邑李家村止，共长一万三千九百九丈，雍正十三年十一月大学士嵇曾筠题请帮筑。宁塘石工之内旧有附石土塘，高低宽窄不一，至是增卑培薄，务使一律高宽。塘后帮宽自一丈以内至三四丈以外，高自一丈以内至一丈以外不等，塘顶普例加高一尺，总以新旧顶宽三丈，底宽六丈为准，挑取民田，按亩给价豁粮。塘内水坑用柴桩帮护，民房占碍给价迁移后，建大石塘开槽筑坝，赖土戗护卫，不至海潮内溢也。

土 备 塘

自龟山南麓起至仁邑李家村止，长一万四千四十八丈五尺，雍正十一年内大臣海望、直隶总督李卫题建。离外塘或一里或半里，高一丈二尺以外至一丈二尺以内不等，顶宽二丈四尺，底宽五丈，每丈需虚土五十五方五分，水三旱七，内建石闸四座（闻道庵念里亭董石灰桥荆煦庙），涵洞十七座（苏木港陈文港车子路掇转庙二尖山河双港杨家庄二天开河马牧港翁家埠杭宅坝三角田曹殿坝万家埠），涵洞所以泄水，石闸兼通船只。又建木桥二十六座，以通行人（石闸涵洞木桥程序及工料并详《海塘通志》）。购民地取土给价籴粮同土饯，遇神祠古墓并让出，沿堤多植桃柳，岁久荫茂，故俗称为万花塘云（金志按，土饯、土备塘皆至仁邑李家村止，其时皆统疏请建，故无由分晰若干丈，端属宁邑也）。

切　沙

雍正十三年十一月，大学士嵇曾筠题请用借水攻沙法，于南岸沙洲用铁篦子混江龙如意铁轮车等具（物料器具详《海塘通志》），随势挑挖或顺溜截根或迎潮挑沟，使潮水往来自为冲刷，江溜日趋南岸，北岸淤沙日涨，大工得以告成。至乾隆十一年重疏中小亹，仍用切沙法，内则疏挖外则挑切，至十二年中小亹引河冲开，大溜经由故道，则切沙一法亦后之从事斯塘者所宜取则也。

中小亹引河

江海之门户有三，南大亹、北大亹、中小亹也。大溜中趋，则南北两亹皆得涨沙坚固，故自康熙五十九年巡抚朱轼即有挑浚中小亹之议，随经巡抚屠沂奏请停止，未见成效。雍正十一年总理隆升奉旨复浚，随浚随淤，此大学士嵇曾筠所谓所开并非顶冲，不能吸引江溜故也。乾隆九年特命大臣阅视海塘，覆议挑浚，十一年于蜀山之南仍用切沙法开沟引溜以顺水势，北岸用竹篓挑溜挂淤。至十二年而江溜直趋中亹，十余年来河身通畅，两亹涨沙日积，并庆安澜，则引河之通塞，洵海塘一大关键。

草　塘

筑草塘法，先用扫牛铺底，上以柴土间镶，顶加厚土，高二三四丈宽三四五丈不等，每长一丈钉底桩腰桩面桩各二桩，上锐削以便签插柴土，地值顶冲则于内地深钉橛桩系以篾缆，以防抽掣。此抢险权宜法也。

自康熙六十一年巡抚屠沂奏请停止大学士朱轼所建石塘而易以草，宁邑遂有一千五十五丈之草塘。雍正五年巡抚李卫又请将姚家堰以西至草庵八百九十六丈土堰改筑柴塘，十年署巡抚王国栋又请于华家衖柴塘止处至仁和县沈家埠之潮神庙接筑柴塘二千二百二十余丈，计共四千二百一十八丈零。乾隆六年总督德沛奏请一律改建石塘，转辗勘议卒未举行。乾隆二十七年春圣驾巡阅海塘，于老盐仓一带签试桩水涩汕动摇，难建石工，爰奉谕旨力缮柴塘，增给草价，并定岁修兼筑篓坦，以资保护。

木柜竹络

自明世筑塘即有木柜竹络法。所谓联小石为大石，视草土塘为胜，然不数年而矬卸复闻，未能一劳永逸也。盖海潮迅猛，朝夕冲激，虽大石凿笋嵌合扣砌铁锭铁锔犹惧动摇，木柜竹络则更易解散。惟猝遇险工，钉桩甃石不及，用以堵塞一时，庶乎其可。木柜有长方二式，用径五六寸之圆木制柜形，高五六尺长七八尺宽四五尺不等，四面为栅，其柱木上留七八寸加砌盖石，下留四五寸入沙中，用魂石填中，加以整株长木联络如一。或用实塘底或用为坦水，于潮落后抢钉关柜排桩加砌。竹络以篾编造，内贮块石，亦有长方二式，累高者用方，平铺者用长，方者高三四尺宽六七尺，长者高宽各四五尺长一丈四五尺不等，络外密钉长桩关键，并钉东西里头桩，用以迎潮抵溜云。

尖山石坝

雍正十一年内大臣海望等奏请建筑尖山石坝，而波涛汹涌历二年不能合龙。十三年大学士嵇曾筠奏请停止，至乾隆四年巡抚卢焯复请接筑。盖其时护沙已涨，初时测量中流深处一十二三丈，浅者尚四五六丈，至是最深处不过丈八九尺，从沙上筑堤，故于五年二月开工，闰六月即告竣筑成，共长一百八十二丈。二十五年巡抚庄有恭以坝根护沙渐有坍卸，请用宽长竹篓填贮块石顺贴坝身迭砌，用以挡浪护根。二十七年钦奉圣谕以其横截海中，直逼大溜，为海塘扼要关键，特令加意修防，并宜改建条石坝工，俾屹然成砥柱之势。

草盘头

下用扫牛铺底，或以竹篓盛石为脚，周围密钉排桩，加镶柴土，并用块石贴桩填砌，以固根脚。其签钉底面腰桩与草塘同，顶用云梯蜻蜓架钉长桩，深贯至底，高三四丈围长三四十丈直长一二十丈不等。形如半月倚海中，盖遇海中沙滩阴积，或对岸沙涨，水势直射塘堤，此筑盘头以缓其势，所谓挑溜也。雍正七八两年，巡抚李卫先后题筑大小共九座（陈文港小坟前薛家坝念里亭白墙门钱家坟老盐仓杨家庄戴家石桥），每岁加镶，其后石工既成，护沙远涨，盘头直在旱地，遂任其废置。乾隆二十四年潮势又直逼塘下，巡抚庄有恭奏请兴复陈文港念里亭盘头二座，以挑急溜，嗣后秧田庙白墙门曹将军殿普儿兜马牧港韩家池等顶冲之处又陆续添设。二十七八等年将陈文港念里亭秧田庙白墙门等处次第改建坦水，现存止四座。

卷六·祠庙

潮神庙，《海塘通志》，在县东小尖山之麓。康熙五十九年巡抚朱轼奉敕建，六十一年敕封运德海潮之神，以英卫公伍员、上大夫文种、武肃王钱镠配享，令公胡遄、宏佑公朱彝、静安公张夏、永固土地彭文骥、乌守忠从祀。中悬御书四字额（恭纪卷首）。前殿侧六角亭供设天妃。乾隆五年于山之西麓又设行祠，曰福宁宫。二十七年春三月，皇上阅视东塘，初三日，驾幸尖山，至庙中，御题殿额四字、柱联十四字（恭纪卷首）。三十三年知县曾一贯重修殿庑。国朝查慎行《潮神庙诗》:路转山回海接天，高甍巨桷镇山前。神封不以公侯重，睿藻长如日月悬。云散蜃楼呈象出，波平龙窟抱珠眠。尧民同此安耕凿，来与君王祝万年。

观音庙，金志，在尖山巅。雍正十三年副都统隆升奉敕建，大殿三楹，东西配殿六楹，旁为游廊，为僧寮，前为垂花门，为御碑亭（碑文恭纪卷首），为钟鼓楼，又前为山门。庙东建御座亭台。乾隆二十七年三月初三日，皇上阅视海塘，东至尖山，诣庙礼大士，御题殿额四字、柱联十八字（俱恭纪卷首）。三十年春闰二月，重幸海宁，初六日驾至尖山，阅塔山竹络坝，诣庙拈香。

海神庙，《海塘通志》，在春熙门内。雍正七年九月浙江总督李卫奉敕建，址广四十亩，正殿五楹，陛四出，七级廊柱及台阶俱白玉石。崇奉敕封宁民显佑浙海之神，以唐诚应武肃王钱镠、吴英卫公伍员配享，左右配殿各三楹，以越上大夫文种、汉忠烈公霍光、晋横山公周凯、唐潮王石瑰、升平将军胡暹、宋宣灵王周雄、平浪侯卷帘使大将军曹春、护国宏佑公朱彝、广陵侯陆圭、静安公张夏、转运使判官黄恕、元平浪侯晏戍仔、护国佑民永固土地彭文骥、乌守忠、明宁江伯汤绍恩、茶槽土地陈旭从祀。周以修廊，中为甬道，前为仪门大门，左钟楼，右鼓楼，门临河，承以石梁，曰庆成桥，桥南歌舞楼，左右石坊二（署曰保厘东海作镇南邦，雨旸时若仁智长宁）。殿后建御碑亭（碑文恭纪卷首），后为寝殿。殿东为天后宫，两旁有厢楼，以曹娥广陵侯三女从祀。前为斋厅，后为道院。殿西为雷神殿，后有亭有池，池上为平桥，内为高轩，轩西为道士栖止之所。后为厂厅，又后为水仙阁，阁东西俱有耳房厢房，后为厨房。其规制极宏丽。十一年颁御书四字额（恭纪卷首），悬正殿。遣内大臣海望告祭。乾隆四年颁御书四字额（恭纪卷首），悬殿中。十六年銮舆幸浙，遣都察院左副都御史胡宝瑔致祭。二十年知县蔡其昌重葺。二十二年重幸，遣散秩大臣伯永庆致祭。二十三年知县金鳌重修御碑亭。二十七年春，皇上轸念海疆，于三月初二日，驾幸海宁，亲阅塘堤，遣散秩大臣永福致祭，即于是日诣庙拈香。御制诗一首、阅海塘记一篇，御题正殿额四字、柱联十四字（以上俱恭纪卷首）。殿西水仙阁恭设御座。三十年闰二月初五日，重幸海宁，遣工部侍郎范时纪致祭，即于是日诣庙拈香，御制诗一首（恭纪卷首）。三十四年知县曾一贯重修殿庑。……

寺　观

安国寺，在州治西北二百五十步。许志，俗名北寺。唐开元元年建，名镇国海昌院（安国寺志，会昌初莲花涌地而出，僧法昕乃于放生池废址肇葺禅居，延齐安国师主院焉）。会昌五年废，大中四年复置，名齐丰。宋大中祥符元年赐今额。安国寺志，殿东北隅有普同塔，唐悟空禅师建塔，东有封水池，法堂后有大悲阁（旧志，熙宁七年，讲主居则建阁，造栴檀千手眼观音像，苏文忠施绢题梁撰记）。宋理宗御书妙智之阁赐之（旧志，淳佑十年，敕住持尚珂重建宝阁，御书碑板藏四大天王殿）。元至正元年重建，殿西庑有悟空塔（许志，高三丈八尺，瘗悟空舍利之所。晋开运三年修，自宋迄明复葺）。塔前旧有双桧，宋宣和间朱勔移去（方勺泊宅编，双桧悟空手植，朱勔取以供进，由海道，遇风涛，桧沦于海。通志，双桧轩在悟空塔前，又有问牛轩）。明洪武八年，僧真价建云堂于东庑，十一年至大建忏堂于西南隅，十二年又建转轮藏殿，三十一年惠灯拓山门为四大天王殿，永乐十三年似葵建三解脱门。天顺间大殿毁，宏治元年文宁重建。殿后甃石为九莲池，东南隅重建钟楼。万历间真慈改妙智阁为千手眼观音殿，改西方殿为藏经阁（绍兴二年惠云复建藏院于寺东南隅，后废，轮石尚存，许村场及贡祠即其故址。隆庆间真慈请藏南还，改建藏经阁，地隘室小，轮藏不可容，至天启间，广正募造七级轮于观音殿，与药师塔相峙左右。陈祖苞撰阁记）。阁西偏有涅槃台，为寺僧荼毗之所，旁有法昕法昌尚珂无外普智寄沤六塔，大殿左右墀有尊胜幢二（吴兴沙门令洪书）。山门左有系龙幢（唐咸通六年周瑛书佛顶尊胜诸经）。寺南为放生池，宋庆元四年令施枏凿建亭其中。许志，崇正七年钟楼火，十年受汰重建，并建祖庭（吴本泰记）。国朝康熙六年，里人张行极倡买隙地，构屋四十余楹，供奉五百阿罗汉（范骧记）。雍正十二年素修重修天王殿（陈邦彦记）。乾隆七年，傅文募葺各殿堂及钟楼山门（安国自宋宝佑给札以来，恭奉御前香火，不许科敷安泊，勒碑外殿，寺基八十余亩各房分办。崇正间邑令曾居曹以绅士耆民之请，将佛殿禅堂放生池计二十四亩给照，豁免粮役，即告升田亩补足县额。寺僧旧分清泰芬陀圆照中寔来旭还照先照清桂朝阳素志忆佛云林森碧栖云十四房，今又分为四十八房）。乾隆二十七年春三月初二日，圣驾巡视海塘，万民感悦，安国寺设立万寿经坛，藏经阁恭建御座，皇上拈香毕，周览五百阿罗汉法像，御题殿额四字，柱联二十二字（恭纪首卷）。三十年春闰二月初五日，重幸海宁，仍于寺中建立万寿经坛，圣驾新临拈香，赐白金五十两，御笔黄龙石佛墨刻。三十八年颁赐御题梅石墨刻。四十年颁赐钦定重刻淳化阁帖一部。俱恭贮寺中。……

镇海塔院，许志，塔旧名占鳌，在县治巽隅。万历间知县郭一轮经始筑基，继任陈扬明落成（嗟直指张惟任司堂孙谷廉得施金所赢者千金，共襄厥事，万历四十年告成，董司役者县尉王时朝也）。高十五丈，广周九丈六尺，围廊翼栏达七级之顶。明末邑人陈之遴、之暹重修。国朝雍正五年令胡杲重葺，旁建塔院。每年八月十八日，抚军亲临，致祭潮神。祭品礼节与戊日祭海神庙同。乾隆二十七年，圣驾巡视海塘，院东建御座三楹。

四十一年知州战效曾重修镇海塔，并葺塔院。……

名　胜

州中览胜之区，经圣天子登临亲洒宸翰，宠锡嘉名，固足垂诸不朽。至于名迹天成，前贤别业，所素著者，亦并纪于后。

观潮台，在春熙门外，镇海塔东。台高寻丈，负郭面海，拾级而登，沧溟在目，每逢潮汐之候，洪涛高浪排山而至，诚大观也。八月十八日，俗传潮生日，游人昼夜不绝。乾隆三十年闰二月，圣驾重幸海宁，观潮于此。御制诗四首（恭纪卷首）。

观海阁，在尖山观音庙东，凭栏远眺，海内群山历历可见，而大洋浩瀚，一望无际，海宁之胜境无以逾此。乾隆二十七年三月，皇上阅视东塘，驾幸尖山，至阁中观海，御制诗一首（恭纪卷首）。三十年闰二月，翠华重幸，御题阁额，又御制诗一首（俱恭纪卷首），即以诗中"台临上下空无际，舟织往来波不兴"一联御笔书悬阁中。国朝查嗣瑮《九日登尖山诗》：不信经秋雨，能开九日晴。杖藜随漫与，诗思入秋声。落槛诸峰小，铺窗镜面平。蜃楼吾不见，身已踏蓬瀛。

御题安澜园，原名隅园。许志，隅园在城北，明太常陈与郊建，地远阛阓，池周二十余亩，有竹堂月阁流香亭紫芝楼金波桥诸胜。金志，后为相国陈文简别业，复扩而充之，名遂初园。中曰环碧堂，迤西曰静观斋，又西曰天香坞漾月轩，稍北曰赐安堂，东则九曲梁十二楼，计地广六十余亩。池中之泉石深辽卉木古茂，为浙西园林之冠。乾隆二十七年三月，圣驾临幸海宁，驻跸园内，赐名安澜，有御制诗六首，御题匾额对联（俱恭纪卷首）。三十年闰二月，翠华重幸，御制叠前韵诗六首，御题对联（俱恭纪卷首）。明葛征奇《晚眺隅园诗》：三月十日雨，薄雾花蒙蒙。小大涧壑鸣，百道源相通。潭鱼跃新水，园竹抽春丛。禽鸟忽变声，乃知天气融。登高一以眺，澄览众虑空。元理群所贵，耳目悦且充。于焉坐垂钓，自拟沧浪翁。国朝舒瞻《游遂初园诗》：试裘天气届初寒，问讯园林秋已残。隔院不知丘壑好，入门最爱水云宽。梅花修竹有闲地，雪鹭银鸥得饱看。仿佛平泉旧时路，哦诗遍倚曲阑干。

茔　墓

宫傅大学士谥文简陈元龙墓，在海盐县禄步墩，宫傅大学士谥文勤陈世倌墓，在海盐县澉浦王家桥，无庸载入宁志。乾隆二十七年二月，圣驾临幸海宁，追念编［纶］扉耆旧，特遣礼部侍郎介福诣两墓拈香奠酒。三十年闰二月，重幸海宁，又遣工部侍郎范时纪诣两墓赐奠，诚为殊恩盛事。谨附志于此（定例，圣驾巡幸地方，凡大臣入祀贤良祠而坟墓在御路三十里以内者，遣官致祭。陈文简墓距宁六十里，陈文勤墓距宁七十里，例不得邀祀典，两蒙特旨遣官赐奠，实非常旷典云。祭品鹿脯一、兔脯一、果品五、帛一、白色描金龙烛一对、长七寸径五分圆柱降香一炷、降香丁一两五钱、酒三爵，拈香奠酒毕，行一跪三叩首礼）。

后　记

　　海宁是我国著名的历史文化名城，物华天宝，人杰地灵，底蕴深厚，涌现出了一大批对中国历史影响深远的人物。本人研学明清史，在明清时期的历史记载中，不论是海塘工程的修治、大运河的利用、自然灾害的应对，还是乾隆皇帝的出身之谜，海宁都是一个绕不过去的名字。

　　海宁市委、市政府高度重视传统文化建设，注重发掘整理历史资源，并和清华大学人文学院建立了非常密切的合作关系。我曾多次代表学院前往海宁参访、交流，每次都得到了海宁方面的热情接待。在此期间，海宁方面的领导提议，应该系统梳理乾隆皇帝与海宁的关系，这也成为本书写作的缘起。

　　自始至终，我们都得到了海宁方面的大力支持。书稿完成之后，海宁市委宣传部、海宁市文联、博物馆、文保所档案馆等单位的同志们为我们提供了很多资料查阅、收集、整理的便利条件，在此一并致谢。

　　本书由我和中国第一历史档案馆的刘文华副研究馆员共同完成。为方便读者对乾隆皇帝与海宁的关系做进一步研究，我们还把《清高宗实录》与《海宁州志》中的相关史料做了摘抄，附录于书后。

　　当然，本书肯定还存在很多不足，衷心希望能得到读者朋友们的批评指正。

倪玉平

2024 年 4 月于清华园